Knaur.

W0239507

Knaur.

Weitere Bücher von Gerhard Wisnewski
im Knaur Taschenbuch Verlag:
Operation 9/11
Mythos 9/11
Lügen im Weltraum
Das RAF-Phantom (zs. mit Wolfgang Landgraeber
und Ekkehard Sieker)

Über den Autor:
Gerhard Wisnewski, geboren 1959, studierte Politikwissenschaften. Seit 1986 arbeitet er als freier Autor, Schriftsteller und Dokumentarfilmer. 1992 erregte er als Co-Autor des Bestsellers *Das RAF-Phantom* Aufsehen. Der auf diesem Buch basierende Fernsehfilm *Das Phantom* gewann im Jahr 2000 den 3sat-Zuschauerpreis und den Grimme-Preis. Zuletzt erschienen: *Operation 9/11, Mythos 9/11* und *Lügen im Weltraum.*

Gerhard Wisnewski

Verschlußsache Terror

Wer die Welt mit Angst regiert

Knaur Taschenbuch Verlag

www.wisnewski.de

Besuchen Sie uns im Internet:
www.knaur.de

Originalausgabe Januar 2007
Copyright © 2007 by Knaur Taschenbuch.
Ein Unternehmen der Droemerschen Verlagsanstalt
Th. Knaur Nachf. GmbH & Co. KG, München
Alle Rechte vorbehalten. Das Werk darf – auch teilweise –
nur mit Genehmigung des Verlags wiedergegeben werden.
Redaktion: Jürgen Bolz
Umschlaggestaltung: ZERO Werbeagentur, München
Umschlagabbildung: Corbis
Satz: Wilhelm Vornehm, München
Druck und Bindung: Nørhaven Paperback A/S
Printed in Denmark
ISBN 978-3-426-77932-3

2 4 5 3 1

Dieses Buch widme ich meinen Söhnen
Mathias und Gerhard

In einer Zeit des allgegenwärtigen Betruges
ist es ein revolutionärer Akt, die Wahrheit zu sagen.
George Orwell

Inhalt

Vorwort

London am 7. Juli 2005, kurz vor neun. Loyita Worley fährt mit der U-Bahn von King's Cross aus ostwärts Richtung Liverpool Street, als es plötzlich einen gewaltigen Knall gibt: »Alle Lichter gingen aus, und der Zug stoppte abrupt«, erzählte die Mitarbeiterin einer Londoner Anwaltskanzlei später. »Überall war Rauch, und alle husteten und würgten, blieben aber ruhig. Wir konnten die Türen nicht öffnen.«

Der Knall in der »tube« blieb nicht der einzige an diesem Morgen in London. Zwei weitere Bomben explodierten in U-Bahnen, eine vierte in einem Doppeldeckerbus. Nach Angaben der Behörden starben zweiundfünfzig Menschen, etwa siebenhundert wurden verletzt. Vier muslimische Selbstmordattentäter hätten die Bomben gezündet, so hieß es. Einer der angeblichen Selbstmordattentäter sagte später in einem vorher aufgenommenen Video, die Bevölkerung sei selbst schuld, da sie Regierungen gewählt habe, die Greueltaten gegen seine Leute verübten: »Solange Ihr die Bombardierungen, Gasangriffe, Gefangennahmen und Folterungen meiner Leute nicht stoppt, werden wir diesen Kampf nicht aufgeben. Wir befinden uns im Krieg, und ich bin ein Soldat. Nun werdet Ihr die Wirklichkeit dieser Situation schmecken.«[1]

Da war es wieder, das Gespenst des »Kampfes der Kulturen«: Die Attentäter von London verschoben die politische und psychische Tektonik. Während der Graben zwischen Orient und Okzident, zwischen Christen und Moslems, immer tiefer wurde, rückte die westliche Welt zur Bekämpfung des »feindlichen« Islam noch enger zusammen. Die Angriffe von London waren nur ein weiterer Schritt auf dem Weg in eine Eskalation, die in weiteren und – nach dem Irakfeldzug – noch schrecklicheren Kriegen münden soll. Aber: Waren diese Angriffe auch »wahr«? Das heißt: Wurden sie wirklich von den angeblichen Selbstmordattentätern begangen, die der Öffentlichkeit vorgeführt wurden? Oder ist das alles ein politisches Täuschungsmanöver? War London nur, wie schon der 11. 9. in den USA, ein weiterer Tagesordnungspunkt auf einer geheimen Agenda, die einzig den Zweck verfolgt, die westliche Welt gegen den Islam aufzuhetzen und in den Krieg zu treiben? Und ist die Wahrheit wirklich schon, wie George Orwell sagte, ein revolutionärer Akt?

Kann sein – denn wenn man der Wahrheit auf der Spur ist, herrschen Panik und Hysterie, bekommt man tatsächlich das Gefühl, zu einer Revolution aufgerufen zu haben. Wenn allerdings Wahrheit Revolution bedeutet, dann herrscht die Lüge, und dann steht es schlecht um unsere westlichen Gesellschaften.

Dieses Buch vertritt die These, daß das, was wir jeden Tag in den Nachrichten über den Terrorismus erfahren, nur die Oberfläche ist, die äußere Hülle eines Tresors, in dem sich ein brisanter Schatz verbirgt: die Verschlußsache Terror. Ich behaupte, daß diese äußere Hülle nichts weiter ist als das, was die Bevölkerung, also Sie, wissen *soll*, um sie in eine bestimmte politische Richtung zu drängen. Keineswegs aber das, was die Bevölkerung wissen *muß*, und wahrscheinlich auch nicht das, was die Bevölkerung wissen *will*. Ich will hier versuchen, die Zahlenkombination dieses Tresors zu knacken. Ich werde mein Ohr an das Schloß legen und das Zahlenrad so lange hin- und herdrehen, bis ich ihn wenigstens einen Spaltbreit geöffnet habe.

München, im August 2006

Gerhard Wisnewski

Einleitung

Seit dem 11. 9. 2001 rollt eine beängstigende Terrorwelle über den Globus:

- Am 11. April 2002 starben einundzwanzig Menschen, als vor einer Synagoge auf der tunesischen Ferieninsel Djerba ein Kleinlaster in die Luft flog.
- Am 12. Oktober 2002 fanden zweihundertzwei Menschen auf der indonesischen Ferieninsel Bali bei mehreren Bombenattentaten auf Diskotheken den Tod.
- Am 16. Mai 2003 verübten Selbstmordattentäter Bombenanschläge auf jüdische und marokkanische Einrichtungen in Casablanca, dreiunddreißig Menschen starben.
- Am 12. Mai und am 8. November 2003 wurden Ausländersiedlungen in der saudi-arabischen Hauptstadt Riad das Ziel von Bombenanschlägen, dabei kamen dreiundvierzig Menschen ums Leben.
- Am 15. und 20. November 2003 zündeten Selbstmordattentäter mit Sprengstoff beladene Autos vor Synagogen und britischen Einrichtungen in Istanbul: siebenundfünfzig Tote.
- Am 6. Februar 2004 wurde die Moskauer U-Bahn Ziel von tschetschenischen Selbstmordattentätern: einundvierzig Tote.
- Am 11. März 2004 starben hunderteinundneunzig Menschen als Folge von Bombenanschlägen auf die Madrider U-Bahn.
- Bei einer Schulbesetzung durch tschetschenische Terroristen in Nordossetien am 1. September 2004 starben dreihundertdreißig Menschen.
- Bei Bombenanschlägen durch islamistische Selbstmordattentäter auf die Londoner U-Bahn am 7. Juli 2005 verloren zweiundfünfzig Menschen ihr Leben.[1]

Trauriger Spitzenreiter in Sachen Terror ist – abgesehen von (Bürgerkriegs-)Gebieten wie dem Irak – jedoch Israel. Hier starben allein im Jahr 2002 vierhundertsiebenundvierzig Menschen durch Terroranschläge oder »im Kampf gegen den Terror«.[2]

In diesem Buch möchte ich einige dieser Ereignisse herausgreifen und zunächst die Hintergründe der Bombenanschläge vom 11. März 2004 in Madrid und vom 7. Juli 2005 in London beleuchten sowie auf neue Spuren und Entwicklungen in Sachen 11. 9. hinweisen. Die dabei aufgedeckten Ungereimtheiten sind für mich ein Anlaß, den Blick in die Vergangenheit zu richten: Wenn Fälschungen, Verdrehungen und Irreführungen im Terrorismus heutzutage gang und gäbe sind – wie war das dann eigentlich früher? Wie war das zum Beispiel mit dem Trauma des deutschen Terrorismus? Wurden dabei die Fäden auch schon von Geheimdiensten gezogen? Vor dem Hintergrund der allgegenwärtigen Unstimmigkeiten im modernen Terrorismus kann man sich dieser Frage nicht länger entziehen.

Sodann möchte ich eine Art Funktionsmodell des modernen Terrorismus entwerfen. Es geht dabei darum, die geheimen Mechanismen des modernen Terrorismus zu entschlüsseln.

Der letzte Schritt schließlich ist der Versuch, eine Antwort auf die Frage zu finden, wer hinter dem Spiel mit dem Terror steckt und versucht, die Welt mit Hilfe der Angst zu regieren.

Die Welt mit Angst und Terror regieren? Nicht doch. In Wirklichkeit ist doch alles klar: Auf der einen Seite stehen die Terroristen, auf der anderen Seite die guten, fürsorglichen Sicherheitsapparate, die ihren Gegner wacker bekämpfen. Daß es dennoch immer wieder zu schweren Anschlägen kommt, soll allein einer Mischung aus Pleiten, Pech und Pannen zu verdanken sein. Greifen wir nur ein Beispiel heraus: das Bundeskriminalamt (BKA) steht auf der Seite des Guten. Es trägt »zur Aufrechterhaltung der Inneren Sicherheit« und damit »des Inneren Friedens in einem freiheitlichen demokratischen Europa bei«, heißt es in einer Selbstbeschreibung. Und weiter: »Das BKA erfüllt seine Aufgaben in Übereinstimmung mit den Zielen, Bedürfnissen und Regeln unserer

Gesellschaft.« Ja mehr noch: Durch sein »rechtsstaatliches Vorgehen« leistet das BKA »Dienst am Bürger und am Staat«, und zwar »geprägt von sozialer Verantwortung«. Als ob dies noch nicht genug wäre, arbeitet das BKA auch noch »an der Verwirklichung der Werteordnung des Grundgesetzes der Bundesrepublik Deutschland mit«.[3] Die Terroristen dagegen sind die Bösen. Zum Beispiel nach diesem offiziellen Glaubensbekenntnis des Bundesinnenministeriums: Demnach ist Terrorismus »die aggressivste und militanteste Form des politischen Extremismus, bei der die extremistischen Ziele mit Mitteln eines nachhaltig geführten gewaltsamen Kampfes durch systematische Anwendung massiver Gewaltakte verfolgt werden. Kennzeichen des Terrorismus ist die Verübung schwerer Anschläge durch arbeitsteilig organisierte, grundsätzlich verdeckt operierende Gruppen. Durch terroristische Aktionen erhofften sich die Urheber in den siebziger und achtziger Jahren eine massenmobilisierende und revolutionierende Wirkung, wohingegen das heutige Phänomen des islamistischen Terrorismus mit massiven Anschlägen auf ›weiche‹ Ziele mit hohen Opferzahlen auch auf eine Destabilisierung und Einschüchterung ganzer Gesellschaften und Staaten zielt.«[4]

Fragt man einen notorischen Kriegstreiber und Scharfmacher wie den neokonservativen US-Historiker Daniel Pipes, dann gehen die Pläne dieser »islamistischen Terroristen« noch weiter. So sei das wahre Ziel der heutigen Terroristen »die Ausdehnung des islamischen Territoriums über den gesamten Globus und die Gründung eines weltweiten ›Kalifats‹, das auf dem Gesetz der Scharia gründet«. Eine Biographie über den islamischen Denker Abdullah Azzam habe darauf hingewiesen, dass sein Leben »sich um ein einziges Ziel drehte, nämlich die Errichtung der Herrschaft Allahs auf der Erde« und die Wiederherstellung des Kalifats.[5]

Hörte man bei der Selbstbeweihräucherung des Bundeskriminalamtes noch die Glocken der Freiheit läuten, so sieht man bei Pipes gleich überall Minarette und Moscheen aus dem Boden schießen.

Ich nenne dies – die Klischees von den bösen Terroristen und dem fürsorglichen Staat – das »Paradigma der Authentizität« oder die Vorstellung »Wo Terror draufsteht, ist auch Terror drin«. Und wo Polizei draufsteht, ist auch Polizei drin. Wie wir noch sehen werden, entspricht diese Vorstellung nicht immer den Tatsachen. Aufgrund des Paradigmas der Authentizität

- fühlen sich Menschen von vermeintlichen oder auch wirklichen Terroristen und ihrem »Umfeld« oder ihren »Zusammenhängen« bedroht;
- fallen Menschen angesichts der schrecklichen Bedrohung und der menschenverachtenden Methoden der Terroristen in Resignation;
- entwickeln Menschen Aggressionen gegen den Islam, gegen die Linke, gegen das Baskenland – je nach dem politischen Hintergrund, mit dem die angebliche Terrororganisation eben gerade mordet. Dadurch werden die religiösen und politischen Zusammenhänge, für die die Terroristen angeblich kämpfen, schwer beschädigt.

Die Resignation der Bevölkerung macht sich der Staat zunutze. Hypnotische Bilder wie die des brennenden World Trade Centers lähmen und entmutigen die Bevölkerung und tragen zu ihrer politischen Willfährigkeit bei.

Darüber hinaus wird die Wut im Kampf gegen die Attentäter benutzt. Dieser emotionale Rückenwind legitimiert »Abwehrmaßnahmen« des Staates gegen die Terroristen, insbesondere aber auch gegen ihre wirklichen oder vermeintlichen Zusammenhänge (Islam, Linke, Basken etc.). Zugleich legitimiert er »Schutzmaßnahmen« des Staates, die zur Überwachung und Einschränkung der Bürgerrechte führen und letztlich zur Umgestaltung des Systems in einen totalitären Staat.

Kurzum: Nach Attentaten konstruieren Medien und Politik eine Art psychischen Hohlspiegel, der Aggressionen auf bestimmte, politisch unliebsame Gruppen lenkt. Und das funktioniert so:

1. Durch das Attentat, die Greueltat, entsteht ungerichtete psychische Energie, vor allem Wut.
2. Mit Hilfe von »Bekennerschreiben« oder anderen »Spuren«, ob echt oder nicht, wird die psychische Energie auf eine bestimmte Bevölkerungsgruppe gelenkt.
3. Die stark gebündelte psychische Energie wird zur Ausgrenzung, Einschüchterung, vielleicht sogar Zerstörung dieser Bevölkerungsgruppe genutzt.

Jetzt kann man auch verstehen, was passieren würde, wenn der Hohlspiegel nicht mehr funktionieren oder auseinanderbrechen würde. Wenn also beispielsweise herauskommen würde, daß die USA selbst für die Attentate des 11. 9. verantwortlich sind. Die daraufhin entstehende Empörung würde einerseits die psychische Energie noch verstärken, könnte aber andererseits nicht mehr auf einen Feind gelenkt werden, sondern würde ihre Wirkung bei den Verursachern selbst entfalten. Auf diese Weise wird begreiflich, warum die USA und die ihr wohlgesinnten Medien im In- und Ausland so verzweifelt an der Geschichte festhalten, ein paar islamistische Attentäter hätten im politischen und wirtschaftlichen Zentrum der Vereinigten Staaten diese unglaublichen Zerstörungen zu verantworten. Damit wird nicht nur der Feind in Bedrängnis gebracht, sondern auch das eigene Lager vor der verheerenden Wirkung der erzeugten psychischen Energie geschützt.

Für die kommenden Seiten könnte es hilfreich sein, wenn Sie sich wenigstens versuchsweise von der Vorstellung trennen könnten, daß Nachrichten und Zeitungen Informationen präsentieren. Ebenso hilfreich könnte es sein, wenn Sie zumindest vorübergehend der Vorstellung nahetreten könnten, daß es sich dabei in Wirklichkeit um Auslöser handelt. Auslöser, die ganz bestimmte Reaktionen hervorrufen sollen, zum Beispiel Gefühle, Forderungen und Assoziationen. Gefühle wie Haß, Forderungen nach neuen Gesetzen und Kriegen sowie Assoziationen an Dinge, die man aus ethischen Gründen nicht offen aussprechen will. Ersetzt man das Informations- durch das »Auslösermodell«, hat das weitreichende Konsequenzen.

1. Wer Auslöser nicht länger mit Informationen verwechselt, verwechselt Nachrichten auch nicht länger mit der Wahrheit.
2. Ein Auslöser kann nur selten wahr sein, da er sich nicht durch seinen Wahrheitsgehalt, sondern durch seine gewünschte Wirkung definiert.
3. Konsumiert man Auslöser statt Informationen, wird man nicht informiert, sondern gesteuert. Wie bei einem Pawlowschen Reflex sollen Sie bereits auf die Barrikaden gehen, wenn Sie die Worte Islam oder Moslem nur hören.

Denken Sie nur an das weinende kuwaitische Mädchen, das 1990 vor dem Sicherheitsrat der Vereinten Nationen tränenreich berichtete, daß Saddam Husseins Soldaten Babys aus Brutkästen reißen und auf den Boden werfen würden. Wie sich später herausstellte, war die Geschichte keine Information, sondern ein Auslöser, und zwar der entscheidende Auslöser für den ersten Golfkrieg, den George W. Bushs Vater George H. W. Bush führen ließ. Die angebliche Augenzeugin war eine Angehörige des kuwaitischen Königshauses, die Geschichte von den Babys und den Brutkästen war schlichtweg erlogen.

Aufgrund des Schreckens und der Greuel, die der Terrorismus verbreitet, sind Nachrichten über den Terrorismus einer der wirksamsten Auslöser überhaupt, wie der 11. September 2001 gezeigt hat. Seitdem haben die USA nicht nur ihr eigenes Land, sondern fast den gesamten Globus umgekrempelt, sowohl im Hinblick auf die internationalen Beziehungen als auch im Hinblick auf die Innenpolitik vieler Staaten. Terrorismus ist *der* Auslöser für Gewalt nach innen und außen. Gewalt nach innen bedeutet:

immer schärfere Gesetze bis hin zur Beseitigung der Bürgerrechte und Tyrannisierung der Bevölkerung. Und Gewalt nach außen bedeutet: Terror und willkürliche und völkerrechtswidrige Kriege.

Frei nach dem Kommunikationswissenschaftler Paul Watzlawick (»Man kann nicht nicht kommunizieren«) ist es jedoch fast unmöglich zu lügen, ohne zugleich die Wahrheit zu transportieren. Da die meisten Lügen auch ein Körnchen Wahrheit enthalten, bieten auch Auslöser eine Chance auf Erkenntnis. Man muß sie nur entschlüsseln. Das will ich auf den kommenden Seiten versuchen.

Teil I:

Verschlußsache Terror

Spanien: Bambi und der Bösewicht

Madrid, Bahnhof Atocha, 11. März 2004, 8.00 Uhr. So sieht es wohl im Krieg aus: Der rot-weiße Pendlerzug wurde an mehreren Stellen von Bomben aufgerissen. Auf den Gleisen neben dem Zug liegen Körperteile von Menschen, Tote und Schwerverletzte, über die sich die ersten Helfer beugen. Notdürftig werden Kleidungsstücke über den Leichen ausgebreitet. Fast zweihundert Tote liegen in den Zügen, neben den Gleisen und in den Bahnhöfen Atocha, Pozo del Tío Raimundo und Santa Eugenia. Dazu kommen rund eintausendfünfhundert Verletzte. Ein Bild des Grauens. Zwischen 7.39 und 7.41 Uhr waren in den Zügen und Bahnhöfen insgesamt zehn Bomben explodiert. Der gesamte Alltagsbetrieb der Stadt bricht daraufhin zusammen, das Gesundheitswesen erreicht die Grenzen seiner Belastbarkeit. Ärzte verlassen ihre Praxen und eilen an die Orte des Geschehens, um zu helfen. Verletzte werden mit Autobussen und Taxen in die Krankenhäuser gefahren. Die gesamte Innenstadt wird gesperrt, am Bahnhof Atocha richten Helfer ein Feldlazarett ein. Freiwilligen Spendern wird in Windeseile Blut abgezapft; überall liegen stöhnende, leidende Menschen. Die Filmaufnahmen und Fotos, die kurz darauf in aller Welt ver-

Bilder, die um die Welt gingen: Tote und Verletzte bei den Anschlägen vom 11. März 2004 in Madrid.

breitet werden, gehen unter die Haut: Ein junger, dunkelhaariger Mann lehnt blutüberströmt und mit einem grotesk geschwollenen Auge an einem Baum.

Eines steht fest: Wer auch immer für die Attentate verantwortlich gemacht werden würde, er würde die geballte Macht der Empörung zu spüren bekommen. Und das ausgerechnet drei Tage vor den Parlamentswahlen am 14. März 2004.

Dunkel- oder Strahlemann?

Schon vor den Attentaten war der Wahlkampf mit harten Bandagen geführt worden. Dem unbeteiligten Beobachter mußte sich der Eindruck aufdrängen, es ginge um eine Entscheidung zwischen Gut und Böse. In jedem Fall war es eine Auseinandersetzung zwischen Dunkelmann und Strahlemann. Den Dunkelmann gab der finster dreinblickende Ministerpräsident José María Aznar López, der das Land an der Seite von George W. Bush in den Irakkrieg verwickelt hatte. Wenn er es nicht

Bösewicht und Bambi: Die Spitzenkandidaten der spanischen Parlamentswahlen vom 14. März 2004: der konservative Amtsinhaber Aznar (li.) und der sozialistische Kandidat Zapatero (re.).

durch ein Lächeln aufhellt, zeigt sein Alltagsgesicht etwas Verbohrtes.

Den Saubermann gab der sozialistische Kandidat José Luis Rodríguez Zapatero, dessen Name an den legendären mexikanischen Revolutionär Emiliano Zapata erinnert und dessen strahlende Augen und gewinnendes Lächeln die Herzen aller spanischen Mütter höher schlagen lassen. Er hatte eine spanische Beteiligung am Irakkrieg abgelehnt. »Die großen blauen Augen und die hochgezogenen Brauen brachten José Luis Rodríguez Zapatero (spanisch für ›Schuster‹) den Spitznamen ›Bambi‹ ein«, schrieb der *Stern* in einem Porträt über Zapatero am 16. April 2004. »Er wirkt mit seinem jungenhaften Gesicht charmant und freundlich. Obendrein ist er sportlich, schlank und gutaussehend. Gegner spöttelten lange: ›Der ideale Schwiegersohn.‹«

Nach den Attentaten standen die Kandidaten und Parteien unter erhöhtem Druck, weil zur politischen und propagandistischen Verwertung der Anschläge nur drei Tage Zeit blieben. Aus diesem Grund wurde die Öffentlichkeit Zeuge eines erbitterten Kampfes um den »psychologischen Hohlspiegel«, der erstens die emotionale Energie abführen, sie zweitens bündeln und drittens in das Lager des jeweiligen Feindes lenken sollte. Es war, als rauften sich verschiedene Gruppen um einen riesigen Scheinwerfer, um den Lichtkegel auf einen auserkorenen Feind zu richten. Es war ein Kampf, der weniger um die richtigen Informationen, sondern weit mehr um die richtigen »Auslöser« geführt wurde. Im Grunde wurden nur zwei Alternativen gehandelt: Entweder waren die Urheber der Attentate radikale »Islamisten« oder es waren ETA-Terroristen.

Auslöser Nr. 1: Die Täter sind »Islamisten«

Das Motiv: Rache für die spanische Beteiligung am Irakkrieg

Die Folge: Das konservative Regierungslager gerät unter Druck

Anhänger: Diese Variante wurde vor allem von Regierungsgegnern vertreten und führte zu einer Mobilisierung von Protestwählern.

Auslöser Nr. 2: Die Täter waren ETA-Terroristen
Das Motiv: Der Kampf gegen den zentralistischen Staat
Die Folge: Solidarisierung der Bevölkerung mit der Regierung bzw. den Regierungsparteien
Anhänger: Diese Variante wurde von der amtierenden konservativen Regierung vertreten.

Ein dritter, möglicher Auslöser spielte in der Diskussion vor den Wahlen so gut wie überhaupt keine Rolle, nämlich die Vorstellung, heimische oder »befreundete« ausländische Geheimdienste könnten hinter den Attentaten stecken. Mögliche Folge: Eine Katastrophe für den spanischen Staat.

Basken oder Islamisten?

Wären »Islamisten« für die Attentate verantwortlich, würde die für die Regierung vernichtende Debatte um ihre Beteiligung am Irakkrieg wieder aufflammen – mit verheerenden Folgen für die bevorstehenden Wahlen, so die Befürchtung der Konservativen. Sollte es hingegen gelingen, die ETA verantwortlich zu machen, könnten alle Wut und Empörung auf den Lieblingsfeind aller spanischen Zentralregierungen abgeleitet werden. Schon um 9 Uhr, also etwa eine Stunde und zwanzig Minuten nach den Explosionen, beschuldigte der baskische Ministerpräsident Juan José Ibarretxe die Terrorgruppe ETA, für die Anschläge verantwortlich zu sein. Um 10.10 Uhr gab die spanische Regierung eine Stellungnahme ab, die im selben Tenor verfaßt war.[1] Diese Schuldzuweisungen kamen im wahrsten Sinne des Wortes noch schneller, als die Polizei erlaubt. Denn eine Spurensicherung konnte um diese Zeit noch nicht einmal begonnen haben – zu diesem Zeitpunkt war man mit der Rettung von Menschen und der Verarbeitung des Schocks noch vollauf beschäftigt. Um Kriminalistik scheint es bei der Bekämpfung des modernen Terrorismus überhaupt nicht mehr zu gehen. Zwar tauchen an den Tatorten jedesmal Spurensicherungskommandos auf, um unter großem Medienrummel geheimnisvoll herumzuhantieren. Aber die Schuldzuweisungen erfolgen unabhängig von seriöser Kriminalistik und Spurensicherung. Anschläge werden kurzerhand von den Regierungen und anderen Interessengruppen zur Waffe gegen tatsächliche oder vermeintliche Feinde umfunktioniert. Gelenkt wird diese Waffe zwar mit Hilfe öffentlichkeitswirksam gefundener »Spuren«, was jedoch nicht mehr kriminalistisch zu verstehen ist, sondern allenfalls noch psychologisch. Wenn von Spuren die Rede ist, sind immer öfter »Auslöser« gemeint, wie ich sie eingangs beschrieben habe. Diese »Spuren« haben zwar meistens nicht die geringste kriminalistische Bedeutung, aber dafür verfügen sie über eine nachhaltige psychologische und politische Lenkwirkung in der Öffentlichkeit.

Die Schuldzuweisungen an die ETA erfolgten noch schneller als jene an Bin Laden am 11. September 2001. Schon um 14.40 Uhr, also sechs Stunden nach den Flugzeugattentaten, plante Donald Rumsfeld damals einen Angriff auf Osama Bin Laden. Auch damals war es für Ermittlungsergebnisse noch viel zu früh. Erst recht für internationale Ermittlungen. Und tatsächlich fragten sich einige kritische Zeitgenossen, ob der 11. März vielleicht »Aznars 11. September« gewesen sein könnte, so etwa die *Junge Welt* vom 13. März 2004. Das wäre nun freilich äußerst doppeldeutig. Denn die USA haben die Anschläge vom 11. September 2001 nach meinen Recherchen selbst inszeniert, um sie anschließend zum eigenen Vorteil zu instrumentalisieren.

Kehren wir nach Madrid zurück – und zu den Fragen, die die regierungsamtliche Schuldzuweisung aufwirft. Zunächst einmal paßte ein solcher Anschlag überhaupt nicht zu der baskischen Terrororganisation ETA, sofern man über diese Terrororganisation etwas sicher wissen kann. Bei Anschlägen, denen man das Etikett »ETA« umhängte, wurden jedenfalls in der Vergangenheit nicht einfach unbeteiligte Zivilisten in die Luft gejagt, sondern in der Regel Funktionsträger oder Beamte des Staates. Sollte »Zivilisten« Gefahr gedroht haben, wurde die Öffentlichkeit vorher normalerweise durch Telefonanrufe gewarnt. Einen solchen Anruf hatte es diesmal aber nicht gegeben. Darüber hinaus paßten auch die später präsentierten »Spuren« nicht zur ETA-These. Statt des Sprengstoffs Special C/Goma 2, der angeblich in den Zügen gefunden wurde, verwendete die ETA bisher in der Regel sogenanntes Titadyn. Selbst die in Madrid eingesetzten Kupfer-Zünder unterschieden sich von den Aluminium-Zündern, die die ETA normalerweise benutzt.[2]

Schlechte Karten also für die Regierung, und dieses Blatt verschlechterte sich noch mehr, als die ETA umgehend jede Verantwortung für die Anschläge von sich wies. In Windeseile berief Arnaldo Otegi, Chef der verbotenen ETA-nahen Batasuna-Partei, eine Pressekonferenz ein, und schon um 10.40 Uhr saß er vor den Kameras der Weltpresse und bestritt jede Verantwortung der baskischen Terrororganisation ETA für die Attentate.[3] Mit anderen Worten: Genauso wie die Regierung tat die ETA alles, um die geballte Energie aus Wut und Empörung von sich selbst auf andere zu lenken.

Daraufhin war die emotionale und politische Energie der Anschläge sozusagen »herrenlos« und drohte wild durch den politischen Raum zu vagabundieren. Nachdem der Versuch der Schuldzuweisung an die ETA gescheitert war, war niemand mehr vor der zerstörerischen psychischen Energie der Attentate sicher, am allerwenigsten die Regierung, die das Land in den Irakkrieg verwickelt hatte. Während Vertreter der Regierung und der Regierungspartei verzweifelt versuchten, der Öffentlichkeit die ETA-Version einzubleuen, hatte jemand anderer einen völlig anderen Mechanismus vorbereitet, der nun ablief wie das berühmte Uhrwerk. Dieser Jemand (oder diese »Jemande«) hatte eine eindeutige Absenderangabe für die Attentate vorbereitet, und damit auch ja nichts schiefging, hatte er den Absender gleich doppelt und dreifach auf die Attentate »geklebt«:

1. Bereits um 10.30 Uhr am 11. März 2004 kam der erste Tiefschlag für die Regierung. Um diese Zeit wurde am Bahnhof Alcalá de Henares, dem Ausgangspunkt eines der Todes-Züge, ein weißer Renault Kangoo mit »kriminalistoiden« Spuren gefunden, nämlich mit Zündern für Sprengkörper und einer Kassette mit Koran-Versen. Die Botschaft war eindeutig: Islamistische Terroristen hatten die Attentate verübt. Aber wie ein Boxer, der weitermacht, als sei nichts geschehen, hüllte sich die Regierung in Schweigen. Noch zweieinhalb Stunden später sagte Innenminister Ángel Acebes: »Jeder Versuch, die Aufmerksamkeit von denjenigen abzulenken, die verantwortlich sind für den Anschlag, ist nicht hinnehmbar.« Er interpretierte die Spurenfunde also als einen Ablenkungsversuch und räumte damit implizit ein, daß die Spuren zielgerichtet plaziert worden waren. Erst um 20.26 Uhr, fast zehn Stunden nach dem Auffinden, bestätigte die Polizei, daß sie in dem weißen Renault Kangoo neben Sprengzündern eine Kassette mit Koran-Versen gefunden hatte. Innenminister Acebes räumte ein, daß andere Täter als die ETA nicht mehr ausgeschlossen werden könnten, die Organisation bleibe aber dennoch der Hauptverdächtige.
2. Um 21.00 Uhr folgte Tiefschlag Nummer zwei. Um diese Zeit meldete die in London erscheinende arabische Zeitung *Al-Quds Al-Arabi*, eine Bekenner-E-Mail der Al-Qaida erhalten zu haben. In dem Text bekennt sich eine »Brigade Abu Hafs al Masri« zu den Attentaten. »Der Todesschwadron ist es gelungen, ins Herz der europäischen Kreuzfahrer einzudringen und einer der Säulen der verbündeten Kreuzfahrer, Spanien, einen schmerzhaften Schlag zuzufügen«, heißt es in der E-Mail.
3. Den dritten Haken mußte die Regierung am nächsten Tag, dem 12. März, um 18.15 Uhr einstecken. In einem Mülleimer nahe einer Moschee in Madrid fand die Polizei auf einen anonymen Anruf hin ein Videoband, auf dem sich ein angeblicher Al-Qaida-Sprecher zu den Attentaten bekannte.[4]

Was beweisen Sprengzünder und eine Kassette mit Koranversen in einem Auto? Nichts, denn jeder kann das Auto mit diesem Inhalt plaziert haben. Was beweist eine Bekenner-E-Mail an eine Zeitung? Ebenfalls nichts, denn diese E-Mail kann jeder geschrieben haben. Und was beweist ein Videoband, auf dem sich irgend jemand zu den Attentaten bekennt? Auch nichts, denn solche »Geständnisse« sind nur etwas wert, wenn die betreffende Person einzuordnen und bekannt ist, wenn die Echtheit des Bandes feststeht und wenn das Geständnis von seriösen kriminalistischen Beweisen untermauert wird. Es hat auch schon bei ganz »normalen« Mordfällen falsche Geständnisse gegeben. Das ist eben der Unterschied zwischen kriminalistischen und »kriminalistoiden« Spuren.

Niemand kennt Abu Dudschan

»Wir erklären unsere Verantwortung für das, was in Madrid genau zweieinhalb Jahre nach den Angriffen auf New York und Washington geschehen ist«, sagte ein gewisser Abu Dudschan el Afghani auf dem in einem Madrider Mülleimer gefundenen Video.

»Es ist eine Antwort auf eure Zusammenarbeit mit dem Verbrecher Bush und seinen Verbündeten. Dies ist eine Antwort auf die Verbrechen, die ihr in der Welt verübt habt, und zwar besonders im Irak und in Afghanistan, und es wird weitere (Antworten) geben, so Gott will. Ihr liebt das Leben, und wir lieben den Tod, was ein Beispiel für das gibt, was der Prophet Mohammed gesagt hat. Wenn ihr eure Ungerechtigkeiten nicht stoppt, wird mehr Blut fließen, und diese Angriffe werden sehr klein sein, verglichen mit dem, was geschehen wird und was ihr Terrorismus nennt.

Dies ist eine Erklärung des Militärsprechers der Al-Qaida für Europa, Abu Dudschan el Afghani.«[5]

Ein »Auslöser« erster Güte, aber: Einen Abu Dudschan el Afghani kannte kein Mensch – die Polizei nicht, die Geheimdienste nicht, die Medien nicht und auch sonst niemand. Zweitens:

»Ihr liebt das Leben, und wir lieben den Tod«, ist eine reichlich ungewöhnliche Formulierung für einen Moslem, insbesondere dann, wenn er sich dabei auch noch auf den Propheten Mohammed beruft, dem keine übersteigerte Todessehnsucht nachgesagt werden kann. Die arg strapazierten »zweiundsiebzig Jungfrauen« sind nur für den rechtgläubigen Moslem da, nicht aber für irgendwelche Killer-Moslems, weshalb diese Propaganda überhaupt keinen Sinn macht. Drittens: Der Titel »Militärsprecher der Al-Qaida für Europa« suggeriert, es handele sich um einen international straff organisierten Konzern – eine Fiktion, wie jedermann weiß.

Jedenfalls legte ich diese Erklärung am 7. März 2006 Dr. Yavuz Özoguz von dem muslimischen Internetportal Muslim-Markt vor und bat ihn um eine Einschätzung. Die Antwort:

»Aus muslimischer Sicht fällt auf, dass jene Al-CIAda [Skeptikerbezeichnung für Al-Qaida; G.W.] das Thema Israel immer ausspart (...) In obiger Erklärung taucht Israel nicht auf, obwohl aus islamischer Sicht die Verbrechen am palästinensischen Volk viel schlimmer und vor allem viel länger andauernd sind!«, schrieb er mir. Ein verräterischer Fehler. Aus islamischer, erst recht aus »islamistischer« Sicht stellt Israel die Wurzel allen Übels dar, weshalb es der gegenseitigen Solidarisierung und Rückversicherung dient, diesen Feind zumindest zu erwähnen. Ihn in einer solchen Erklärung ganz einfach wegzulassen, ist dagegen äußerst ungewöhnlich. Damit beziehen sich die angeblich muslimischen Attentäter nicht auf das gemeinsame arabisch-muslimische Bezugssystem. Auch die Aussage »Ihr liebt das Leben, und wir lieben den Tod« sei »völliger Unsinn«, fährt Dr. Yavuz Özoguz fort: »Wenn überhaupt, dann müsste es heißen: ›Ihr liebt das diesseitige Leben und wir lieben das Martyrium, denn darin steckt das ewige Leben.‹ Hier kann aber auch ein Übersetzungsfehler vorliegen. Letzte Bemerkung: Wie wird man ›Militärsprecher‹ einer Organisation, in der es keine Struktur gibt, und falls es doch eine Struktur gibt: Wer kennt sie?«[6]

In dem Video wimmelt es also vor vordergründig muslimischen Phrasen, die in den Ohren westlicher Zuhörer authentisch klingen mögen, nicht aber für Menschen, die sich in der muslimischen Welt auskennen. Das ist so ungefähr wie mit der Indianersprache in den Romanen von Karl May, die ebenfalls erst mal schön blumig und fremd klingt. Vor der Niederschrift seiner Romane war Karl May allerdings nie in Amerika gewesen.

Vergleichbare Ungereimtheiten gibt es auch in dem Bekennerschreiben, das von der arabischen Zeitung *Al-Quds* veröffentlicht wurde. Hier eine deutsche Übersetzung der englischen Übersetzung des arabischen TV-Senders *Al-Dschasira*. Auch dieses angebliche Bekennerschreiben legte ich Dr. Yavuz Özoguz zur Kommentierung vor. Seine Anmerkungen habe ich hinter die einzelnen Passagen des Bekennerschreibens gesetzt:

»Im Namen Gottes
In ihrer letzten Erklärung (zu den Anschlägen von Bagdad und Kerbala)* vom 11. Muharram 1425 nach dem Hijri-Kalender, was dem 2. März 2004 entspricht, hat die ›Brigade Abu Hafs al-Masri‹ versprochen, weitere Angriffe vorzubereiten.
Hiermit hält sich die Brigade an ihr Wort. Die Todes-Schwadron (der Brigade Abu Hafs al-Masri) ist erfolgreich in die Tiefen von Kreuzfahrer-Europa eingedrungen, um einer der Säulen der Kreuzfahrer-Allianz, Spanien, einen schmerzhaften Schlag zu versetzen. Diese Bombenanschläge gehören zur Begleichung einer alten Rechnung mit dem Spanien der Kreuzritter für seinen Krieg gegen den Islam.«
Dr. Özoguz: Das ist ein Geschichtsrückblick, den selbst die fanatischsten Extremisten unter den Muslimen sich kaum hätten einfallen lassen können. Im Gegensatz zum Christentum gibt es im Islam keine Erbsünde, so daß man Nachkommen nicht für die Untaten ihrer Eltern bestrafen kann und auch nicht darf!

»Wo ist Amerika, um dich heute zu beschützen, Aznar? Wer wird euch vor uns beschützen, Großbritannien, Italien, Japan und die anderen Söldner?«

* Die in dem Bekennerschreiben in Klammern gesetzten Anmerkungen stammen offenbar von *Al-Dschasira*.

Dr. Özoguz: Japan? Das verwundert etwas, denn der Antiamerikanismus in Japan sollte selbst bis zu USAma vorgedrungen sein. Aber gerade das ist wohl der Grund, warum sie wieder (durch den geeigneten Feind) in die Reihen geführt werden sollen. Israel fehlt übrigens auffälligerweise immer in jenen Aufzählungen!

»Als wir die italienischen Truppen in Nasirya (Irak) getroffen haben und euch und anderen Erfüllungsgehilfen eine Warnung gesendet haben, euch aus der Allianz gegen den Islam zurückzuziehen, habt ihr unsere Warnung nicht begriffen. Nun haben wir es klargemacht, wir hoffen, daß es diesmal verstanden wird. Wir, bei Abu Hafs al-Masri, bedauern den Tod der sogenannten Zivilisten nicht. Für sie ist es rechtmäßig, unsere Kinder, Frauen, die Alten und die Männer in Afghanistan, im Irak, in Palästina und in Kaschmir zu töten, während es im Gegenzug uns verboten ist, sie zu töten. (Das Statement bezieht sich dann auf Koranverse, die besagen, daß Muslime auf die gleiche Weise zurückschlagen sollen, wenn sie angegriffen werden).«
Dr. Özoguz: Und wie ist es mit der Ermordung von Muslimen in jenen Attentaten von Madrid? Bedauern die das auch nicht? Das ganze »Märchen« der Erfindung wird durch diese Darstellung deutlich. Islamisch betrachtet sind jene Terroranschläge in Spanien ganz sicherlich Verbrechen!

»Hört auf, uns ins Visier zu nehmen, laßt unsere Gefangenen frei, und verlaßt unser Land, und wir werden aufhören, euch anzugreifen. Die Völker der US-Alliierten müssen Druck auf ihre Regierungen ausüben, sich augenblicklich aus der Allianz mit Amerika gegen den Terror (Islam) zurückzuziehen. Wenn ihr weitermacht, werden wir ebenfalls weitermachen … Wir sagen euch, daß euch die Schwadron des tödlichen Rauches bald erreichen wird, und dann werdet ihr eure Toten, so Gott will, nach Tausenden zählen … Dies ist eine Warnung.«
Dr. Özoguz: Das mit dem »Rauch des Todes« kann wahrscheinlich nur die CIA verstehen und westliche Journalisten, die daraus dann einen Giftgasangriff interpretieren sollen. Bei aller Blumigkeit der islamischen Sprache, ich kenne jenen Ausdruck nicht.

»In einer anderen Operation hat Jund al-Quds (Soldaten von Jerusalem) eine jüdische Freimaurer-Loge in Istanbul angegriffen. Drei Top-Freimaurer wurden bei der Operation getötet, und hätte es kein technisches Versagen gegeben, wären alle Freimaurer getötet worden. Gott sei dennoch gedankt.
Wir möchten der Gruppe von Bilal Ibn Ribah sagen, daß die Führung mit ihrem Vorschlag übereinstimmt, und sobald der Vertreter ankommt, wird die Arbeit beginnen.
Wir möchten auch der Abu Ali al-Harithi-Schwadron sagen, daß die Führung den Jemen als den dritten Sumpf für das Idol unserer Zeit, Amerika, ausersehen hat, um der Regierung, die – was den Verrat und die Untreue angeht – gleich hinter (dem pakistanischen Präsidenten) Musharraf kommt, eine Lektion zu erteilen.
Deshalb haben alle Zellen in Alarmbereitschaft zu sein. Die Operation beginnt am (folgt Zeitangabe und Code). Vergeßt nicht, sie zu schwächen, vergeßt nicht Abu Ali al-Harithi, und vergeßt nicht Scheich Abd al-Qader Abd al-Aziz (Sayyed Imam Sharif), den muslimischen Gelehrten, der drei Monate nach den Angriffen vom 11. September inhaftiert und vom Jemen an Ägypten ausgeliefert wurde.
Wir möchten diejenigen, die die Gelehrten der muslimischen Sunniten (Ulamaa) getötet haben, auffordern aufzuhören – anderenfalls ...
Wir möchten den Muslimen der Welt verkünden, daß neunzig Prozent der Vorbereitungen für die ›Operation Todeswind‹ in Amerika abgeschlossen sind und die Operation in Kürze durchgeführt wird, so Gott will (zum Gefallen der Mudschaheddin). Die Gläubigen werden den Sieg Gottes feiern.
Eine Warnung an alle Nationen: Haltet euch fern von den militärischen und zivilen Institutionen von Amerika und seinen Verbündeten. Gott ist groß, Gott ist groß. Der Islam kommt näher durch die Macht des Mächtigen und durch die Demütigung der Mittelmäßigen.
Brigade Abu Hafs al-Masri/Al-Qaida, 11. März 2004«

Dieses angebliche Bekennerschreiben ist also ausgesprochener Unsinn:

1. Niemand anderes als die spanische Bevölkerung hatte bereits seit langem erheblichen Druck auf ihre Regierung ausgeübt, »ihre Allianz mit den USA in deren Kampf gegen den Terror (Islam) sofort zu beenden«. Durch den Anschlag auf Zivilisten wurde dieses Verhalten nun »bestraft«.
2. Tatsächlich war damit zu rechnen, daß durch das Attentat auch Muslime getötet werden würden.
3. Die Warnung »Vermeidet die Nähe zu zivilen und militärischen Einrichtungen von Amerika und seinen Verbündeten« kann nur als schlechter Witz bezeichnet werden, denn diese Definition umfaßt alle öffentlichen Gebäude und Einrichtungen der Vereinigten Staaten, egal, ob in den USA oder anderswo. Außerdem fallen auch alle zivilen oder militärischen Einrichtungen verbündeter Staaten unter diese Drohung, von der Kaserne über das Rathaus bis hin zum Hallenbad.
4. Auch hier wird Israel nur beiläufig erwähnt, nämlich in Form der angeblich »jüdischen Freimaurer«. Ansonsten sind die hier vorgetragenen Anklagen im wesentlichen an Amerika adressiert.
5. Die angebliche Brigade Abu Hafs al-Masri nimmt mit keinem Wort Bezug auf das politische Umfeld ihrer Attentate, nämlich die zeitnahen Parlamentswahlen in Spanien, ganz so, als wäre das Attentat zu irgendeinem x-beliebigen Zeitpunkt erfolgt. Dabei veränderten die Islamisten »zum ersten Mal auch binnen weniger Tage die Machtkonstellation eines europäischen Landes«, wie die *FAZ* schrieb. (faz-net, 14. März 2006)
6. Bekennerbriefe als öffentliche Mitteilungen an andere Kampfgruppen zu nutzen, ist denn doch ein etwas ungewöhnliches Verfahren.
7. Die angeblichen Abu-Hafs-al-Masri-Brigaden beziehen sich in ihrer Unterschrift auf Al-Qaida, als sei dies eine originär islamistische Organisation. Sie übernehmen damit einen westlichen Propagandabegriff. In Wirklichkeit handelt es sich bei Al-Qaida um eine Phantomorganisation.

Es ist also ein in sich unlogisches Geschwafel. Wie ich an anderer Stelle noch ausführen werde, stammen solche Bekennerschreiben vielfach von Geheimdiensten. Besonders merkwürdig ist in diesem Zusammenhang übrigens, daß der angeblich arabische Sender *Al-Dschasira* diese dubiose und dilettantische Erklärung mit keinem Wort hinterfragt und damit die sich daraus ergebende implizite Schuldzuweisung an die muslimische Welt übernommen hat.

Damit war *Al-Dschasira* noch gutgläubiger als die amerikanischen Sicherheitsbehörden, denn selbst die sonst überhaupt nicht wählerischen US-Geheimdienste mäkelten an den Bekenntnissen der »Brigade Abu Hafs al-Masri« herum. Während sie sonst die Täterschaft fast jedes dubiosen Grüppchens begeistert beglaubigen, solange es sich nur um »fanatische Islamisten« handeln soll, schien ihnen diesmal irgend etwas an den Bekennern nicht zu passen. So nörgelte ein »US-Geheimdienstexperte« laut *Washington Post*, diese »Brigade« habe schon mehrmals nachweislich falsche Bekennerschreiben geschickt.

»Es sei nicht einmal sicher, so die *Post*, ob diese angeblich zur Al-Qaida gehörenden Gruppen überhaupt existierten und nicht nur eine Propagandaerfindung seien.«[7] Damit räumt der US-Agent ein, daß solche Gruppen hin und wieder zur Propagandazwecken ganz einfach erfunden werden. Vorausgesetzt, die zitierte Person ist authentisch.

Trotzdem waren diese Funde keine gute Nachricht für Ministerpräsident Aznar und dessen Partei Partido Popular, die drei Tage später die Wahlen gewinnen wollte (er selbst kandidierte nicht mehr als Ministerpräsident). Denn mit differenzierenden Überlegungen, wie ich sie hier geschildert habe, beschäftigt sich unmittelbar nach einem Anschlag in der Regel niemand öffentlich, am allerwenigsten die Medien. Und so wurde der Islam (Koranverse) mit den Attentaten (Zünder) in Verbindung gebracht. Und damit wurde die Regierung von ihrer bedingungslosen Unterstützung der USA im Irakkrieg eingeholt, die in der Bevölkerung auf erbitterten

Widerstand gestoßen war. Das Attentat konnte als Quittung für die Teilnahme am Krieg gegen den Irak verstanden werden.

Diesem dreifachen »Bekenntnis« konnte man vor allem entnehmen, daß der Auslöser Nummer eins (die »Islamisten« waren die Täter) doppelt und dreifach festgezurrt werden sollte – unentrinnbar für die Aznar-Regierung. Man konnte vielleicht einen oder auch zwei dieser Hinweise unter den Tisch fallen lassen (was ja auch versucht wurde), nicht aber alle drei. Schon gar nicht, weil sie nicht von ein- und demselben Ort stammten, sondern an unterschiedlichen Stellen in das Fahndungssystem eingespeist wurden, und zwar an einem Bahnhof (Renault Kangoo), in einer Moschee (Videoband) und bei einer Zeitung im Ausland (Bekenner-E-Mail). Die Urheber wollten sichergehen, daß auch wirklich islamistische Terroristen für die Anschläge verantwortlich gemacht wurden und damit die Regierung in der Falle saß. Der islamistische Hintergrund schien all jene zu bestätigen, die schon immer davor gewarnt hatten, Spanien in den Irakkrieg hineinzuziehen. Und damit zuallererst natürlich »Bambi«, den sozialistischen Kandidaten Zapatero.

Die Auswirkungen der Attentate auf die Wahlen drei Tage später waren entsprechend. Während vor den Wahlen noch alle Umfragen von einem Sieg von Aznars PP ausgegangen waren, fiel die Partei am 14. März 2004 ins Bodenlose. Statt wie bisher die absolute Mehrheit, erhielt die PP nur noch 37,64 Prozent der Stimmen. Der große Gewinner war Zapateros PSOE mit 42,64 Prozent der Stimmen. Am 16. April 2004 wählte das spanische Parlament »Bambi« Zapatero mit 183 von 350 Stimmen zum neuen Ministerpräsidenten. Kurze Zeit später zog Zapatero die spanischen Truppen aus dem Irak zurück.

Damit könnte man es eigentlich bewenden lassen: Das Gute hatte gesiegt, die Spanier beteiligten sich nicht länger am schmutzigen Irakkrieg, und alles schien wieder in Ordnung zu sein. Bis auf eine winzige Kleinigkeit: Wer hatte denn die Attentate nun wirklich begangen? Denn das Problem war ja nicht nur, daß die

Regierung Aznar im Hinblick auf die behauptete Beteiligung der ETA log. Das Problem war auch, daß die islamistische Version ebenfalls nicht überzeugen konnte und die angeblich islamistischen Attentäter allenfalls Phantome waren.

Mit einem Knall aus dem Leben

Für die spanischen Sicherheitsbehörden war von Anfang an alles klar. Bereits am 3. April 2004 spürte die spanische Polizei im Madrider Stadtteil Leganés einige Verdächtige auf. Und als sie eine Razzia bei den angeblichen Drahtziehern der Anschläge veranstaltete, schieden diese standesgemäß mit einem Knall aus dem Leben – indem sie eine Bombe zündeten. Jedenfalls nach der offiziellen Version. Für den spanischen Innenminister war die Sache erledigt: »Der Kern der Gruppe, die die Anschläge ausführte, ist entweder in Haft oder bei dem Selbstmord am Samstag ums Leben gekommen«, sagte Acebes. Auch die deutsche Presse schloß brav die Akten: »Die Anschläge des 11. März mit hunderteinundneunzig Toten in Madrid sind weitgehend aufgeklärt«, meldete beispielsweise der *Wiesbadener Kurier* unter Berufung auf *dpa*. »Der als Drahtzieher geltende Tunesier Serhane Ben Abdelmadschid (35) und vier weitere islamische Terroristen sprengten sich am Samstag bei einer Polizeirazzia in die Luft. Die Terrorzelle sei somit im Kern zerschlagen worden, teilte Spaniens Innenminister Ángel Acebes gestern mit. Die Haupttäter seien entweder ums Leben gekommen, festgenommen oder zumindest identifiziert worden.« Und – fast unverzichtbar der Hinweis: »Zudem wurden neue Attentate vereitelt.«[8]

So sind sie, unsere Sicherheitsbehörden. Immer Teil der Lösung, nie Teil des Problems. Zwar kann es ja sein, daß immer wieder neue Anschläge begangen werden – aber haben Sie eigentlich eine Ahnung, wie viele Anschläge verhindert werden? Kann man da als Bürger nicht wieder beruhigt U- und S-Bahn fahren? Nicht wirklich. Denn der Aktendeckel ließ sich denn doch nicht so leicht schließen. Sosehr man auch drückte, überall schauten

Arme und Beine heraus. Und wenn man an ihnen zog, kamen jede Menge staatliche Agenten, Spitzel und Provokateure zum Vorschein – so viele, daß sie schon bald einen großen Teil der Verdächtigen stellten. Von elf im Frühsommer 2004 in Asturien verhafteten Verdächtigen waren doch tatsächlich fünf Spitzel der Sicherheitskräfte – nicht schlecht![9]

Es gibt ja auch unter den Feuerwehrleuten so manchen Brandstifter.[10] Mit dem Staat und seinen Sicherheitsbehörden verhält es sich genauso. Ohne Terror und ohne Attentat braucht kein Mensch den Staat. Und seine dubiosen »Organe« schon gar nicht. Krieg und Attentate waren für den Staat schon immer konstituierend – siehe USA. Vielleicht erinnern Sie sich an jene traumhafte Zeit, während der Deutschland keine handlungsfähige Regierung hatte? Die alte Regierung mit ihrem ständigen Agenda-2010-Terror war nicht mehr, und die neue unter Angela Merkel hatte noch nicht begonnen, den Leuten die Stimmung zu vermiesen. Waren das Zeiten! Während sich Merkel, Stoiber und Müntefering um die Posten balgten, hatten sie ihre eigentliche Beute – den Bürger – aus den Augen verloren, und ein wahres Aufatmen ging durch das Land. Doch schon drei Tage nach Merkels Amtsantritt war es damit vorbei. Da wurde im Irak Susanne Osthoff entführt. Und dann Jürgen Chrobog. Und dann zwei deutsche Ingenieure. Währenddessen brach auch noch die Vogelgrippe aus (und zwar ausgerechnet vor den Toren des bundeseigenen Instituts, das mit dem Virus experimentiert hatte). Eine Krisensitzung samt Pressekonferenz jagte die nächste: Herrgott – wie sehr wir diese Regierung doch brauchten! Wenn Sie mich fragen: Diese Regierung braucht kein Mensch. Raubt sie uns nicht den letzten Lebensnerv und das letzte Geld? Natürlich tut sie das. Das Problem: Den Job, für den sie bezahlt wird, macht sie nicht (nämlich ihr Land ordentlich zu regieren), und für den Job, den sie macht (nämlich Kriege führen, Freiheiten einschränken, Steuern erhöhen), wird sie nicht bezahlt. Wenn Sie mich fragen: Ab auf den Müllhaufen der Geschichte!

Auch spanische Fische stinken vom Kopf her

Doch kehren wir zurück nach Madrid. Dort begannen die Attentate vom 11. März 2004 schon bald gewaltig zum Himmel zu stinken. José Emilio Suárez Trashorras, der Mann, der Berichten zufolge den Sprengstoff aus einer Mine geklaut hatte, mit dem hunderteinundneunzig Leute umgebracht und tausendfünfhundert verletzt wurden, sei ein Spitzel der Nationalpolizei gewesen, wurde berichtet. Und der Besitzer des Handyladens, in dem die als Fernzünder für die Bomben benutzten Handys freigeschaltet worden seien, habe seit 1989 zur Nationalpolizei gehört. Laut der spanischen Zeitung *El Mundo* ist er der spanische Beamte, der am besten über islamistische Zellen in Europa »Bescheid weiß«. So kann man es natürlich auch ausdrücken. Oder auch so, wie es die *Junge Welt* im März 2005 formulierte: »Noch ein Insider-Job?«

Nach »nicht dementierten Berichten wäre er direkt in die Anschläge auf die Vorortzüge in der spanischen Hauptstadt verwickelt, die vor einem Jahr hundertzweiundneunzig (sic!) Menschen das Leben kosteten. (...) Diverse Spitzel der Nationalpolizei hatten den Sprengstoff für 3/11 geliefert, der über einen Spitzel der Guardia Civil an die Islamisten ging. Vor den Sprengstoffdeals hatte ein weiterer Guardia-Civil-Spitzel gewarnt, ein darüber aufgezeichnetes Band verschwand. Das Band dokumentiert auch, wie sich die Sprengstoffdealer nach dem Know-how erkundigten, um Handys zu Bombenzündern umzubauen. Außerdem hatten wahrscheinlich Agenten des Geheimdienstes CNI Kontakte zum Zirkel der Attentäter.«[11]

»Seit langem ist bekannt«, schrieb Ralf Streck in *telepolis*, »dass es ohne die Spitzel der Nationalpolizei, die den Sprengstoff besorgt und über einen Spitzel der Guardia Civil an die Islamisten lieferten, die Anschläge nicht gegeben hätte. Der Geheimdienst CNI hatte Kontakte bis in den direkten Kreis der Attentäter, und die Polizei kontrollierte Chefs der Madrider Anschläge über den Spitzel Cartagena.«[12]

Die Polizei kontrollierte also die Chefs der Madrider Anschläge. Das kann nur diejenigen überraschen, die bisher immer dachten, daß der Feind von außen kommt. In Wirklichkeit kommt der Feind von innen, aus dem eigenen Sicherheitsapparat, und zwar nicht nur in Spanien. Nicht der Staatsfeind ist also das Problem, sondern der feindliche Staat. Seit dem 11. September 2001 haben die Staaten endgültig aufgehört, ihre Bürger zu schützen. Sie verstehen sich schon gar nicht als Dienstleistungsunternehmen, deren Aufgabe darin besteht, ihren Bürgern ein sicheres und möglichst angenehmes Leben zu ermöglichen. Vielmehr haben sich Staaten und Regierungen zu gefräßigen Monstern entwickelt, die ihre Bevölkerung aussaugen, und zwar bis aufs Blut. Nur gut, daß wenigstens in Spanien nun »Bambi« mit seinen Sozialisten an der Macht war, um das Ganze endgültig aufzuklären. Die erste Überraschung war jedoch, daß daraus nichts wurde. Statt dessen wurde genau wie in den Vereinigten Staaten nach dem 11. September eine parlamentarische Untersuchungskommission eingerichtet. Warum »statt dessen«? Ganz einfach: Weil solche »Untersuchungskommissionen« vor allem drei Aufgaben haben:

1. den öffentlichen Unmut aufzufangen und zu kanalisieren,
2. die offizielle Version zu zementieren,
3. den Eindruck zu erwecken, der Fall sei aufgeklärt.

Mit anderen Worten: Solchen Untersuchungskommissionen geht es nicht um Information, sondern um »Auslöser«. Und tatsächlich tat sich auch die spanische »Untersuchungskommission« vor allem durch taktische Tricks und Verzögerungsmanöver hervor. Erstaunlich: Der Krieg, der vor den Wahlen um die Attentate tobte, setzte sich auch nach den Wahlen fort. Noch erstaunlicher: Getrickst wurde weniger von Abgeordneten der abgewählten Aznar-Partei PP, sondern von Zapateros PSOE. Das verstehe freilich, wer will. Warum sollten ausgerechnet die linken Saubermänner die Aufklärung der Attentate vom 11. März 2004 behindern wollen?

Erstens paßten islamistische Täter den Sozialisten ganz gut ins Konzept. Zynisch formuliert: Diese Attentate hatte der Himmel geschickt. Die Version von der islamistischen Täterschaft war untrennbar mit der Regierungsübernahme der Sozialisten und dem Strahlemann-Image ihres Vorsitzenden und Ministerpräsidenten verbunden. Für die damals bevorstehenden Wahlen war sie genau der richtige psychologische Auslöser gewesen, um die Sozialisten an die Macht zu bringen. Vermeintlich islamistische Attentäter waren für die sozialistische Partei ein wertvoller politischer Schatz, den sie wie ihren Augapfel hütete. Trotzdem war es auffällig, wie sehr sich die angeblich so sauberen Sozialisten mit Händen und Füßen dagegen wehrten, die Hintergründe der Anschläge ordentlich aufzuklären. Könnte es vielleicht sein, daß sie nicht auf einem politischen Schatz, sondern auf einem riesigen Haufen Unrat saßen?

Denn es waren keineswegs nur unappetitliche Spitzel, Polizisten und Agenten in den Fall verwickelt. Vielmehr pflegte Berichten zufolge auch ein hoher Sozialist Kontakte zu einigen der mutmaßlichen Attentäter. Sein Name: Fernando Huarte. Er soll nicht nur für den in die Attentate verstrickten Geheimdienst CNI gearbeitet, sondern auch Kontakt zu mutmaßlichen Attentätern wie Fouad el Morabit Amghar und Abdelkrim Benesmail gehabt haben. Letzteren habe auch Huarte-Freund und PSOE-Mann Rabia Gaya gekannt, heißt es. Von da aus war es nicht mehr weit zu den anderen Attentätern, einschließlich Jamal Ahmidan, der bei der Razzia in die Luft geflogen war.[13]

Apropos »in die Luft geflogen«: Für eine Sprengung benötigt man selbstredend Sprengstoff. Und den wiederum bekommt man am besten in einer Mine. Und wo gibt es in Spanien die meisten Minen? In der Autonomen Region Asturien, zwischen dem Golf von Biskaya und den Kantabrischen Bergen. Exakt in einer solchen Mine arbeitete José Emilio Suárez Trashorras, der oben genannte Spitzel der Nationalpolizei. Er soll den Sprengstoff geklaut und an den mutmaßlichen Attentäter Jamal Zougam verhökert haben. Und wie es der Teufel so will, hatte ausgerechnet besagter Sozialist Fernando Huarte beste Kontakte zu den asturischen Minenarbeitern, nämlich in seiner Rolle als Boß von Minen- und Werftarbeitergewerkschaften. Laut der Zeitschrift *El Confidencial Digital* war der Sozialist Huarte nicht nur Gewerkschafter in den asturischen Werften, sondern er spielte auch eine wichtige Rolle in der »unkontrollierbaren und kriegerischen Minenarbeitergewerkschaft SOMA-UGT« (Sindicato de los Obreros Mineros de Asturias). Der Boß dieser Minenarbeitergewerkschaft, Manuel Fernández »Lito«, wiederum hatte ein Faible für einen sozialistischen Politiker, der mit seiner Hilfe später Generalsekretär der spanischen Sozialisten wurde. Auch Huarte

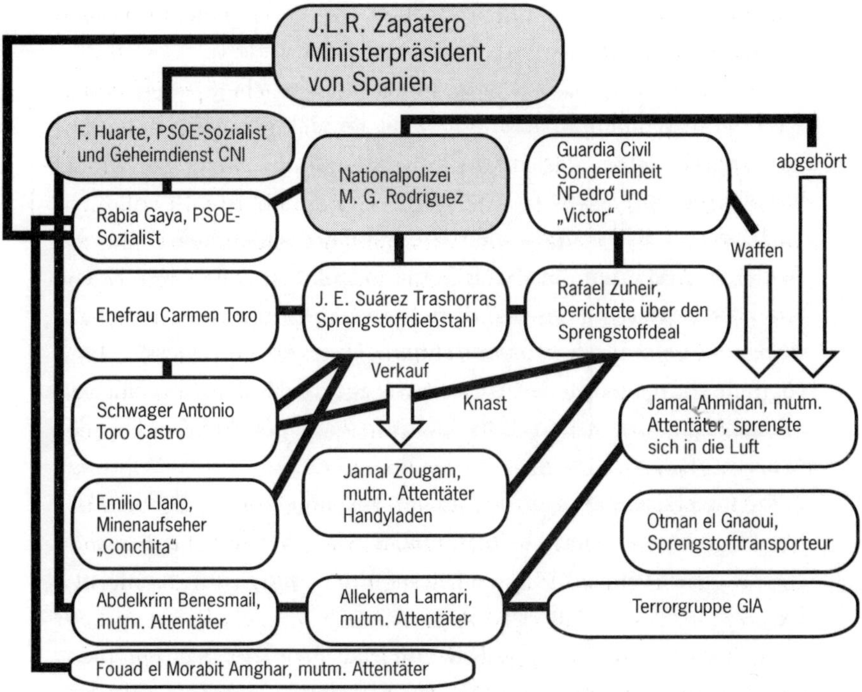

Die seltsamen Verbindungen des Rodriguez Zapatero nach der Berichterstattung von telepolis.

kannte diesen Mann, mit dem er schon gefeiert hatte, als dieser noch ein einfacher Provinz-Abgeordneter war. 2004 wurde der Huarte-Freund durch die mit Hilfe des Sprengstoffs aus den asturischen Minen durchgeführten Terroranschläge Ministerpräsident: José Luis Rodríguez Zapatero.

Zwei Tage vor den Attentaten entstand bei einer Wahlveranstaltung ein Foto, das den späteren spanischen Ministerpräsidenten Zapatero zwischen PSOE-Mann Rabia Gaya und dem Geheimdienstmann Fernando Huarte zeigt – den beiden Sozialisten mit angeblichen Kontakten zu den mutmaßlichen Attentätern. Könnte es sein, daß die beiden ihren Auftrag etwas weit ausgelegt haben? Berichten zufolge gehör(t)en sie nämlich zu Zapateros Sicherheitstruppe. Und die besteht natürlich aus besonders zuverlässigen und vertrauten PSOE-Leuten. Sind also die spanischen Sozialisten auf die eine oder andere Weise in die Attentate verwickelt? Oder haben sie die Anschläge nur für ihre Zwecke instrumentalisiert, indem sie so viele »kriminalistoide« Spuren plazierten, daß man die »islamistische Variante« nicht mehr ignorieren konnte?

In dem parlamentarischen Untersuchungsausschuß über die Attentate mauerten die PSOE-Leute jedenfalls nach besten Kräften. Eine Vorladung des sozialistischen Geheimdienstmannes und Zapatero-Bekannten Huarte lehnten sie rundweg ab und versuchten statt dessen, den Untersuchungsausschuß zu beerdigen. »Angesichts der neuen Entwicklung warf der PP-Vorsitzende Mariano Rajoy der Regierung vor, an einer genauen Aufklärung nicht interessiert zu sein und etwas verbergen zu wollen. Sollte Huarte nicht vor den U-Ausschuß geladen werden, sieht Rajoy die Glaubwürdigkeit Zapateros auf dem Nullpunkt angekommen.«[14]

Der hatte damit möglicherweise kein Problem. Ministerpräsident war er ja nun schon mal. Bis auf den heutigen Tag ist der Stall, in dem die Attentate ausgeheckt, geplant und aus dem heraus sie schließlich durchgeführt wurden, jedenfalls noch immer

»Bambi« auf Erfolgskurs: Zwei Tage vor den Anschlägen vom 11. März 2004 steht der spätere Ministerpräsident Zapatero zwischen zwei Sozialisten, denen Kontakte zu den mutmaßlichen Attentätern nachgesagt werden: Rabia Gaya (Kreis oben) und Fernando Huarte (Kreis unten).

nicht ausgemistet. Genau wie in den USA nach dem 11. September konnte oder wollte auch die »Untersuchungskommission« kein Licht in das Dunkel bringen. Genau wie in den USA beklagen sich bis heute Opfer und Angehörige der Opfer über die grotesken »Ermittlungen«. Genau wie in den USA fordern Betroffene bis heute eine unabhängige Untersuchung der Attentate. Genau wie in den USA legen viele Opfer und Hinterbliebene keinen Wert mehr auf heuchlerische Gedenkzeremonien. Bei der Gedenkveranstaltung im März 2006 verbaten sich Opferverbände Ansprachen von Offiziellen. Viele Betroffene und Hinterbliebene blieben der Zeremonie fern. Der ermittelnde Richter erhob erst Anklage gegen einige Verdächtige, nachdem ihm eine Frist bis zum 10. April 2006 gesetzt worden war. Die auf den letzten Drücker erhobene Anklage lautet auf Mord in hunderteinundneunzig Fällen und versuchten Mord in tausendsiebenhundertfünfundfünfzig Fällen.

Unter den Angeklagten ist auch der Spanier, der den Sprengstoff besorgt haben soll. Ob aus der Anklage irgendwann auch Urteile resultieren, ist fraglich, denn die Staatsanwaltschaft versucht weiterhin, Zeit zu schinden. Obwohl der Mammut-Prozeß im April 2008 beendet sein muß (sonst verfällt der Strafanspruch des Staates), soll er erst im Frühjahr 2007 beginnen. Zum zweiten Jahrestag der Attentate notierte die *FAZ:*

> »Der Atocha-Bahnhof, der voller Kerzen, Tränen und Blumen damals zu einem Wallfahrtsort geworden war, ist wieder nur ein Bahnhof. An der Stelle, an die Madrilenen ihre Gedichte, Flüche und handschriftlichen Liebeserklärungen an die Opfer an die Wand geheftet hatten, stehen jetzt nur noch zwei elektronische Bildschirme mit Tastatur. Sie fordern die Passanten auf, eine ›Botschaft der Solidarität‹ einzutippen.«

Die Trauer, die Hilflosigkeit, aber auch die Wut über die hinter den Attentaten stehenden sinistren Strukturen sollen also an Ort und Stelle in die elektronischen Schaltkreise eines Computers abgeleitet werden. »Aber auch hier scheint die Solidarität schon der unversöhnlichen Parteilichkeit gewichen zu sein«, schreibt die *FAZ:* »Eine junge Frau notiert: ›Aznar ist an allem schuld. Er allein.‹ Und ein Vater diktiert seinem gerade eingeschulten Sohn Buchstabe für Buchstabe die Sätze: ›Noch immer wissen wir nicht genau, wer es war. Wir wissen aber, warum. Und auch, daß alles nur den Sozialisten genutzt hat.‹«[15]

Großbritannien: Phantome in der U-Bahn

»Wir fuhren aus der Station heraus in den Tunnel. Alles, was ich dann sah, war ein gelbes Licht und etwas, das aussah, wie silbrige Linien – und sich dann als Glas herausstellte. Ich wurde herumgeschleudert und zu Boden geworfen. Ich hatte Angst, aus dem allen nicht mehr herauszukommen, was immer es auch war. Als alles so dunkel wurde, dachte ich: Das war's jetzt. Dann faßte ich mit der Hand in mein Gesicht und fühlte das Blut, und da wußte ich, es war noch nicht alles vorbei.«[1] Am 7. Juli 2005 fliegt Michael Henning nicht weit von der Liverpool Street Station in London um zirka 8.50 Uhr plötzlich die U-Bahn um die Ohren. Und natürlich nicht nur ihm. Sieben Menschen verlieren allein in diesem Zug ihr Leben, Dutzende anderer Passagiere werden verletzt. Um dieselbe Zeit, ebenfalls gegen 8.50 Uhr, knallt es auch in einer U-Bahn in der Nähe des Russell Square. Die Auswirkungen sind noch schlimmer: sechsundzwanzig Menschen sterben, Dutzende weiterer Passagiere werden verletzt. Um 8.50 Uhr kracht es auch in einem Zug an der U-Bahn-Station Edgware Road, fünf Menschen finden bei diesem Anschlag den Tod. Und um 9.47 Uhr tötet eine Bombe in einem Bus am Tavistock Square dreizehn Menschen und verwundet viele weitere schwer. Nach Washington und New York, Istanbul (20. November 2003), Madrid und anderen Schauplätzen hat der Terror nun auch London erreicht.

Doch London ist an diesem Tag nicht der einzige Ort, an dem mit hochbrisantem Sprengstoff hantiert wird. Im schottischen Perthshire werden in einem Luxus-Hotel namens *Gleneagles* Pläne ausgeheckt, die nicht nur einige Dutzend, sondern Millionen Opfer fordern können. Denn die Männer, die dort konspirieren, sind nicht nur schwerbewaffnet und zu allem entschlossen, sondern auch zu allem fähig. Es sind die Teilnehmer des G8-Gipfels.

Die Themen, die sie besprechen, sind hochbrisant. Es geht um die Kontrolle über die Krisen, die Rohstoffe, die Welt und die zunehmend unzufriedenen Bevölkerungen.

Seit dem Krawallgipfel von Genua 2001 suchen die Staats- und Regierungschefs die Abgeschiedenheit – die Veranstaltungsorte der letzten Jahre kannte bis zum jeweiligen Gipfel kein Mensch: Kananaskis, Evian-les-Bains und Sea Island – und meiden die Zentren der Macht, in denen es bisweilen ja ziemlich laut werden kann. Insbesondere, wenn gerade Bomben hochgehen. So hat sich auch die Entscheidung bewährt, 2005 auf britischem Boden lieber nicht in der britischen Hauptstadt zu tagen, sondern fast am anderen Ende der Insel, im siebenhundert Kilometer entfernten Gleneagles.

Wie bei allen G8-Gipfeln geht es auch in Gleneagles um die Herrschaft über den Globus. Und für Herrschaft braucht man Macht, für Macht braucht man Gewalt, und für Gewalt braucht man Waffen. Und wie es unter Bewaffneten nun mal üblich ist, herrscht nicht nur eitel Sonnenschein. Vielmehr ist die Luft in etwa so bleihaltig, wie bei einem Treffen der sizilianischen Mafia. Hier wie dort hantiert man mit großen Kalibern und Sprengstoff. Auch die Sprache ist die gleiche, nämlich ausgesprochen freundlich – gefährlich freundlich. Über die auf dem Gipfel schwelenden Währungskonflikte sagte Präsident George W. Bush: »Wir werden über unsere Volkswirtschaften sprechen. Dabei gibt es immer eine nette Diskussion über Währungen, was zum Beispiel ein interessanter Teil des Dialogs ist.« Wer da nicht friert …

Während die Gipfelteilnehmer über die Bombenanschläge von London Entrüstung heucheln, horten sie selbst die gewaltigsten Waffenbestände, die die Welt je gesehen hat. Allein angesichts der Atomwaffen in den Arsenalen der USA, Rußlands, Großbritanniens und Frankreichs nimmt man den Regierungschefs ihre Empörung über die »Bömbchen« von London nicht ab. Die in Gleneagles versammelte militärische und politische Sprengkraft ist so groß, daß nicht nur der Gipfel, sondern die ganze beste-

Bush und Blair – immer für eine böse Überraschung gut.

hende Weltordnung auseinanderzufliegen droht. Es herrscht Katzenjammer auf hohem Niveau. Die acht Staatschefs gleichen acht Schiffbrüchigen, die sich in ein Boot gerettet haben, das jedoch nur einige von ihnen an das sichere Ufer bringen kann. Und wenn sie verzweifelt sind, sind Bewaffnete besonders gefährlich. Noble Gipfelthemen wie ein Schuldenerlaß für Afrika und Umweltschutz waren nach Meinung von Kritikern nur Staffage. »Der Focus auf Afrika dient zum großen Teil der Vernebelung und soll die Aufmerksamkeit von den wirklich drückenden Sorgen der G8 ablenken, die bis zum Hals in der Krise stecken«, heißt es in einem Artikel auf der *World Socialist Web Site* (WSWS) vom 9. Juli 2005:

> »Die G8-Nationen – die Vereinigten Staaten, Japan, Großbritannien, Kanada, Frankreich, Deutschland, Italien und Rußland – sind stärker gespalten als je zuvor. Die Wunden, die der Irakkrieg in die diplomatischen Beziehungen geschlagen hat, sind nicht verheilt. Der zunehmend unilaterale Kurs, den Washington sowohl an der militärischen als auch der ökonomischen Front einschlägt, und die wachsenden Schwierigkeiten der globalen Wirtschaft haben die Spannungen zwischen allen imperialistischen Mächten verschärft.«

Noch nie seit der Gründung der Atlantischen Allianz in den vierziger Jahren hätten sich die Beziehungen zwischen den USA und ihren nominellen Verbündeten in Deutschland und Frankreich als so gespannt und verbittert erwiesen wie heute, meint WSWS. »Die unilaterale und militaristische Politik Washingtons ist der destabilisierendste Faktor des globalen Zeitgeschehens.« Die Politik der Bush-Regierung schüre Spaltungen in Europa und habe die Europäische Union in eine beispiellose Krise gestürzt. Durch das Scheitern der EU-Verfassung und der Gespräche über den EU-Haushalt sei die Existenz der EU und sogar die gemeinsame europäische Währung, der Euro, in Frage gestellt worden. Dazu kämen die Kriege im Irak und in Afghanistan, die Instabilität der Weltwirtschaft, die steigenden Ölpreise, das US-Handelsdefizit und so weiter.

All dies »könnte dazu führen, daß sich der Gipfel im luxuriösen Gleneagles-Hotel nahe Edinburgh, unabhängig von dem Anschein in der Öffentlichkeit, innerlich als noch zerstrittener und gespaltener als alle seine Vorgänger erweisen wird und kein gemeinsames inhaltliches Abkommen zustande bringt«.

Das wäre wohl die größte Pleite in der Geschichte der G8-Gipfel gewesen. Eine Pleite, die einfach nicht passieren durfte.

Aber der Gipfel wurde ja glücklicher- oder unglücklicherweise durch die Attentate denn auch umgehend auf Vordermann gebracht – und die Öffentlichkeit durch das offene Desaster von London von dem verborgenen Desaster in Gleneagles abgelenkt. Die Botschaft von NATO-Generalsekretär Jaap de Hoop Scheffer hörte sich an wie ein verzweifelter Einigungsappell, und zwar auch an die Adresse der NATO, die erst dreieinhalb Jahre zuvor durch die Anschläge vom 11. September zusammengeschweißt und damit gerettet worden war: »Die Angriffe unterstrichen die Notwendigkeit für die internationale Gemeinschaft und die Mitglieder des Nordatlantischen Bündnisses, ›im Kampf gegen den Terrorismus vereint zu bleiben‹.«[2] Die Attentate gaben dem Gipfel praktisch den Auftrag zu weiteren Angriffen auf »Terrorstaaten«, die den Westen mit ihrem Rohstoffreichtum unter Druck setzen könnten. Die Anschläge sollten als neuer Blanko-Marschbefehl in die große, weite Welt herhalten. Angesichts solcher Feinde gebe es nur eine Antwort, nämlich den Krieg zum Feind zu tragen und zu kämpfen, bis der Feind besiegt sei, gab George W. Bush wenig später die Marschrichtung vor.[3]

Mindestens so interessant wie die Frage, wo die Anschläge verübt wurden, ist natürlich auch die Antwort auf die Frage, wo sie nicht verübt wurden. Obwohl das Gipfeltreffen der G8 in Gleneagles natürlich schon seit Monaten geplant war, wurden die Anschläge nicht auf den G8-Gipfel verübt. Kein gekidnapptes Verkehrsflugzeug verirrte sich nach Schottland, nicht mal eine sprengstoffbeladene *Cessna* nahm Kurs auf die Luxusherberge der G8.

Und obwohl die Attentate in der britischen Hauptstadt begangen wurden, traf es auch kein einziges Regierungsgebäude. Ziele mit hohem Symbolwert wie Buckingham Palace, Whitehall, Westminster oder Downing Street No. 10 mieden die Terroristen. Vier Selbstmordattentäter – wieviel Angst und Schrecken hätten sie an diesen Orten verbreiten können, wenn sie sich unter die Touristen gemischt und ihre Bomben beispielsweise beim feierlichen Wachwechsel vor Buckingham Palace gezündet hätten. Der Schock hätte nicht nur die Zivilbevölkerung getroffen, sondern auch die politische Klasse, die sich in diesem Umfeld bewegt. All diese Ziele wurden jedoch ebenso verschmäht wie die Ministerien, die Hauptquartiere von Scotland Yard und der Geheimdienste sowie die weit über hundert Botschaften. Natürlich hätte man die verhaßte herrschende Klasse der Briten auch da angreifen können, wo sie vielleicht noch viel verwundbarer ist, nämlich in ihren noblen Wohngebieten von Mayfair, im West End oder in South Kensington.

Im Grunde sind der Phantasie feindlicher Attentäter in London keine Grenzen gesetzt. Und sollten die funktionalen Machtzentralen auch noch so gut geschützt sein, es gibt genügend unbewachte oder schlecht bewachte Symbole der britischen Macht, die sich mit geringem Risiko angreifen ließen. Und sei es nur irgendeines der zahlreichen Denkmäler, die dem British Empire und seinen Repräsentanten gesetzt wurden. Doch nichts davon geschah. Der angebliche Selbstmordattentäter und Jugendarbeiter Mohammad Sidique Khan hatte sogar die beste Gelegenheit, ein aus der Sicht von radikalen »Islamisten« wirkliches Zeichen zu setzen: Im Jahr 2004 besuchte er mit Schulkindern das britische Parlament. Das wär's doch gewesen: ein perfekter Vorwand und maximales Grauen durch ein ziviles (Kinder) und politisches (Parlament) Ziel. Aber Khan verließ die Houses of Parliament mit seinen Kindern ganz friedlich und ohne irgend jemandem ein Haar zu krümmen.[4]

Nein, statt dessen traf es, wie schon bei der gesamten Terrorwelle zuvor, ausschließlich die Zivilbevölkerung. Und zwar eben nicht die Zivilbevölkerung von Mayfair, South Kensington oder dem West End, sondern jene, die sich allmorgendlich in die U-Bahnen quetscht, um einem mehr oder weniger gut bezahlten Job nachzugehen. Damit waren die Attentate ganz klar an die britischen Mittel- und Unterschichten adressiert. Und damit können sich die oberen Zehntausend und die politische Klasse beruhigt zurücklehnen, denn kaum etwas haben die fanatischen Islamisten seit dem 11. September 2001 so konsequent durchgezogen wie ihren gnadenlosen Krieg gegen die völlig unbeteiligte Zivilbevölkerung und ihre auffällige Rücksichtnahme gegenüber Entscheidungsträgern und -zentren des angeblich verhaßten Westens.

Und: Die Attentate der angeblich muslimischen Attentäter trafen auch und vor allem die eigenen Brüder und Schwestern! Jedenfalls war es sehr wahrscheinlich, daß sie auch Muslime treffen würden. Die Botschaft an das Establishment lautete dagegen: Keine Panik, ihr seid nicht gemeint. Wir treffen nur die Kleinen und die Muslime. Oder auch die kleinen Muslime. In London mit seinen gut sieben Millionen Einwohnern leben rund eins Komma sechs Millionen Muslime, das sind etwa zweiundzwanzig Prozent der Gesamtbevölkerung. Manche sprechen auch von eins Komma acht Millionen, das wären dann annähernd fünfundzwanzig Prozent der Bevölkerung. Gut jeder fünfte Londoner ist demnach ein Muslim. Und das bedeutet auch, daß jeder fünfte U-Bahn-Fahrgast Muslim ist – wahrscheinlich sind es sogar mehr. Denn weil die meisten Muslime nicht gerade auf Rosen gebettet sind, dürften sie in den öffentlichen Verkehrsmitteln überrepräsentiert sein. Eine der Bomben traf ausgerechnet eine U-Bahn am Bahnhof Edgware Road. Edgware Road aber ist Londons »arabische Straße«. Ein arabischer Laden reiht sich hier an den anderen: Zeitungskioske, Restaurants, Lebensmittelgeschäfte, Cafés, Immobilienmakler – alles arabisch beziehungsweise muslimisch. Im Sommer wimmelt es auch noch von Touristen aus muslimischen Ländern, die ihre Londoner Angehörigen besuchen. Edgware Road ist der Bahnhof dieses »Klein-Arabien«. Hier könnte gut und gerne jeder zweite Fahrgast ein Muslim sein, wenn nicht mehr. Die Botschaft dieses Angriffs lautete also: Dies ist ein Krieg gegen die Muslime.

Die Bombe kam mit dem Bus

Auch der Bus, der um etwa 9.47 Uhr am Tavistock Square explodierte, überbrachte eine Botschaft. Da am Tavistock Square keine U-Bahn verkehrt, konnte die Botschaft nur mit einem Bus überbracht werden. Drei Punkte sind in diesem Zusammenhang bemerkenswert:

1. Der Bus mußte von seiner üblichen Route abweichen, um den Tavistock Square zu erreichen – offiziell geschah das wegen Verkehrsbehinderungen.
2. Am Tavistock Square angekommen, erkundigte sich der Busfahrer nach dem Namen der Örtlichkeit. Auf die Auskunft »Tavistock Square« hin explodierte der Bus.
3. Der Busfahrer kam nicht zu Schaden, weil die Bombe im hinteren Oberdeck des Busses plaziert worden war.

Warum aber war dieser Platz so wichtig? Nun, der Tavistock Square ist nicht irgendein Platz, sondern trägt im Volksmund dank seiner Friedensdenkmäler den Namen »The Peace Park« – der Friedenspark.

1. Da ist zunächst das Denkmal von Mahatma Gandhi, dem berühmten Prediger der Gewaltfreiheit, der die britische Kolonialmacht bekämpft und die Loslösung Indiens aus dem Kolonialreich erzwungen hat. Sein Name steht für ziemlich genau das Gegenteil dessen, was Politiker vom Schlage Bushs und Blairs wollen, nämlich ein angloamerikanisches Weltreich. Und er steht für genau das, was angebliche »islamisti-

Der »Bomben-Bus« vom Tavistock Square: Die angeblich etwa 4,5 Kilogramm schwere Bombe explodierte im Verhältnis zum Fahrer am weitestmöglich entfernten Punkt – im hinteren Oberdeck.

sche« Attentäter wollen müssen, nämlich die Unabhängigkeit von diesem angloamerikanischen Weltreich. Mit der Bombe am Tavistock Square wurde Gandhi und alles, wofür er stand, symbolisch ein zweites Mal ermordet. Das erste Mal starb er am 30. Januar 1948 durch die Hand eines Attentäters.

2. Da ist zweitens ein Kirschbaum, der im Frühjahr rosafarben blüht. An seinem Stamm befindet sich ein Schild mit der Aufschrift: »Gepflanzt als Erinnerung an die Opfer von Hiroshima. In Verehrung: die Bürgermeisterin und Stadträtin von Camdon, Mrs. Millie Miller.« Jedes Jahr am 6. August werden hier Mahnwachen abgehalten. Dieser Ort kann auch als Anklage gegen die USA verstanden werden, die die Atombombe damals über der japanischen Großstadt abgeworfen haben.
3. Da ist drittens ein Feldahorn, den einige jüdische Frauen zum Gedenken an das »Jahr des Friedens« 1986 gepflanzt haben.
4. Und da ist schließlich ein Denkmal für Wehrdienstverweigerer aus Gewissensgründen mit der Aufschrift: »Für alle, die das Recht erkämpft und verteidigt haben, das Töten abzulehnen. Ihre Voraussicht und ihr Mut geben uns Hoffnung.« Noch am 15. Mai 2005, also sieben Wochen vor den Attentaten, hatten Menschen anläßlich des Internationalen Tages der Wehrdienstverweigerer Blumen vor dem Denkmal abgelegt.

Als »Peace Park« ist der Tavistock Square eine feste Londoner Institution von hohem symbolischem Charakter. Der Angriff auf diesen Platz war daher ebenfalls ein symbolischer Akt. »Tavistock Square ist ein Platz, an dem sich die Menschen verbünden und zusammen für den Frieden einstehen«, schrieb 2005 ein junger Muslim in einem »offenen Brief an die Attentäter«. »Ihr habt fälschlicherweise nicht nur unschuldige Menschen angegriffen, Ihr habt auch noch den falschen Platz getroffen.«[5]

Der gesprengte Bus am Tavistock Square.

Bus mit Aufschrift »Blanker Terror – kühn und brillant«.

Leider hat der junge Muslim nicht recht. Nein, mit dem Tavistock Square wurde genau der »richtige« Platz getroffen. Und exakt das ist auch der Grund, warum die Bombe mit dem Bus auf die Reise geschickt wurde. Weil der Tavistock Square per U-Bahn nämlich nicht zu erreichen ist. Wie Hohn für die Opfer, aber auch für die Denkmäler auf dem Tavistock Square, klang das, was man auf der linken Seite des zerbombten Busses lesen konnte: »Outright Terror – bold and brilliant« (Blanker Terror – kühn und brillant) jubelte da eine Werbung für den Kinofilm »The Descent« (deutscher Titel: »Abgrund des Grauens«). Der Horrorfilm handelt von einer Gruppe Mädchen, die bei einem Steinschlag in einer Höhle verschüttet werden, wo sie von blutdürstigen Kreaturen bedroht werden. Die Premiere fand am 6. Juli statt, einen Tag vor den Terroranschlägen von London. Der zerbombte Bus wirkte mit dieser Aufschrift schließlich selbst wie eine Skulptur oder ein »Gegendenkmal« zu den Friedensdenkmälern des Tavistock Square.

Die netten Kerle mit der Bombe

Die Behörden behaupten, die drei Züge und der Bus seien von vier Islamisten gesprengt worden, darunter dreien pakistanischer Abstammung. Diese drei hätten sich nachts in einem Leihwagen des Typs Nissan Micra von dem fast dreihundert Kilometer nördlich gelegenen Leeds aus nach London auf den Weg gemacht und sich um 6.49 Uhr auf dem Parkplatz des Bahnhofs Luton mit dem vierten Mann getroffen, einem Briten jamaikanischer Abstammung, der in einem Fiat Brava angereist sei. Um 7.22 Uhr hätte das Quartett den Bahnhof Luton betreten, um von hier aus mit dem Zug nach King's Cross in London zu fahren. Der Beweis für diese Annahme soll ein Videostandbild (siehe rechte Seite) sein. Es zeigt angeblich die vier Beschuldigten, wie sie am 7. Juli 2005 um 7.21 Uhr und 54 Sekunden den Bahnhof Luton betreten, um nach London zu fahren und einen der schrecklichsten Bombenanschläge in der Geschichte des Terrorismus auszuführen.

Die Attentäter am Eingang des Bahnhofs Luton? Von links nach rechts sollen zu sehen sein: Hasib Hussain, 18, Germaine Lindsay, 20, Mohammad Sidique Khan, 30, und Shehzad Tanweer, 22.

Nach obigem Foto soll Hasib Hussain erneut aufgenommen worden sein, und zwar auf einer Bahnhofstreppe. Das Bild zeigt ihn in einem blauen Blouson mit blauer Hose. Um 7.40 Uhr seien die vier von Luton aus nach London abgefahren, heißt es im offiziellen Untersuchungsbericht, um 8.23 Uhr seien sie am Bahnhof King's Cross Thameslink angekommen, und um 8.26 Uhr seien sie dort von einer Videokamera aufgenommen worden. Von da aus hätten sie sich zu Fuß zum U-Bahnhof King's Cross aufgemacht, der einige Gehminuten entfernt liegt. Dort hätten sie sich getrennt. Khan sei mit der »Circle Line« nach Westen Richtung Edgware Road gefahren, Tanweer mit derselben Linie nach Osten Richtung Liverpool Street Station, und Germaine Lindsay habe die sogenannte Picadilly Line Richtung U-Bahnhof Russell Square genommen. In der Nähe der drei Bahnhöfe hätten die drei zwischen 8.50 und 8.51 Uhr in den U-Bahnen ihre Bomben gezündet. Der Busattentäter Hasib Hussain dagegen, der um 9.47 Uhr den Bus am Tavistock Square gesprengt haben soll, sei in King's Cross nicht in die U-Bahn eingestiegen, sondern habe den U-Bahnhof wieder verlassen. Entlang der Euston Road sei er dann zurück zum Bahnhof King's Cross Thameslink gegangen, an dem das Quartett kurz zuvor angekommen war. Dort habe er eine 9-Volt-Batterie gekauft und sich anschließend in das McDonald's-Lokal auf der Euston Road begeben. Nach zehn Minuten habe er es verlassen, um anschließend in der Grays Inn Road gesehen zu werden. Ein nervös erscheinender Mann seines Aussehens sei in einem Bus der Linie 91 von King's Cross nach Euston Station gefahren. »Mit ziemlicher Sicherheit« sei Hussain dort in einen Bus der Linie 30 umgestiegen, wo er sich in den hinteren Bereich des Oberdecks begeben habe. Um 9.47 Uhr habe er seine Bombe dann am Tavistock Square gezündet. Nach

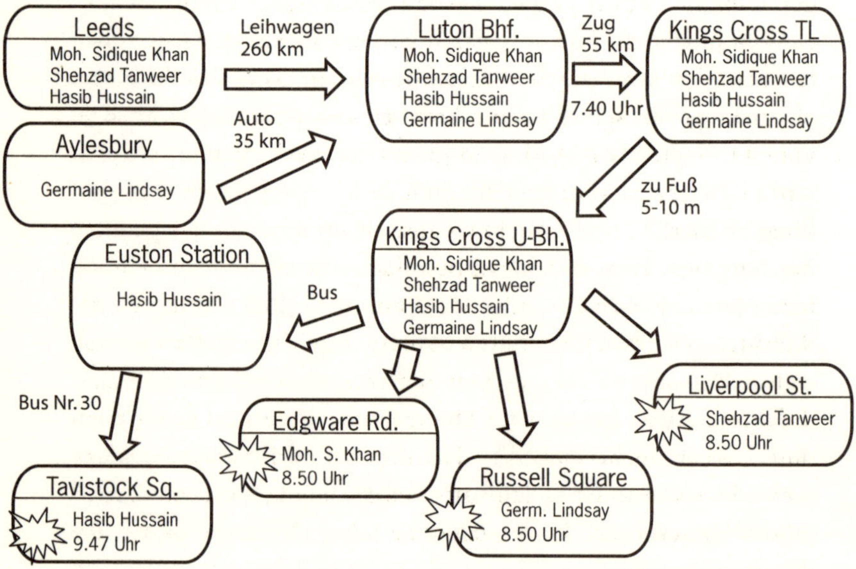

Ablauf der Attentate nach den Angaben des britischen Innenministeriums.

den Attentaten habe man am Bahnhof Luton Sprengkörper in dem Nissan Micra gefunden und in Leeds eine Wohnung ausgehoben, die die Attentäter angemietet hätten. In dieser Wohnung seien Chemikalien gefunden worden. Soweit die offizielle Version, wie sie im Bericht des britischen Innenministeriums vom Mai 2006 zu finden ist.[6]

Der angebliche Anführer Mohammad Sidique Khan, 30, arbeitete, genau wie seine Frau Hasina, mit Kindern und Jugendlichen. Während sich Hasina um Sonderschulkinder kümmerte, half Mohammad ausländischen Grundschülern bei ihrem Einstieg in das britische Bildungssystem und arbeitete in einem Jugendbegegnungszentrum. Khan liebte Kinder. Nicht nur sein eigenes, sondern auch seine Schutzbefohlenen: Im Jahr 2002 sprach er in einem Zeitungsinterview begeistert von seiner Arbeit.[7]

Ausgerechnet er soll seine Frau und das vierzehn Monate alte Töchterchen Maryam verlassen haben, um am 7. Juli 2005 an der U-Bahn-Station Edgware Road unschuldige Zivilisten mit einer Bombe in die Luft zu jagen, worunter sich auch Kinder hätten befinden können? Sein angeblicher Fanatismus steht mehr als in Frage: In seiner Schule hatte er sich über die Anschläge vom 11. September ablehnend geäußert.[8] Und auch an religiösem Eifer schien es ihm gefehlt zu haben: »Die Familie kam erst kürzlich hierher, und es sieht so aus, als sei Khan in der lokalen muslimischen Gemeinde nicht besonders gut bekannt gewesen«, berichtete der Fernsehsender UTV am 14. Juli 2005 auf seiner Website. »Der Nachbar Imran Zaman beschrieb Khan als eine ›ruhige Person‹. (...) ›Er war ein netter Kerl, wer hätte gedacht, daß er so etwas tun würde? Die meisten Leute sind schockiert und können nicht glauben, daß dies vor ihrer eigenen Türschwelle passiert.‹ Und: ›Ich hatte keine Ahnung von seinem religiösen Hintergrund. Ich besuche die lokale Moschee und habe ihn da nie gesehen.‹«

Ein weiterer angeblicher Attentäter, Germaine Maurice Lindsay, 20, war ebenfalls Familienvater. Sein Sohn Abdullah war zum Zeitpunkt der Bombenanschläge etwa fünfzehn Monate alt. Ein zweites Kind war unterwegs, es kam zwei Monate nach den Attentaten zur Welt.

Lindsays Frau Samantha war denn auch wie vor den Kopf geschlagen. Daß ihr Mann an den Attentaten beteiligt gewesen sein soll, konnte sie nicht glauben: »Was auf der Welt hat sich so schnell so sehr geändert, daß er sich von einem liebevollen Ehemann und Vater in einen Mann verwandelte, der eine Bombe in eine U-Bahn brachte, um zu töten?« fragte sie.[9]

In den Wochen vor seinem Verschwinden sei Germaine zwar zunehmend launisch geworden, erinnerte sich Samantha; sie habe das aber auf eine Affäre zurückgeführt. Und so habe sie ihn kurz vor den Bombenanschlägen aus dem Haus geworfen. Sie glaubte aber, gehört zu haben, wie er nachts zurückgekehrt sei, um seinem Söhnchen Abdullah Lebewohl zu sagen. Am Morgen habe sie dann die Hausschlüssel auf dem Tisch gefunden.

Nun ist es eine symbolische und zugleich funktionale Geste, wenn jemand nach einem Krach seine Schlüssel auf den Tisch legt. Er will einerseits ein Zeichen setzen und andererseits den Schlüssel zur gefälligen Verwendung zurückgeben. Für einen Selbstmordattentäter scheint es angesichts der Destruktivität und Rücksichtslosigkeit seines Verbrechens jedoch einen Tick zu korrekt zu sein, vorher seine Hausschlüssel zurückzugeben. Lindsays Frau wollte seine Beteiligung an den Attentaten zunächst denn auch nicht glauben, »bis man mir Beweise zeigt. Solange sie seine DNA nicht haben, werde ich es nicht akzeptieren«, sagte sie. Mit einem Wort: Die Verwandten und Freunde der angeblichen Bomber erkannten ihre vermißten Angehörigen und Bekannten in den ihnen unterstellten Taten beim besten Willen nicht wieder. Denn zwischen einem Beziehungskrach und einem Bombenattentat liegen ja immer noch Welten. »Er war ein glücklicher Mensch«, sagte Antoinette Crook, die dieselbe Schule besucht hat wie Lindsay.

Auch in der Umgebung des dritten Verdächtigen, Shehzad

Tanweer, herrschte Ratlosigkeit: »Als eifriger Cricketspieler und Sohn eines respektierten Geschäftsinhabers entspricht Shehzad Tanweer nicht gerade dem stereotypen Bild eines Terroristen«, stellte der Fernsehsender UTV fest. »Über den zweiundzwanzigjährigen Tanweer, der als guter Muslim und als ältestes von vier Kindern beschrieben wird, heißt es, er sei stolz darauf gewesen, britisch zu sein. (...) Nach einem Sportstudium an der Leeds Metropolitan University plante er eine Karriere im Sport. Besonders liebte er Cricket, und sein Freund Mohammed Answar, 19, sagte, sie hätten erst letzte Woche zusammen gespielt.« Anderen Quellen zufolge soll Tanweer sogar noch am Abend des 6. Juli, also unmittelbar bevor er sich selbst und andere Menschen habe umbringen wollen, eine Runde Cricket gespielt haben. Cool. Aber ist es auch wahr? Nicht die Tatsache, dass er Cricket gespielt haben soll, sondern daß er überhaupt zum Selbstmordattentäter wurde: »Es entspricht nicht seiner Natur, so etwas zu tun; er gehört zu den Leuten, die so etwas verurteilen würden«, sagte Shehzad Tanweers Freund Mohammed Answar laut UTV. Und: »Tanweers Onkel, der fünfundsechzigjährige Bashir Ahmed, sagte, seine Familie sei niedergeschmettert ob der Nachricht, daß er in die Angriffe vom letzten Donnerstag involviert gewesen sein könnte. Er sagte, für die Familie sei dies schwer zu akzeptieren: ›Das war nicht er. Es muß Kräfte hinter ihm gegeben haben.‹ Mr. Ahmed sagte, sein Neffe sei intelligent, und fügte hinzu: ›Er war ein sehr ruhiger und freundlicher Mensch. Er wurde von jedermann respektiert.‹«[10]

Noch Monate später rätselten Shehzad Tanweers Eltern über die Motive ihres Sohnes. In seinem ersten Interview seit den Anschlägen sagte Shehzad Tanweers Vater der *Yorkshire Post Today* am 31. Oktober 2005: »All die Bomben und Morde waren furchtbar. Allein die vier (Attentäter) oder Gott wissen, warum sie diesen entsetzlichen Akt begangen haben.« Er wisse nicht, wie sein Sohn, der Osama Bin Laden als seinen Helden betrachtet habe, zum Terroristen habe werden können. »Soweit ich weiß, war mein Sohn britischer als sonstwas. Er plante eine Karriere im Sport. Noch am Abend bevor er starb, spielte er Cricket.«[11]

Nach dem Begräbnis seines Sohnes wolle die Familie nun herausfinden, warum er den Anschlag begangen habe, so der Vater. »Meine höchste Priorität war natürlich, seine Überreste in unserem Familiengrab zu beerdigen«, zitiert die *Yorkshire Post Today* Tanweer senior. »Ich werde die Gründe bald herausfinden …«, sagte Mr. Tanweer und fügte hinzu: »… und ich werde sie der Welt verkünden.«[12]

Die einzige Straftat, über die im Zusammenhang mit den vier angeblichen 7/7-Attentätern berichtet wurde, ist ein Ladendiebstahl von Hasib Hussain. Er ist damit der einzige, der in seiner Umgebung etwas schlechter wegkommt als die drei anderen Selbstmordattentäter. Ein Nachbar bezeichnete ihn laut UTV als »doofen Trottel«. Nun liegen aber auch zwischen einem Ladendieb und mutmaßlichen Trottel und einem Massenmörder immer noch Welten. Zum Glück aber fand das deutsche Magazin *Der Spiegel* doch noch eine Erklärung für die ansonsten unerklärliche Radikalisierung des Quartetts. Es habe sich um »Instant-Mudschaheddin« gehandelt, so *Spiegel Online* am 11. Mai 2006. Die Londoner Attentäter wurden wie der Blitz vom Extremismus getroffen: Sie »wurden blitzschnell radikalisiert«. Und das sei nicht etwa Blödsinn, sondern »ein neues, beängstigendes Phänomen«.

Zumindest ist es ein unerklärliches Verhalten. Beim britischen Innenministerium hat man keine Angst vor diesen Widersprüchen:

> »Alle vier machten keinen Hehl aus ihrer religiösen Ernsthaftigkeit, aber es gab nur geringe äußerliche Anzeichen, daß diese in einen potentiell gewalttätigen Extremismus umschlagen würde. Khan erschien im allgemeinen als ein Vorbild für junge Menschen; Tanweer als reif, bescheiden und ausgeglichen. Hussains Charakter war unauffällig. Es gab extremistisches Gekritzel in seinem Schulbuch, aber von da zu einem potentiellen Selbstmordattentäter ist es noch ein weiter

Weg. Lindsay schien sich insbesondere gegen Ende zunehmend unberechenbar und vielleicht auch kriminell zu verhalten, aber nicht in einer Weise, die einen Verdacht hinsichtlich terroristischer Absichten hätte entstehen lassen.«

Angeblich hat sich im nationalen Polizeicomputer ein Vermerk gefunden, daß der auf Lindsay zugelassene Fiat Brava bei einem schweren Raub benutzt worden sein könnte. »Mit einer Ausnahme gibt es in ihrem Hintergrund nur wenig, was sie als besonders empfänglich für eine Radikalisierung ausgewiesen hätte. Khan, Tanweer und Hussain waren in die britische Gesellschaft offensichtlich gut integriert.«[13]

Germaine Lindsays Mutter sagte, die Rolle ihres Sohnes bei den Attentaten sei ihr unbegreiflich: »Nach dem 11. September war ich am Boden zerstört, genauso wie Germaine. Wir haben um all die Menschen, die getötet wurden, geweint und uns gefragt, wie Muslime so etwas tun können.«[14]

Haben sie es am Ende gar nicht getan? Oder sind die Freunde, die Frauen und die Mütter nur alle Teil derselben perfiden Verschwörung und führen die Öffentlichkeit noch im nachhinein in die Irre? Umgekehrt wird ein Schuh daraus: Ihre arglos abgegebenen, fassungslosen Aussagen sind ein fest eingeplanter Teil der Medieninszenierung und dienen nicht etwa zur Entlastung der beschuldigten Attentäter, sondern dazu, das Bild ihrer Grausamkeit und Verschlagenheit zu verstärken: Um Unschuldige zu töten, sind sie sogar bereit, Frauen und Kinder zu hintergehen und zu belügen, um sie in Dunkelheit und Verzweiflung für immer allein zu lassen. Die verzweifelten Interviews mit den Angehörigen verstärken den Kitzel und lassen die angeblichen Killer ins Monströse wachsen. Auf die Idee, daß die Hinterbliebenen vielleicht etwas Wichtiges und Wahres zu sagen haben, kommt niemand – weil wir ja lieber irgendwelchen »Terrorexperten«, »Sicherheitskreisen« und TV-Moderatoren glauben statt den Leuten, die unmittelbar mit den betroffenen Menschen zu tun hatten.

Wie »Selbstmordbomber« ticken

Der skrupellose und brutale Angriff einschließlich Selbstmord paßte also nicht zum persönlichen Hintergrund der angeblichen Attentäter und würde als Sonderfall in die Geschichte der Kriminologie eingehen. Besonders extreme Gewalttaten, und darum handelt es sich in London, fallen nicht einfach vom Himmel. Es muß in den Persönlichkeiten von Tätern, die

- ein Massaker an unschuldigen Menschen begehen,
- sich selbst töten
- und Frau und Kinder zurücklassen,

spektakuläre und vor allem auffällige Defekte geben, die schon vorher hätten bekannt sein müssen. Alles andere widerspricht jeder Logik und Lebenserfahrung. Denn schließlich waren die wahllosen Morde und Verstümmelungen an Frauen, Kindern und anderen Zivilisten vor sich selbst und anderen ja auch kaum als Kriegshandlungen zu rechtfertigen. Ja, moralisch sind sie als Angriffe auf wehrlose und nichtsahnende Zivilisten sogar besonders verwerflich. Und als Eintrittskarte in das immer wieder gern zitierte Paradies mit den zweiundsiebzig Jungfrauen waren sie mit Sicherheit nicht zu gebrauchen. Militärische »Ehren« hätte aus Sicht von Islamisten vielleicht ein Angriff auf den Weltwirtschaftsgipfel in Gleneagles eingebracht – aber da wollten die Attentäter ja partout nicht hin.

Man könnte auch sagen, daß die Selbstmordattentate einen Fremdkörper im Leben der vier angeblichen Attentäter darstellen. Glauben wir den Aussagen von Freunden und Verwandten, ja sogar dem britischen Innenministerium, so gab es nicht ansatzweise einen Hinweis auf eine entsprechende Disposition in der Persönlichkeit der Betroffenen. Merkwürdig. Nun reden wir hier ja nicht nur von einer spektakulären Tat, nämlich einem Mord, ja einem vielfachen Mord an unschuldigen Zivilisten. Nein, wir reden von einem haßvollen und blutigen Exzeß, einem Blutbad, wie es normalerweise nur schwer gestörte Amokläufer anrichten. Von diesem Haß aber war im Leben der Attentäter vorher nichts zu spüren gewesen.

Vergleicht man dies zum Beispiel mit der psychischen Disposition von Serienmördern, so sind deren Taten von einer Art »Aura« weiterer Auffälligkeiten umgeben. »Jemandem, der extrem handelt, wird unterstellt, daß er auch psychisch extrem ist«, sagt ganz richtig der Kriminologe Dr. Andrew Silke von der University of East London.[15] Was er nicht sagt, ist, daß dies keineswegs nur eine Unterstellung ist. Bei Serienkillern bezeichnet man diese besonders markanten Auffälligkeiten als »Triade«, als Ansammlung von drei spektakulären Merkmalen: Bettnässen, Brandstiftung und Tierquälerei. Der amerikanische Serienkiller David Berkowitz beispielsweise soll nicht weniger als tausend Brandstiftungen auf dem Gewissen gehabt haben, bevor er anfing, Pärchen zu erschießen. Sind derart aufsehenerregende Taten ohne eine »psychische und kriminologische Aura« überhaupt möglich? Wohl kaum. Denn die Tat muß sich in der Psyche ja auf irgend etwas gründen, sie ist nur der letzte, massive Ausdruck eines komplexen Geschehens, aber eigentlich müßte sich diese Disposition schon vorher offenbart haben.

Während man bei Serienmördern Anzeichen künftiger Exzesse finden kann, gelingt dies bei Selbstmordattentätern merkwürdigerweise nicht. Man findet keine gemeinsamen Merkmale, Auffälligkeiten, Besonderheiten. Das heißt: kriminologisch und psychologisch gesehen gibt es Selbstmordattentäter überhaupt nicht. Denn wie man an den vier angeblichen Bombern von London sieht, existieren nicht nur keine psychologischen Auffälligkeiten, sondern auch keine einschlägigen Gewalttaten im Vorfeld ihrer Greuelverbrechen. Das ist nun wirklich merkwürdig. Es verstärkt den Eindruck, daß der Selbstmordattentäter psychologisch wie kriminologisch ein Phantom ist. Die Frage, die sich daran anschließen muß, lautet: Gibt es ihn dann überhaupt? Ist es denkbar, daß solch ein Blutbad angerichtet wird, ohne daß es unter den Tätern einen mehr oder weniger gemeinsamen Mechanismus und eine Disposition gibt, die für solche Taten prädestiniert? Oder muß es nicht eine ganze andere Ursache für dieses Phänomen geben – eine, die nicht in der Psyche der Betroffenen liegt?

Diese Frage habe nicht ich zuerst gestellt, sondern der israelische Psychologe Ariel Merari. Er analysiert die Persönlichkeiten von Selbstmordattentätern seit über zwanzig Jahren und versucht Verbindungslinien zu entdecken, heißt es in einer Dokumentation der BBC. Merari habe die Freunde und Familien von Selbstmordattentätern interviewt, einschließlich der Familien und Freunde solcher Attentäter, die man vor ihrer Tat habe verhaften können. Er habe nach Übereinstimmungen im Persönlichkeitsbild und nach Anzeichen einer psychischen Störung gesucht. Sehr vernünftig, möchte man meinen. Denn bei solchen Taten, die derart spektakuläre Folgen für den Täter und seine Opfer haben, ist Derartiges zu vermuten.

»Mich motiviert im wesentlichen die Frage: Wie ticken diese Menschen? Was ist der Grund für ihr Verhalten? (...) Wir bekamen einen ziemlich tiefen Einblick«, erzählt er in der BBC-Dokumentation *Der Anschlag von London – Psychologie eines Selbstmordattentats*. »Wir fragten uns, ob sie in irgendeiner Weise krank waren, ob sie Suizidabsichten hatten und sowieso sterben wollten.« Doch Meraris Untersuchung, so die Dokumentation, »ergab keinen klinischen Befund«. Keiner von ihnen sei psychotisch gewesen, sagt der Professor, »sprich: verrückt. Es waren ganz normale Leute.« – »Also«, so die Dokumentation, »suchte er nach anderen Gemeinsamkeiten. Faktoren wie Armut, Bildung wurden näher untersucht.« Einige der Selbstmordattentäter seien Studenten gewesen, sagt Merari, »andere hatten nicht einmal einen Hauptschulabschluß, es waren sehr unterschiedliche Leute«. Nach jahrelangen Untersuchungen hätten alle Ergebnisse in dieselbe Richtung gewiesen, so der BBC-Film – nämlich in gar keine: »Ein übereinstimmendes psychologisches Profil von Selbstmordterroristen gibt es nicht«, so der Wissenschaftler. Die Attentäter hatten nichts miteinander gemein. »Meraris beunruhigende Studien legten vielmehr nahe, daß jeder zum Selbstmordattentäter werden kann.«

Jeder oder niemand. Denn nun gibt es ja den alten Grundsatz: Keine Wirkung ohne Ursache. Dinge können nicht aus dem Nichts heraus entstehen. Wenn es keine Ursache gibt, dann kann es eigentlich auch die Selbstmordattentate nicht geben. Auf der anderen Seite gibt es offenbar aber Selbstmordattentate. Aber gibt es auch so viele, wie uns dauernd berichtet wird? Denn während alle Welt in Fernsehkrimis und -dokumentationen gespannt den Ermittlungen von sogenannten »Profilern« zusieht, besitzen die schrecklichsten Killer von allen, nämlich Selbstmordattentäter, wundersamerweise überhaupt kein Profil. Ja, wie kann denn das sein? »Das heißt«, so Professor Merari, »daß diese Form des Terrorismus auf andere Weise erklärt werden muß.« Ich weiß nicht, ob Professor Merari Selbstmordattentate auf dieselbe Weise erklären würde wie ich. Aber ich will es am Beispiel von London versuchen.

Du bist der nächste!

Wo also sind sie geblieben, an diesem 7. Juli 2005, die beiden Familienväter Mohammad Sidique Khan und Germaine Lindsay sowie der Cricket-Fan Shehzad Tanweer und der Cricket- und Football-Sportler Hasib Hussain? Am Morgen des 7. Juli sollen die drei aus Leeds mit einem Leihwagen rund zweihundertsechzig Kilometer nach Luton gefahren sein, sich dort am Bahnhof mit Lindsay getroffen haben und um 7.40 Uhr mit dem Zug nach London weitergefahren sein.

Autos der angeblichen Täter spielten bei den Terror-Inszenierungen seit dem 11. September 2001 immer eine herausragende Rolle. Und zwar als Absenderangabe. Nie ließen es sich die »Täter« nehmen, einen fahrbaren Untersatz mit allzu eindeutigen Spuren zurückzulassen.

1. Am 11. September 2001 wurde am Logan Airport in Boston ein Auto mit einem arabischen Flughandbuch, einem Flughafenausweis, den Namen weiterer Verdächtiger und einer Flugschule sowie eines Passagiers eines der betroffenen Flugzeuge gefunden.[16]
2. Nach den Anschlägen von Madrid wurde am Bahnhof Alcalá de Henares, dem Ausgangspunkt eines der Todeszüge, ein weißer Renault Kangoo mit Zündern für Sprengkörper und einer Kassette mit Koranversen gefunden.
3. Und natürlich gab es auch am 7. Juli 2005 eine Spur mit eindeutiger Absenderangabe, vor allem den mit Sprengkörpern versehenen Nissan Micra aus Leeds.[17] Aber warum haben Selbstmordattentäter in ihrem Auto einen Sprengstoffvorrat zurückgelassen? Irgendwie erinnert mich das an einen bösen Blondinenwitz: Eine Blondine kommt nach Hause und findet ihren Mann mit einer anderen Frau im Bett. Sie nimmt die Pistole aus dem Nachtkästchen und erschießt die andere Frau. Dann richtet sie die Waffe gegen sich selbst. Ihr Mann schreit: »Tu's nicht, Liebling!« Sie antwortet: »Halt die Klappe, du bist der nächste.«

Und warum hatte sich Shehzad Tanweer beim Tanken an der Autobahn M 1 von Leeds nach London um 4.54 Uhr mit dem Tankwart über das Wechselgeld gestritten – hatte er keine anderen Sorgen?[18] Die nächste Spur wirft noch mehr Fragen auf. Es handelt sich um eines der wichtigsten Beweismittel, das auf Seite 59 gezeigte Bild einer Überwachungskamera am Bahnhof Luton:

1. Drei Personen sind überhaupt nicht zu erkennen, eine nur sehr undeutlich.
2. Die Personen gehen völlig beziehungslos hintereinander her, als würden sie sich überhaupt nicht kennen.
3. Manche Kritiker sind der Meinung, das Bild, das die vier Personen beim Betreten des Bahnhofs zeigen soll, sei gefälscht.

Der Grund dafür ist vor allem die folgende Ausschnittvergrößerung:

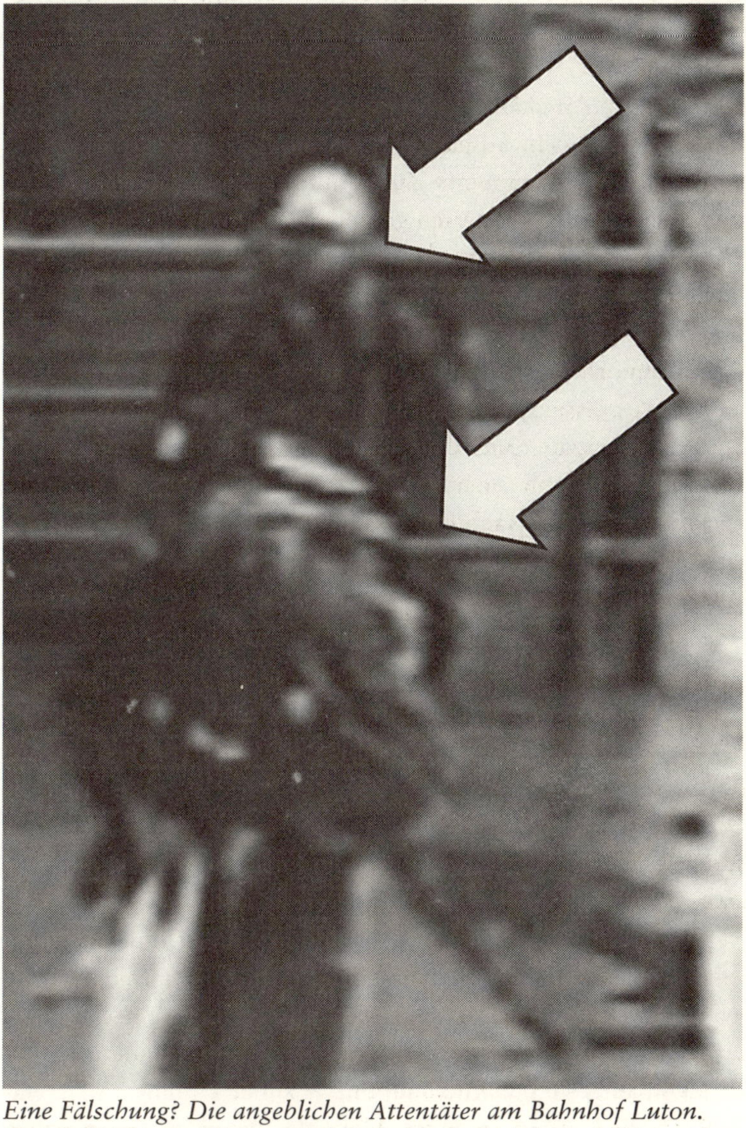

Eine Fälschung? Die angeblichen Attentäter am Bahnhof Luton. Das Geländer im Hintergrund läuft durch Gesicht und Körper der Person mit der weißen Kappe.

Wie man sieht, befindet sich das Geländer im Hintergrund *vor* der Person mit der weißen Kappe. Einmal läuft es durch das Gesicht, weiter unten durch den Körper (Pfeile). Handelt es sich dabei um »Einbrenneffekte« von Videokameras, die immer auf denselben Punkt ausgerichtet sind? Könnte sich mit der Zeit das Muster der Reling in den Sensoren der Kamera einbrennen, wie ein Bild in einen Monitor ohne Bildschirmschoner? Dann müßte sich die Reling allerdings auch *vor* den Personen im Vordergrund befinden. Das ist jedoch nicht der Fall (siehe auch Seite 59). Noch ein Problem: Von der erwähnten Überwachungskamera in der Tankstelle auf der M 1 war Tanweer noch in einem weißen T-Shirt, einem dunklen Jackett, weißen Trainingshosen und mit einer Baseball-Kappe aufgenommen worden. Auf dem Bild vom Bahnhof Luton dagegen trägt niemand weiße Trainingshosen. Laut dem britischen Innenministerium »gibt es zur Zeit keine Erklärung für diesen Wechsel«.[19] Damit wird bereits suggeriert, Tanweer habe die Hose gewechselt. Es könnte sich aber auch die Frage stellen, ob die Person von der Tankstelle überhaupt mit einer der hier gezeigten Personen identisch ist. Oder ob das Bild überhaupt vom selben Tag stammt wie das – nie veröffentlichte – von der Tankstelle.

Nächste Frage: Warum sprengen sich Attentäter, die ihre Bomben in Rucksäcken tragen, selbst mit in die Luft? Sie könnten den Rucksack doch irgendwo abstellen und verschwinden. Das Selbstmordattentat, wie es gemeinhin erklärt wird, ist eigentlich aus der Not heraus entstanden, ein gut bewachtes Ziel zu treffen. Daher haben Menschen begonnen, sich Bomben um den Körper zu schnallen, um unauffällig in die Nähe ihrer Ziele gelangen zu können. Das aber war in London nicht nötig; damit entfällt die Notwendigkeit für einen Selbstmordanschlag. Und warum sollten sich gleich vier wertvolle Kämpfer »verheizen«, wenn sie die Operation auch ohne Selbstmord hätten durchführen können? Und warum hätten sie ihren Familien so etwas antun sollen, wenn es auch ohne Selbstmord gegangen wäre? Vollkommen unerklärlich.

Selbstmordattentate werden angeblich von Menschen verübt, die einerseits für ihr Leben keine Perspektive mehr haben und andererseits auch keine Chance sehen, anders an ihren Feind heranzukommen – dieser unbedingt notwendige Nährboden für Selbstmordattentate mag vielleicht in Palästina gegeben sein, nicht aber in Aylesbury oder Leeds, wo die angeblichen, Cricket spielenden Attentäter lebten. Das existentielle Umfeld für Selbstmordattentate, das anderswo existieren mag, ist hier schlicht nicht vorhanden. Und schließlich möchte man als muslimischer Selbstmordattentäter angesichts des hohen Einsatzes dann, bitte schön, auch an einen »kapitalen Feind« herankommen und nicht Leute umbringen, die mit der Auseinandersetzung erstens nichts zu tun haben, zweitens auch nicht besser dran sind, als man selbst, und drittens vielleicht auch noch der eigenen Religionsgemeinschaft angehören. Das gilt natürlich nicht nur für die Londoner U-Bahn, sondern auch für die in Moskau, die angeblich am 6. Februar 2004 das Ziel von Selbstmordanschlägen wurde. Nicht, daß ich persönlich einen Selbstmordattentäter kennen würde, aber diese Überlegungen scheinen mir doch plausibel zu sein. Bereits beim ersten Nachdenken macht die ganze Geschichte in London keinen Sinn.

Ein Geständnis aus dem Off

Nicht doch, werden meine Kritiker jetzt sagen, es gibt schließlich den Bekennerbrief einer »Geheimorganisation Al-Qaida«, die sich zu den Anschlägen bekannt hat:

> »Im Namen Gottes, des barmherzigen und mitfühlenden: möge Frieden mit dem fröhlichen und unerschrockenen Kämpfer, dem Propheten Mohammed sein, Gottes Frieden sei mit ihm.
> Nation des Islam und Arabische Nation: Freue dich, denn es ist Zeit, Rache an der britisch-zionistischen Kreuzzugs-Regierung zu nehmen, als Vergeltung für die Massaker, die Großbritannien im Irak und in Afghanistan begeht. Die heldenhaften Mudschaheddin haben in London einen

gesegneten Angriff unternommen. Britannien brennt nun vor Angst, Terror und Panik in seinen nördlichen, südlichen, östlichen und westlichen Landesteilen.

Wir haben die britische Regierung und das britische Volk wiederholt gewarnt. Wir haben unser Versprechen gehalten und haben unsere gesegnete militärische Attacke in Britannien durchgeführt, nachdem unsere Mudschaheddin über längere Zeit eifrige Anstrengungen unternommen haben, um den Erfolg der Angriffe sicherzustellen.

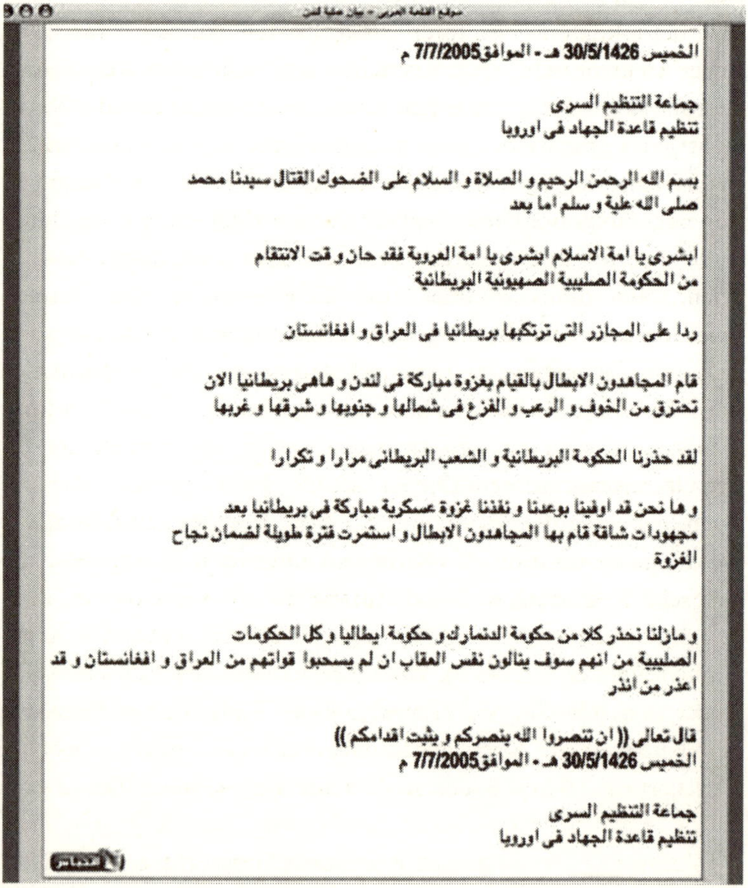
الخميس 30/5/1426 هـ - الموافق7/7/2005 م

جماعة التنظيم السرى
تنظيم قاعدة الجهاد فى اوروبا

بسم الله الرحمن الرحيم و الصلاة و السلام على الضحوك القتال سيدنا محمد
صلى الله علية و سلم اما بعد

ابشرى يا امة الاسلام ابشرى يا امة العروبة فقد حان و قت الانتقام
من الحكومة الصليبية الصهيونية البريطانية

ردا على المجازر التى ترتكبها بريطانيا فى العراق و افغانستان

قام المجاهدون الابطال بالقيام بغزوة مباركة فى لندن و هاهى بريطانيا الان
تحترق من الخوف و الرعب و الفزع فى شمالها و جنوبها و شرقها و غربها

لقد حذرنا الحكومة البريطانية و الشعب البريطانى مرارا و تكرارا

و ها نحن قد اوفينا بوعدنا و نفذنا غزوة عسكرية مباركة فى بريطانيا بعد
مجهودات شاقة قام بها المجاهدون الابطال و استمرت فترة طويلة لضمان نجاح
الغزوة

و مازلنا نحذر كلا من حكومة الدنمارك و حكومة ايطاليا و كل الحكومات
الصليبية من انهم سوف ينالون نفس العقاب ان لم يسحبوا قواتهم من العراق و افغانستان و قد
اعذر من انذر

قال تعالى ((ان تنصروا الله ينصركم و يثبت اقدامكم))
الخميس 30/5/1426 هـ - الموافق7/7/2005 م

جماعة التنظيم السرى
تنظيم قاعدة الجهاد فى اوروبا

Eines der angeblichen Bekennerschreiben zu 7/7.

> Wir fahren fort, die Regierungen von Dänemark und Italien und alle anderen Kreuzzugs-Regierungen zu warnen, daß sie in derselben Weise bestraft werden, wenn sie ihre Truppen nicht aus dem Irak abziehen ...«[20]

Zwar war »Al-Qaida« bekannt, nicht aber eine »Geheimorganisation Al-Qaida«. Ein weiterer »Bewerber« für die Attentate war die schon aus Madrid bekannte (oder besser: nicht bekannte) Brigade Abu Hafs al-Masri, die schon damals ein »Bekennerschreiben« an eine Zeitung geschickt hatte. Freilich kranken solche Internetdokumente an ihrer mangelhaften Authentizität. Derartige elektronische »Schriftstücke« sind kaum auf irgendeinen bestimmten Urheber zurückzuführen. Im Prinzip kann die Nachricht jeder geschrieben haben. Daher gibt es seit vielen Jahren bei Terroranschlägen mit unklarem Hintergrund das Phänomen der Beglaubigung. Diese Beglaubigung erfolgt nicht etwa durch andere terroristische Organisationen oder extremistische Parteien, sondern ausgerechnet durch die Gegenseite, also zum Beispiel die Ermittlungsbehörden. In Deutschland wurde die Echtheit von Bekennerschreiben und damit von Terroranschlägen gern durch die Bundesanwaltschaft »beglaubigt«. Doch in London zeigten sich die Ermittlungsbehörden hinsichtlich der diversen Bekennerschreiben eher lustlos. Im Gegenteil: Mehrere Beamte stellten die Glaubwürdigkeit des Bekennerschreibens der »Geheimorganisation Al-Qaida« im Internet in Frage. Nur die britische Regierung war von Anfang an felsenfest davon überzeugt, daß es sich um »islamistische« Attentate gehandelt hatte. »Innenminister Charles Clarke bezeichnete das Schreiben als ›ernst zu nehmend‹, und Premierminister Tony Blair erklärte, die Bombenanschläge seien im Namen des Islam verübt worden«, berichtete die *World Socialist Web Site* am 14. Juli 2005:

> »Blairs Eile, die Anschläge islamischen Terroristen zuzuschreiben, wurde von den Erklärungen Londoner Polizeibeamter oder irgendwel-

chen anderen Untersuchungsbehörden und auch durch faktische Beweise zu dem Zeitpunkt nicht gestützt. Bis zur Veröffentlichung dieses Artikels waren keine Beweise bekannt, die die Behauptung des Premierministers gerechtfertigt hätten.«

Woher nahm Blair die seherischen Fähigkeiten, die Anschläge sofort einem islamistischen Hintergrund zuzuschreiben, obwohl er wohl kaum zu den Ermittlern und Tatortbeamten gehörte, die um jene Zeit aber noch im dunkeln tappten? Bis ihnen Blair flugs das Licht anknipste ...[21]

Aber dann tauchte noch ein Video auf, auf dem sich Mohammad Sidique Khan zu den Anschlägen bekannt habe. Das behauptete jedenfalls *tagesschau.de*: »Die Terrororganisation Al-Kaida hat sich zu den Anschlägen auf die Londoner U-Bahn und einen Bus mit über fünfzig Toten bekannt ... Der arabische Nachrichtensender Al-Dschasira strahlte ein Video aus, in dem hintereinander Mohammad Sidique Khan (30), einer der Bombenattentäter, und die Nummer zwei der Terrororganisation, der Ägypter Al-Sawahiri, zu sehen sind.«

Mohammad Sidique Khan bei seinem angeblichen Video-Geständnis.

»Hintereinander« heißt: Auf dem Band waren zwei vollkommen voneinander unabhängige Videos zusammengeschnitten worden. Erstens das Statement von Mohammad Sidique Khan, und zweitens das Statement von Al-Sawahiri. Die einzige Gemeinsamkeit bestand darin, daß sie sich offenbar auf demselben Band befanden.

> »Der pakistanische Attentäter, der sich am 7. Juli an der Londoner U-Bahn-Haltestelle Edgware Road in die Luft gesprengt hatte«, so *tagesschau.de* weiter, »erklärte auf dem vorher aufgenommenen Band in einer Art Terroristen-Testament, die Menschen im Westen seien selbst schuld an den Anschlägen in London, in Madrid und auch für den Terrorakt [sic!] des 11. September 2001, da sie Regierungen gewählt hätten, ›die Verbrechen gegen die Menschlichkeit begehen‹.«[22]

Wenn das kein Geständnis ist – knapp zwei Monate nach den Attentaten des 7. Juli zurrten die Website der Tagesschau und mit ihr Tausende von Medien auf der ganzen Welt die islamistische Täterschaft der Londoner Anschläge fest. Von London und Madrid war jedoch, anders als von *tagesschau.de* berichtet, in dem angeblichen Bekennervideo in Wirklichkeit keine Rede gewesen. Vielmehr nahm sich Khans Text erstaunlich allgemein aus:

> »Eure demokratisch gewählten Regierungen begehen fortwährend Greueltaten gegen mein Volk überall auf der Welt. Und eure Unterstützung der Regierungen macht euch direkt verantwortlich, so wie ich direkt verantwortlich bin, meine muslimischen Brüder und Schwestern zu schützen und zu rächen. Solange wir uns nicht sicher fühlen, werdet ihr unser Ziel sein, und solange ihr nicht aufhört mit Bombardierung, Vergasung, Inhaftierung und Folter meines Volkes, werden wir nicht aufhören zu kämpfen. Wir befinden uns im Krieg, und ich bin ein Soldat.«

»Mein« Volk? Nicht doch: Khans Volk waren die Briten, denn Khan war britischer Staatsbürger und fühlte sich auch als solcher! Wenn wir dieses Statement genau betrachten, dann fällt auf, daß es sich überhaupt nicht auf konkrete Aktionen oder Taten bezieht, sondern daß es sich um eine eher allgemein gehaltene politische Erklärung handelt.

»Die Anschläge von London werden darin nicht erwähnt«, stellen Anneliese Fikentscher und Andreas Neumann von der medienkritischen Website *arbeiterfotografie.com* fest. »Und auch sonst kommen das Wort ›London‹ wie auch die Begriffe ›Madrid‹ und ›11. September‹ in dem bei CNN unter dem Titel ›Text of London suicide bomber‹ veröffentlichten Transkript der Äußerungen Khans nicht vor. Auch die Wiedergabe des Transkripts beim Middle East Media Research Institute führt zu keinem anderen Ergebnis.«[23]

Wie kommen *tagesschau.de* und all die anderen Medien, die täglich Millionen Menschen mit der »Wirklichkeit« versorgen, zu der definitiven Falschmeldung, Khan habe sich in dem Video zu den Anschlägen von London bekannt? Diese (oben bereits zitierte) Meldung kann man heute noch auf der Website der Tagesschau lesen (Stand: Juni 2006).

Auf der Website der Kölner Gruppe Arbeiterfotografie gibt es übrigens einen lesenswerten Schriftwechsel zwischen der Gruppe und verschiedenen Medien, darunter auch mit der Redaktion von *tagesschau.de*. Gegenstand ist die Frage, warum die Medien behauptet haben, Khan hätte sich zu den Attentaten bekannt.

Daß es auch anders geht, zeigte die Agentur *Reuters*, die berichtete: »Der arabische Fernsehsender Al-Dschasira zeigte das Band mit Mohammad Sidique Khan am Donnerstag und berichtete, es enthalte ein Bekenntnis der Al-Kaida zu dem Londoner Anschlag, bei dem im Juli zweiundfünfzig Menschen getötet worden waren. In den veröffentlichten Teilen des Bandes wird dies allerdings so nicht gesagt.«[24]

Gut gebrüllt. Die Wörter »London«, »Madrid« und »New York« fallen lediglich in der Erklärung eines gewissen Ayman Al-Sawahiri, dessen Statement sich zusammen mit dem Statement Khans auf einem Band befindet, jedenfalls nach Aussage von *Al-Dschasira*:

»Ich spreche zu Ihnen heute über den gesegneten Angriff von London, der einen Schlag ins Gesicht der eingebildeten und arroganten britischen Kreuzzügler darstellt und sie von demselben Trank trinken läßt, den sie die Muslime trinken lassen. Dieser gesegnete Angriff, wie seine glorreichen Vorgänger in New York, Washington und Madrid, trug die Schlacht auf den Boden des Feindes – nach langen Jahrhunderten, in denen der Feind die Schlacht auf unseren Boden trug und nachdem seine Legionen und Streitkräfte unsere Länder in Tschetschenien, Afghanistan, Irak und Palästina besetzt haben. Und nach Jahrhunderten, in denen er unsere Länder besetzte, während er zu Hause sicher war.«[25]

»Monströser Quark« ist wohl genau der richtige Ausdruck für dieses Geschwafel. Außerdem fehlen schon wieder die sonst üblichen Anklagen an die Adresse Israels. Und schließlich werden schon wieder die Falschen bestraft. Denn genau wie die Spanier hatten auch die Briten Tony Blairs Kriegskurs mehrheitlich abgelehnt.

Mit dem Geisterzug nach London

Kommen wir wieder auf die Ermittlungsergebnisse zu sprechen: Laut Originalbericht des Londoner Innenministeriums fuhren die Attentäter um 7.40 Uhr in Luton Richtung London King's Cross Thameslink (TL) ab: »7.40: Der Zug nach London King's Cross verläßt Luton Station.«

Die Ermittler scheinen genau über diese Fahrt Bescheid zu wissen: »Es gibt widersprüchliche Schilderungen über ihr Verhalten im Zug«, steht in dem offiziellen Bericht des Innenministeriums über die Attentate: »Einige Zeugen berichten von lautstarken Unterhaltungen, ein anderer glaubt sich zu erinnern, zwei von ihnen still an den Türen stehen gesehen zu haben. Aufgrund ihres Gepäcks und ihrer Freizeitkleidung standen die vier etwas abseits von den üblichen Pendlern, aber nicht abseits genug, um Verdacht zu erregen.«[26]

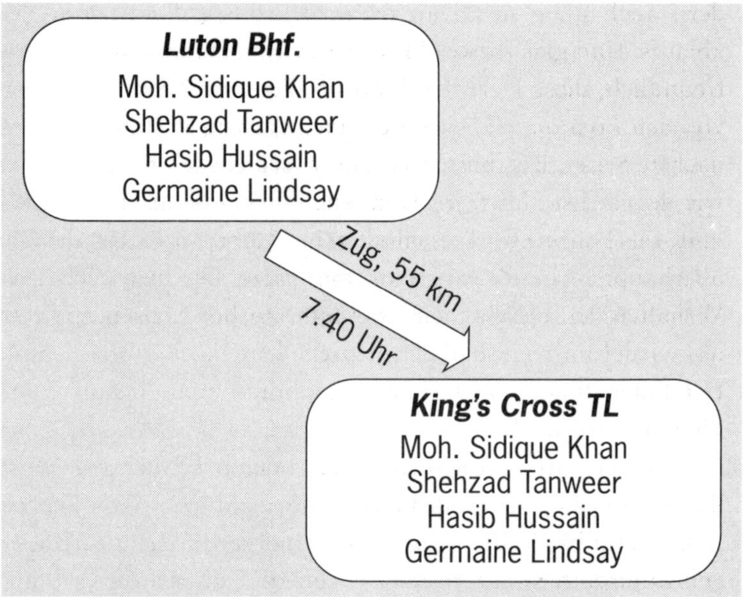

07.40: The London King's Cross train leaves Luton station. There are conflicting accounts of their behaviour on the train. Some witnesses report noisy conversations, another believes he saw 2 of them standing silently by a set of train doors. The 4 stood out a bit from usual commuters due to their luggage and casual clothes, but not enough to cause suspicion. This was the beginning of the summer tourist period and Luton Station serves Luton Airport.

08.23: The train arrives at King's Cross, slightly late due to a delay further

Nach dem Originalbericht des Londoner Innenministeriums fuhren die Attentäter um 7.40 Uhr von Luton ab, kamen um 8.23 Uhr in King's Cross Thameslink an und wurden dort um 8.26 Uhr von einer Überwachungskamera aufgenommen. Allerdings fiel der 7.40-Uhr-Zug an diesem Morgen aus.

Es gibt indes ein Problem mit dieser Darstellung: Den 7.40-Uhr-Zug, aus dem der Polizei offenbar jede Menge Zeugen über die vier angeblichen Attentäter berichteten, hat es nie gegeben. Nach Auskunft der Eisenbahngesellschaft Thameslink wurde er gestrichen – und die muß es ja nun eigentlich wissen. Anders als die »Ermittler« verfügt Thameslink nämlich nicht nur über einen Fahrplan (also den theoretischen Zugverkehr), sondern auch über eine Datenbank des tatsächlichen Verkehrsablaufs. Und gleich zwei Mitarbeiter von Thameslink waren so freundlich, diese Datenbank abzufragen und Nick Kollerstrom von den *London 9/11 Sceptics* einen Auszug zu schicken (siehe nächste Seite). Ergebnis: Der Zug war nicht da. Genausowenig wie der nächste um 7.46 Uhr. Auch er wurde gestrichen. Also muß die Polizei-Angabe falsch sein. Mehr noch: Da der Zug überhaupt nicht da war, muß die ganze Geschichte über das Verhalten der angeblichen Attentäter an Bord falsch sein. Und das wiederum zeigt, daß der offizielle Untersuchungsbericht des Londoner Innenministeriums zumindest zum Teil blühende Phantasie ist.

Die Verspätungsangaben in der oberen E-Mail von Marie Bernes beziehen sich auf die Ankunft in King's Cross Thameslink. Damit bricht die offizielle Geschichte von den angeblichen Selbstmordattentaten in sich zusammen. Ohne halbwegs pünktliche Anreise nach London funktioniert der offizielle Attentäter-Fahrplan nicht mehr.

Zwar hätten die angeblichen Bomber einen Zug »früher« nehmen können, nämlich den um 7.30 Uhr. »Früher« setze ich jedoch in Anführungszeichen, weil dieser Zug in Wirklichkeit erst um 7.42 Uhr in Luton abfuhr und erst um 8.39 Uhr in London King's Cross Thameslink ankam. Einen noch früheren Zug hätten sie nach Meinung von Ortskundigen vom Eingang von Luton Station, den sie nach offiziellen Angaben um 7.22 Uhr passiert haben, aus nicht erreichen können. Und damit war der Zug für die offizielle Version ebenfalls abgefahren, und zwar in

----- Original Message -----
From: custrel@thameslink.co.uk
To: nk@astro3.demon.co.uk
Sent: Tuesday, August 16, 2005 12:59 PM
Subject: Ref: 191313

Dear Dr Kollerstrom

Thank you for your further email.

I have investigated the records and found that:

Luton - King's Cross Thameslink

07.04-07.40: ran on time
07.08-07.56: (ran but with delays due to problems with the overheadlines in the Mill Hill Area. App. 30 min. late)
07.16-07.48 : (ran but with delays due to problems with the overheadlines in the Mill Hill Area. App. 30 min. late)
07.20-08.08: (ran but with delays due to problems with the overheadlines in the Mill Hill Area. App. 10 min. late)
07.24-08.00: (ran but with delays due to problems with the overheadlines in the Mill Hill Area. App. 20 min. late)
07.30-08.04: (ran but with delays due to problems with the overheadlines in the Mill Hill Area. App. 35 min. late)
07.40-08.16: Cancelled
07.48-08.20: (ran but with delays due to problems with the overheadlines in the Mill Hill Area. App. 25 min. late)
07.46-08.28: Cancelled
07.56-08.32: Cancelled

I hope this is useful.

Kind regards,

Marie Bernes
Customer Relations
Thameslink

----- Original Message -----
From: Chris.Hudson@thameslink.co.uk
To: nk@astro3.demon.co.uk
Sent: Thursday, August 25, 2005 2:32 PM
Subject: RE: Data on train departures 7/7

Dear Nick

The information you require is as follows:

Booked departure time	Actual departure time	Arrival time at King's
07.16	07.21	08.19
07.20	On time	08.15
07.24	07.25	08.23
07.30	07.42	08.39
07.40	Cancelled	n/a
07.48	07.56	08.42

Kind regards

Chris Hudson
Communications Manager
Thameslink Rail Limited

»Cancelled« – das bestätigen sowohl Marie Bernes von der Thameslink-Kundenbetreuung als auch Chris Hudson von der Öffentlichkeitsabteilung. Den 7.40-Uhr-Zug, mit dem die Attentäter nach London gefahren sein sollen, hat es nie gegeben. Damit bricht die offizielle Version zusammen.

Gestalt der zwei U-Bahnen, die Mohammad Sidique Khan und Shehzad Tanweer bis 8.51 bzw. 8.50 Uhr zur U-Bahn-Station Edgware Road bzw. Liverpool Street hätten bringen können. Diese beiden U-Bahnen fuhren laut Fahrplan schon um 8.36 Uhr von King's Cross Underground ab, also drei Minuten, bevor die Attentäter frühestens in King's Cross Thameslink hätten ankommen können, nämlich um 8.39 Uhr. Hier die Fahrplanauszüge:

Time		Details	Maps	Information
08:36 08:42	start	**King's Cross Thameslink** Walk to King's Cross St.Pancras	start map end map	Transfer time: 6 mins
08:42		**Kings Cross Underground** Take the Metropolitan Line towards Aldgate or Hammersmith & City Line towards Liverpool Street or Circle Line towards Liverpool Street	start map end map area map	Av journey time: 8 mins Zone(s): 1
08:50	end	**Liverpool Street**		

Um an Liverpool Street Station um 8.50 Uhr eine Bombe zu zünden, hätte Shehzad Tanweer um 8.36 Uhr von King's Cross Thameslink aufbrechen müssen. Die mutmaßlichen Attentäter konnten aber frühestens um 8.39 Uhr in King's Cross Thameslink ankommen.

Time		Details	Maps	Information
08:36 08:42	start	**King's Cross Thameslink** Walk to King's Cross St.Pancras	start map end map	Transfer time: 6 mins
08:42		**Kings Cross Underground** Take the Hammersmith & City Line towards Hammersmith (H&C Line) or Circle Line towards Baker Street	start map end map area map	Av journey time: 9 mins Zone(s): 1
08:51	end	**Edgware Road (Circle Line)**		

Um in der U-Bahn-Station Edgware Road um 8.50 Uhr eine Bombe zu zünden, hätte Mohammad Sidique Khan King's Cross Thameslink bereits um 8.36 Uhr verlassen müssen, drei Minuten, bevor er dort frühestens überhaupt eintreffen konnte (um 8.39 Uhr).

Zumindest zwei Attentäter hätten nicht rechtzeitig am Ort der Attentate sein können. Von den U-Bahn-Attentätern könnte es nur Germaine Lindsay geschafft haben, seine Bombe etwa um 8.50 Uhr in der Nähe des Russell Square »abzuliefern«. Nach der frühestmöglichen Ankunft um 8.39 Uhr wären ihm in King's Cross Thameslink noch fünf Minuten Zeit geblieben, um spätestens um 8.44 Uhr zur U-Bahn aufzubrechen und den 8.49-Uhr-Zug Richtung Russell Square zu erreichen.

Aber vielleicht hatten die U-Bahnen ja auch Verspätung, so daß die Attentäter sie doch noch erwischen konnten? Wohl kaum, denn dann wären die U-Bahnen ja nicht fast fahrplanmäßig an den Zielbahnhöfen angekommen. Die offiziellen Attentatszeitpunkte entsprechen nahezu exakt den fahrplanmäßigen Ankunftszeiten an den jeweiligen U-Bahn-Stationen. Wobei auch das nachdenklich stimmt: Sollte es tatsächlich wahr sein, daß alle drei U-Bahnen an diesem Morgen genau nach Fahrplan fuhren, so wie es offiziell dargestellt wird? Oder handelt es sich dabei schon wieder um eine theoretische Annahme – wie bei dem gestrichenen

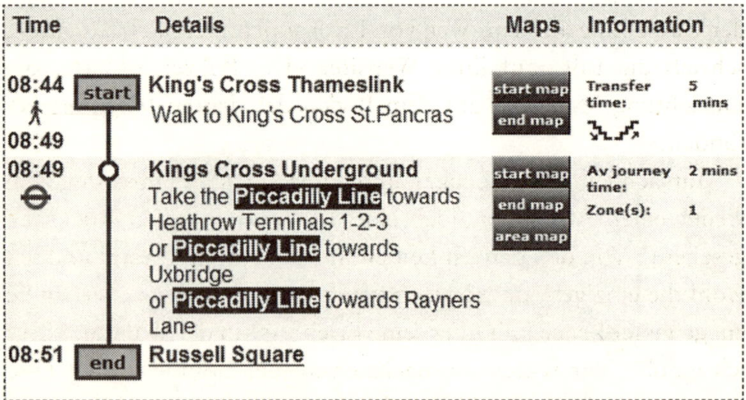

Time		Details	Maps	Information
08:44 08:49	start	King's Cross Thameslink Walk to King's Cross St.Pancras	start map end map	Transfer time: 5 mins
08:49		Kings Cross Underground Take the Piccadilly Line towards Heathrow Terminals 1-2-3 or Piccadilly Line towards Uxbridge or Piccadilly Line towards Rayners Lane	start map end map area map	Av journey time: 2 mins Zone(s): 1
08:51	end	Russell Square		

Anders als seine »Komplizen« Khan und Tanweer, hätte Germaine Lindsay den 8.49-Uhr-Zug von King's Cross Underground zum Russell Square erreichen können.

7.40-Uhr-Zug von Luton nach London? Und warum enthält die offizielle Version der Attentate überhaupt so viele »theoretische« Angaben aus Fahrplänen? Dazu später mehr – zuerst soll die Frage geklärt werden, ob die Attentäter und ihre Bomben nun in den Zügen waren oder nicht.

Die Bombe unter dem Boden

In dem 7.40-Uhr-Zug von Luton nach London können die Attentäter wie gesagt nicht gewesen sein, da es diesen Zug überhaupt nicht gab. In den U-Bahn-Zügen Richtung Liverpool Street und Edgware Road können um die angegebene Zeit, wie gesagt, ebenfalls keine Attentäter gewesen sein, weil die U-Bahnen zum frühestmöglichen Ankunftstermin der mutmaßlichen Attentäter in King's Cross schon weg waren. Tatsächlich war von Selbstmordattentätern zunächst auch nicht die Rede. Ganz am Anfang wurde der Öffentlichkeit sogar nicht einmal etwas von Bombenanschlägen erzählt, sondern von Kurzschlüssen, die die U-Bahnen lahmgelegt hätten. Als sich die Darstellungen in Richtung Bombenattentat veränderten, war auch nicht von Selbstmordattentaten die Rede, vielmehr benutzte die Polizei das Wort »device« (Einrichtung). »Die Explosion geschah in dem Zug Nummer 204 der Circle Line auf dem Weg von Liverpool Street nach Aldgate«, schrieb die BBC auf ihrer Website: »Die Polizei erklärte, die Einrichtung habe sich auf dem Boden des dritten Waggons befunden.«[27]

Tatsächlich haben Zeugen in dem nach Osten fahrenden Zug weder einen Attentäter noch eine Tasche oder einen Rucksack gesehen: »Von den ganzen Leuten im Zug waren Crystal und ich wohl die einzigen, die nicht ernsthaft verletzt waren«, berichtete ein gewisser Bruce Lait über seine Erlebnisse in der U-Bahn. »Und ich glaube, wir waren am nächsten an der Bombe dran.« Eine interessante Aussage: Am nächsten an der Bombe dran, aber »nicht ernsthaft verletzt«? Wenn das stimmen sollte, dann müßten sie den »Selbstmordattentäter« jedenfalls mitbekommen haben: »Wir waren da vielleicht eine Minute, und dann passierte etwas. Es war wie ein riesiger Kurzschluß, der uns umhaute und unsere Trommelfelle zerriß. Ich kann das Geräusch immer noch hören.« Als sie schließlich aus dem Wagen befreit wurden, begegnete ihnen ein Polizeibeamter: »Der Polizist sagte: ›Behalten Sie dieses Loch in Erinnerung, dort war die Bombe.‹ Das Metall war nach oben gebogen, als hätte sich die Bombe unter dem Zug befunden. Sie scheinen zu glauben, die Bombe sei in einer Tasche zurückgelassen worden, aber ich erinnere mich an niemanden, der an der Stelle gewesen wäre, wo die Bombe war, auch an keine Tasche.«[28]

Wo die Bombe war, war niemand? Auch keine Tasche? Aber der Wagenboden war nach oben gebogen, als ob sich die Bombe unter dem Zug befunden hätte? Für ein Selbstmordattentat ist das ungewöhnlich. Aber Shehzad Tanweer konnte ja tatsächlich nicht da sein. Denn er mußte ja den Zug verpaßt haben.

Blicken wir in die andere Richtung, nach Westen. Hier soll Mohammad Sidique Khan mit einem Zug der Circle Line gefahren sein, um seine Bombe an dem U-Bahnhof Edgware Road zu zünden. Obwohl Khan diese U-Bahn, wenn man die offizielle Version mit den realen Fahrzeiten von Thameslink vergleicht, nicht erwischen konnte, gibt es überraschenderweise einen anscheinend über alle Zweifel erhabenen Zeugen, der Khan bei seinem Anschlag beobachtet haben will. Pünktlich zum Jahrestag der Londoner Attentate präsentierte der *Stern* die erschütternde Geschichte von Danny Biddle, der bei dem Bombenanschlag an der U-Bahn-Station Edgware Road schwer verletzt worden sein und beide Beine verloren haben soll. »Der Zug setzt sich in Bewegung«, schildert der *Stern* Biddles Erlebnisse am Morgen des 7. Juli 2005. »Das Abteil ist voll. Danny steht, er steht immer. Als durchtrainierter 26jähriger will er niemandem den Platz wegnehmen. Er schaut sich um. Keine zwei Meter entfernt sitzt ein junger Mann mit einem großen Rucksack. Danny schaut ihn an. Der Mann schaut zurück. Sieht in Dannys Augen und lächelt nicht. Sagt kein Wort. Greift in seinen Rucksack und zieht die Hand wieder heraus. Und die Welt um Danny Biddle ertrinkt in gleißendem Licht. Der Waggon dehnt sich ins Unendliche, in derselben Sekunde presst sich alle Materie wieder zusammen zu einem Punkt: Danny hört die Knochen seiner Beine brechen, und die Druckwelle schleudert ihn und die U-Bahn-Türen hinaus in den Tunnel. Sein Kopf spaltet sich an der Betonwand, seine Brille bohrt sich durch sein linkes Auge, er landet neben dem bremsenden Zug, Zentimeter neben den Gleisen, und die U-Bahn-Türen krachen herunter, und Danny fühlt, wie sie seine Beine durchtrennen, Sehnen, Muskeln, Knochen. Danny brüllt. Und dann ist es, als ob jemand entscheidet ›Er hat genug‹ und einen Schalter umlegt, und Danny spürt nichts mehr.«[29]

Eine schöne literarische Schilderung – vielleicht zu schön. Denn das Problem ist ja: Die wenigsten Opfer eines schweren Traumas (= Verletzung) können sich genau an die Minuten und Sekunden vor dem Vorfall erinnern, und das liegt an der sogenannten retrograden Amnesie, also einem Gedächtnisverlust, der die Zeit vor dem Trauma betrifft. Insbesondere Opfer schwerer Gehirnerschütterungen, wie sie Biddle nach dieser Schilderung erlitten haben muß, leiden unter dieser Gedächtnisstörung. Am einfachsten läßt sich dies durch die Zusammenarbeit von Kurzzeit- und Langzeitgedächtnis erklären. Aus dem Kurzzeit- in das Langzeitgedächtnis gelangen Informationen hauptsächlich dann, wenn sich das Gehirn eine Weile mit ihnen beschäftigen kann und sie einen tieferen Eindruck hinterlassen können. Das aber können die Wahrnehmungen vor schweren Traumata und Gehirnerschütterungen häufig nicht, weil dieser Prozeß durch das massive Trauma gestört wird. Besonders, wenn die Wahrnehmungen so trivial sind, wie die von Biddle geschilderten (siehe oben), besteht die Gefahr, daß der Prozeß der Aufnahme in das Langzeitgedächtnis durch das Trauma selber unterbrochen wird und die Wahrnehmungen gelöscht werden.

Laut *Stern* und laut Biddles eigenen Schilderungen

- wurde er aus dem Zug geschleudert und knallte mit dem Kopf gegen die Betonwand,
- erlitt er schwerste Verletzungen,
- erlitt er im Krankenhaus zweimal einen Herzstillstand,
- bekam er starke Schmerz- und Beruhigungsmittel,
- lag er sechs Wochen im Koma.[30]

An seiner detaillierten Schilderung der letzten Sekunden vor der Bombenexplosion sind daher gewisse Zweifel anzumelden. Und selbst wenn sie stimmen sollte: Würde sie dann irgend etwas beweisen? Nein, denn im Moment einer Bombenexplosion tun Menschen alle möglichen Dinge: Sie lesen Zeitung, sie kratzen sich am Kopf oder an der Nase, manche fassen vielleicht in eine Hosentasche. Der von Biddle beschriebene Mann »greift in seinen Rucksack und zieht die Hand wieder heraus.« Ist dies demnach der Beweis, daß er eine Bombenexplosion auslöste? Sicher nicht. Ein Kausalzusammenhang läßt sich nicht herstellen. In einer anderen Schilderung behauptete Biddle gesehen zu haben, wie der Mann an oder in seinem Rucksack »an einer Art Schnur« gezogen habe. Da sich viele Rucksäcke mit einer Schnur zuziehen lassen, ist auch das nichts Ungewöhnliches. Daß der angebliche Khan in dem Rucksack irgendein Gerät oder eine Bombe bedient hat, hat Biddle gar nicht gesehen. Das heißt, daß Biddles Schilderung lediglich suggeriert, ein Mann mit einem Rucksack habe eine Bombe gezündet. Genaugenommen besagt sie aber nur, daß im Moment der Bombenexplosion irgend jemand an seinem Rucksack herumfummelte. Daß der Mann wirklich die Bombe zündete, gibt die Beschreibung dagegen nicht her. Im Gegenteil: Biddle berichtet auch, daß sich der Mann vollkommen gleichgültig und ruhig verhalten habe: »Er war nicht aufgeregt oder unruhig.« Er blickte eher teilnahmslos um sich, wie dies Pendler in einem überfüllten Zug, den sie schon hundertmal genommen haben, eben zu tun pflegen. Der Mann war also völlig unauffällig, und trotzdem konnte Biddle sein Verhalten nach einer schweren Gehirnerschütterung, zwei Herzstillständen, schwerer Medikation und sechs Wochen Koma exakt beschreiben. Auf die Idee, daß es sich bei dem von ihm angeblich beobachteten Mann um Khan gehandelt haben muß, kam er ebenfalls erst nach all diesen Torturen. Zehn Wochen nach den Anschlägen sei er eines Nachts im Krankenhaus aufgewacht und habe Khan in *al-Dschasira* gesehen. Dabei sei der Schriftzug »Edgware Road Bomber« gezeigt worden, und dabei habe es »einfach klick in meinem Kopf gemacht«, daß dies der Mann gewesen sei, mit dem er damals in der U-Bahn an der Edgware Road Blicke gewechselt habe: »Ich machte den Fernseher aus. Ich konnte es nicht glauben.«

Ich auch nicht. Denn eine kriminalistisch verwertbare Tatbeschreibung und Identifizierung ist dies alles in allem natürlich nicht. Erstens könnte die Erinnerung des Zeugen durch die erlittenen Torturen beeinträchtigt sein. Zweitens wäre das ungefähr so, als würde bei einer polizeilichen Gegenüberstellung eines Tatzeugen mit einer Reihe von Verdächtigen einer davon bereits ein Schild mit der Aufschrift »Das ist der Mörder« um den Hals tragen. In einem ordentlichen Gerichtsverfahren dürfte es für einen Anwalt von Khan kein Problem sein, die »Zeugenaussage« Biddles vom Tisch zu bekommen. Aber natürlich veranstalten die Medien keine ordentlichen Gerichtsverfahren; Verurteilungen werden hier vielmehr ganz zwanglos ausgesprochen, besonders gern, wenn die Angeklagten tot sind und sich nicht mehr wehren können.

Tatsächlich erzählte auch ein gewisser Kurush Anklesaria, der in derselben U-Bahn saß, *Sky News* nichts von einem Selbstmordbomber, sondern von einem »riesigen Knall gerade unter meinen Füßen«. »Ein Teil des Bodens wurde abgerissen und landete irgendwie auf dem Dach der U-Bahn. Die ganze Fahrgastkabine war voller Rauch, und ich war mit Trümmern bedeckt. Jemand zog mich da vorn raus, dann lief ich auf den Schienen bis zur Edgware Road Station.«[31]

Danny Belsten aus Manchester, der ebenfalls in dieser U-Bahn fuhr, sagte, ein anderer Fahrgast habe ihn aus den Trümmern geborgen, und dann seien sie beide »durch den ersten Wagen gegangen, wo die Einstiegsluken herausgeflogen waren«.

»Die Einstiegsluken befinden sich am Boden des Waggons und öffnen sich nach oben beziehungsweise innen«, schrieb Jürgen Elsässer in *Der Freitag:* »Wenn ihre Deckel herausflogen, konnte das also nur nach oben oder innen geschehen – das bedeutet, der Explosionsdruck muss von unten beziehungsweise außen gekommen sein.«[32]

Im Fall Edgware Road bestätigt sogar ein Foto des verbogenen Waggonbodens diese Einschätzung. Brian Paddick von der Metropolitan Police erklärte kurz nach den Anschlägen, man wisse nicht, »ob Selbstmordattentäter die Angriffe ausgeführt haben, oder ob die Bomben in Gepäckstücken in den U-Bahnen oder dem Bus zurückgelassen worden sind«, berichtete CNN.com. Ja, Paddick sagte sogar, es sei nicht klar, ob sich die Bomben in den Zügen oder in den Tunnels befunden hätten.[33]

Aufgerissen: der Boden der U-Bahn an der Station Edgware Road.

Ein Chamäleon sprengt einen Bus

»Schockierte Überlebende berichteten, daß sie einen ›Selbstmordattentäter‹ in dem Bus sahen, der bei der gestrigen terroristischen Greueltat zerstört wurde«, hieß es in der *Sun*.[34] Interessant – aber kann das wirklich sein? Denn wie Sie sich vielleicht erinnern, klingt die Geschichte des Hasib Hussain noch unglaubwürdiger, als die seiner »Kollegen«. Nachdem alle vier in London King's Cross angekommen waren, sollen drei umgehend mit der U-Bahn weitergefahren sein, um sich kurz darauf – gegen 8.50 Uhr – gleichzeitig in die Luft zu sprengen. Das würde Sinn machen – denn schließlich will man vermeiden, daß irgendwelche Nachzügler aufgrund polizeilicher oder anderer Maßnahmen (zum Beispiel nach einer Evakuierung von Bahnhöfen und Verkehrsmitteln) im wahrsten Sinne des Wortes »nicht mehr zum Zuge kommen«. Überhaupt keinen Sinn ergibt es, daß Hasib Hussain nicht in eine U-Bahn eingestiegen, sondern in aller Gemütsruhe vom U-Bahnhof King's Cross zu King's Cross Thameslink zurückgeschlendert sein soll, um sich dort eine Batterie zu kaufen – weil möglicherweise seine Zündeinrichtung nicht funktionierte, wie die Ermittler spekulieren. Sollte das wirklich der Fall gewesen sein, warum ist Hussain nach dem mutmaßlichen Einbau der Batterie dann nicht zurückgekehrt, um sich ebenfalls in einer U-Bahn in die Luft zu sprengen? Und warum haben die anderen nicht gewartet, um die Sprengung dann eben etwas später gemeinsam durchzuführen? Eile dürfte ja keine Rolle gespielt haben. Nein, statt dessen soll Hussain nun einen Bus nach Euston Station genommen haben, und von dort den Bus Nr. 30 Richtung Hackney. Aber dieser Bus wiederum sei umgeleitet worden, so daß er plötzlich zum »Peace Park« fuhr, wo er postwendend in die Luft flog.

Tatsächlich gab es statt verschiedener Zeugen, die einen Busattentäter gesehen haben wollten, nur einen Zeugen, der verschiedene Aussagen gemacht hatte: ein gewisser Richard Jones, 61, aus Berkshire. Der amerikanische Autor Mark Faulk hat sich die Mühe gemacht, alle zitierten Jones-Aussagen zusammenzutragen. Laut *Sunday Mail* enthüllte Jones, wie er dem Busbomber Hussain von Angesicht zu Angesicht gegenübergestanden habe und daß sich der Attentäter direkt unter seinen Augen befunden habe. Im selben Interview behauptete Jones jedoch, der Attentäter habe mit dem Rücken zu ihm gestanden, und zwar am Fuße der Treppe auf der Fahrerseite, »genau dort, wo die Explosion stattgefunden hat«. Nun, genau dort hat sie nicht stattgefunden. Das widerspricht der gesicherten Tatsache, daß die Bombe auf dem Oberdeck explodierte, und zwar in dessen hinterem Teil. Das wissen wir erstens von Fotos des Busses und zweitens aufgrund der Tatsache, daß der Fahrer weitgehend unversehrt blieb.

Der angebliche Attentäter Hasib Hussain in einem Bahnhof am 7. Juli 2005.

Geht man Jones' Aussagen durch, hatte der Attentäter an dem Ort, an dem er sich nicht befinden konnte (nämlich unten), die verschiedensten Gepäckstücke bei sich. Außer einer »Tasche« sah Jones auch eine »kleine Tasche«, eine »Papiertüte« und einen »Rucksack«. Doch das ist nicht die einzige Merkwürdigkeit:

Laut Jones war er zwei Meter groß, hatte olivenfarbene Haut, war glattrasiert und trug hellbraune Hosen und ein hellbraunes Oberteil. Das Problem ist nur, daß Hussain auf den angeblich am Tag des Attentats gemachten Aufnahmen erstens definitiv einen Rucksack trug und zweitens blaue Kleidung. Schließlich verließ Jones den Bus gerade noch rechtzeitig vor der Explosion, die Gründe dafür wechselte er allerdings ebenfalls wie andere Leute ihre Hemden: Einmal will er ausgestiegen sein, weil ihm der nervöse Typ mit seinem Rucksack/Tasche/kleine Tasche/Papiertüte auf den Wecker gegangen sei. Dann will er den Bus verlassen haben, weil der von seiner normalen Route abwich, und wieder ein anderes Mal, weil er sein Ziel angeblich erreicht hatte. Viertens, so wird Jones zitiert, wisse er auch nicht so recht, warum er ausgestiegen sei. »Ob Richard Jones ein kranker Publicity-Süchtiger ist, der aus den Tragödien der Londoner Anschläge Kapital schlagen will, oder ein krankhafter Lügner, der seine Geschichte Stück für Stück ausgeschmückt oder erstunken und erlogen hat, oder ob er tatsächlich von jemandem ›plaziert‹ wurde, um die offizielle Story zu unterstützen, eines ist sicher: Seine Geschichte ist nicht glaubwürdig und so voller Löcher, daß alles, was er auch immer sagt, als unzuverlässig eingestuft werden sollte«, urteilt der Autor Mark Faulk. »Und außer Jones haben die Behörden keinen einzigen anderen Augenzeugen des Busanschlags, und so haben Behörden und Medien wieder einmal eine Geschichte verbreitet, die keiner näheren Überprüfung standhält.«[35] Fassen wir zusammen:

1. Außer Jones haben keine namentlich genannten Personen den Attentäter in dem Bus gesehen, obwohl sich laut Polizei zum Zeitpunkt des Anschlags etwa achtzig Passagiere an Bord befunden haben sollen.[36]
2. Dort, wo Jones den Mann gesehen haben will, kann er sich zum Zeitpunkt der Sprengung nicht befunden haben, nämlich am Fuß der Treppe im Unterdeck.

3. Im Hinblick auf Aussehen und mitgeführte Gegenstände des Mannes sind die Angaben von Jones widersprüchlich.
4. Jones' Beschreibung (braune Kleidung) paßt nicht zu den angeblich am selben Tag aufgenommenen Standbildern von Hasib Hussain, auf denen er blaue Kleidung trug.

Nun gäbe es eigentlich keine offenen Fragen mehr, wenn, ja wenn es nicht einen weiteren unglaublichen Zufall gegeben hätte: Ausgerechnet an diesem Tag funktionierte das Kamerasystem an Bord des Busses nicht. Tatsächlich wurden auch nie Aufnahmen des angeblichen Attentäters im Bus gezeigt. Normalerweise wird ein solcher Bus gleich von vier Kameras überwacht, je eine für Ober- und Unterdeck und je eine für die beiden Treppenaufgänge, so daß sich an Bord eines solchen Busses nicht einmal eine Maus aufhalten könnte, ohne aufgenommen zu werden. »Das Kamerasystem wird mindestens zwei- bis dreimal die Woche gewartet und kann zwei volle Wochen Aufnahmen digital speichern. Betrieben wird es von einem privaten Subunternehmer«, schrieb ein Londoner Busfahrer des Busunternehmens Stagecoach, das auch die Linie 30 betreibt, an Paul Joseph Watson von propagandamatrix.com: »Als ich also erfuhr, daß das Kamerasystem an Bord eines nicht mal zwei Jahre alten Busses nicht arbeitete ... Tut mir leid, aber das ist Blödsinn, ich arbeite für die Firma, ich kenn' mich aus«, schrieb der Fahrer, der anonym bleiben wollte. Der Ausfall erfolgte, obwohl noch am Samstag zuvor ein Subunternehmer die Kamerasysteme an Bord der Busse im Depot inspiziert habe.

Damit gibt es jedenfalls keine Sachbeweise für die Anwesenheit eines Selbstmordattentäters in dem Bus, und wenn man die dubiosen Aussagen des Zeugen Jones abzieht, gibt es sogar überhaupt keine Beweise. Aber wo er nun schon mal dabei war, hatte der Busfahrer noch mehr zu erzählen: Laut seinem Vorgesetzten habe der Subunternehmer »an diesem Wochenende mehr als zwanzig Stunden« im Depot verbracht. Dafür, daß die Kameras dann nicht funktionierten, erstaunlich lange: »Zwanzig Stunden, um nachzuschauen, ob die Kameras funktionieren? Außerdem gehörte der Mann nicht zu den üblichen Leuten. Aus Sicherheitsgründen kommen sonst immer dieselben, wenigen Leute, um die Arbeiten durchzuführen. Diesmal war das anders. Die Fahrer des Depots glauben schon, daß die sogenannten ›Bomber‹ Hilfe von Insidern hatten, weil das alles zu gut organisiert war. Manche glauben sogar, daß es Hilfe von der Firma gab.«

»War die zwanzigstündige Mammut-Inspektion der Kameras dafür gedacht, die Fernsehsysteme außer Betrieb zu setzen oder für etwas noch Schlimmeres?«, fragt denn auch Paul Joseph Watson von propagandamatrix.com. »Haben die freien Mitarbeiter, die den Angehörigen der Busfirma nicht bekannt waren, in Wirklichkeit die Bombe eingebaut?«[37]

Und noch etwas erklärte der Busfahrer laut Watson: daß der Unglücksbus der einzige gewesen sei, der an diesem Tag umgeleitet worden sei; jeder andere Bus habe seine normale Route fortgesetzt, aber aus irgendeinem Grund sei dieser Bus umgeleitet worden. Wenn der Bus wirklich wegen Verkehrsbehinderungen umgeleitet worden wäre, wie offiziell behauptet, hätten noch mehr Busse umgeleitet werden müssen. Daß dieser Bus der einzige war, spricht dafür, daß man etwas Besonderes mit ihm vorhatte.

Eine Leiche kann sich ausweisen

Aber freundlicherweise hat der Selbstmordbomber Hasib Hussain, für dessen Anwesenheit an Bord des Busses es sonst keine Sachbeweise gäbe, sowohl seinen Führerschein als auch seine Kreditkarten hinterlassen. Beides sei im Bus gefunden worden, so die Polizei.[38] Die Leiche konnte sich also ausweisen. Sagte ich Leiche? Nun, was die Überreste von Hasib Hussain betrifft, so sind die Quellen eher dünn gesät. Das Internetforum Wikipedia beispielsweise behauptet, im Wrack des Busses seien Überreste des Schädels gefunden worden. Diese Information konnte ich aber nirgendwo bestätigt finden. Ein anderer Artikel behauptet zwar, die Ermittler hätten in dem Bus eine Leiche gefunden, deren Kleidung jener ähnelte, die Hussain an diesem Tag getragen haben soll. Dieser Bericht wiederum ist überall im Internet zu finden – und zwar wortgleich. Es mangelt also an einer gewissen Vielfalt von Quellen, die man benötigen würde, um die Sache mit der Leiche zweifelsfrei bestätigen zu können.

Die gefundenen Ausweise und Kreditkarten wiederum erinnern an den merkwürdigen Umstand, daß es wie durch ein Wunder auch ein Ausweis eines Terroristen schaffte, dem Inferno der Flugzeugeinschläge im World Trade Center am 11. September 2001 zu entkommen, um sich friedlich auf einer benachbarten Straße niederzulassen, wo er umgehend gefunden wurde.

Aber sogar mit Leichenteilen scheinen in der Terrorserie seit dem 11. September 2001 seltsame Dinge zu geschehen, wie die Vorgänge an der angeblichen Absturzstelle von Flug United Airlines 93 in Pennsylvania nahelegen. Auch dort fand man merkwürdig wenig Überreste, und noch überraschender war, daß diese Leichenteile kein Blut mehr in sich hatten, wie der zuständige Leichenbeschauer Wally Miller erklärte.[39] Was darauf hindeutet, daß es sich um alte, plazierte Leichenteile gehandelt haben könnte.

Bis heute wartet die Öffentlichkeit auf eine sorgfältige Identifizierung und amtliche Bestätigung der Identität der Londoner Attentäter-Leichen. Die Leichen und Leichenteile der Bus- und U-Bahn-Insassen wurden in eine militärische Anlage gebracht – zur Honourable Artillery Company in der City Road, London, gleich um die Ecke von Liverpool Street Station. Dort wurden große, weiße Zelte aufgestellt und von der Polizei bewacht. Angeliefert wurden laut *timesonline* Körper, Gliedmaßen, Rümpfe und Organe, das Ganze habe einem gigantischen Puzzle geglichen. Zum Zweck der Identifizierung sei eine eigene Identifizierungskommission gebildet worden. Vorsitzender sei der Leichenbeschauer von Westminster, Dr. Paul A. Knapman, gewesen. Zum Team hätten ferner der Pathologe Rob Chapman sowie Detective

Superintendent Jim Dickie von der Metropolitan Police (Scotland Yard) gehört.[40] Die Identifizierungsarbeiten begannen zwei Tage nach den Anschlägen, also am 9. Juli 2005.

Bereits am 12. Juli meldeten die Behörden einen ersten Erfolg. Fünf Personen seien identifiziert worden, vier davon waren ausgerechnet die angeblichen Selbstmordattentäter.[41] Die Frage ist: Wie wurden die Leichen identifiziert? Die Antwort klingt gut: »Die Leichen der verdächtigen Bomber wurden durch Führerscheine und Kreditkarten identifiziert, die die Explosionen überstanden haben«, schreibt der australische *Sunday Morning Herald* unter Berufung auf die *Times*. Drei der Attentäter sollen auf diese Weise identifiziert worden sein.[42] Als Willy Brunner und ich 2001 die Identifizierungskommission des Bundeskriminalamts IDKO für unseren Film »Das Mosaik des Todes« (ARD) begleiteten, haben wir etwas anderes gelernt. Die Beamten erklärten uns, daß die Identifizierung einer Leiche niemals anhand von Personaldokumenten vorgenommen werden kann, sondern nur anhand von Körperteilen. Warum? Weil Personaldokumente bewegliche und veränderliche Sachen sind, die von falschen Personen bei sich getragen werden können. Anders als der Körper eines Toten können Ausweise oder Kreditkarten gefälscht, gestohlen oder aus anderen Gründen mitgeführt werden. Bei Kreditkarten, die schließlich häufiger von falschen Personen mitgeführt werden, wird das besonders deutlich.

Überdies könnten Personaldokumente auch für Versicherungsbetrügereien benutzt werden, man stelle sich einen Autounfall mit einer verbrannten Leiche vor, bei der der Ausweis einer hochversicherten Person gefunden wird. Gäbe sich die Polizei damit zufrieden, wäre dem Versicherungsbetrug per Mord Tür und Tor geöffnet. Eine Leiche anhand von Kreditkarten oder Ausweispapieren identifizieren zu wollen, ist daher ungewöhnlich – und es deutet darauf hin, daß der Körper nicht verfügbar ist. »Personalpapieren kann man nicht trauen, weil manche Leute falsche Papiere bei sich tragen«, erklärte *timesonline* am 11. Juli 2005 folgerichtig. Und:

»Die mögliche Anwesenheit eines Attentäters unter den Toten wird die Identifizierung erschweren, weil ein Terrorist wahrscheinlich falsche oder gar keine Papiere bei sich trägt.« Auch das wäre eine Möglichkeit. Es gilt also, daß die gefundenen Personalpapiere nicht einfach als Identitätsbeweis zu betrachten, sondern mit besonderer Vorsicht zu genießen sind. Hatte sich jemand der Identitäten der vier jungen Leute aus Leeds und Aylesbury bedient? Wurden deren Papiere am Attentatsort nur abgelegt?

Abgesehen davon gibt es einen Umstand, der eine Identifizierung über die Personalpapiere oder persönliche Gegenstände in diesem Fall völlig ausschließt. Es ist die Tatsache, daß Gegenstände ein und derselben Person an mehreren Attentatsorten gefunden wurden. So sollen persönliche Utensilien von Mohammad Sidique Khan sowohl in dem Zug an der Egdware Road als auch in jenem an der Station Liverpool Street sichergestellt worden sein. Preisfrage: Wo ist jetzt die Leiche von Khan: an der Edgware Road oder an Liverpool Street?[43]

Post für den Leichenbeschauer

Nur der angebliche Attentäter Germaine Lindsay soll per DNA identifiziert worden sein, schreibt *The Epoch Times* am 18. Juli 2005: weil er keine Personalpapiere bei sich gehabt habe. Was wohl heißen soll: Sonst hätte man ihn anhand dieser Personalpapiere identifiziert. Wie gesagt, das stellt die üblichen kriminalistischen Verfahren bei Leichenfunden auf den Kopf.

Aber zum Glück erschien im Mai 2006 der offizielle Bericht des britischen Innenministeriums über die Attentate. Und da ist auf Seite 11 zu lesen: »DNA identifizierte die vier an den verschiedenen Anschlagsorten. Die Wirkung auf ihre Körper läßt vermuten, daß sie sich in der Nähe der Explosionen befanden.«[44] So weit, so gut. Es bleibt indes rätselhaft, warum der Mann, der es eigentlich wissen müßte, diese Aussage nicht bestätigen will: der Vorsitzende der damaligen Identifizierungskommission, Leichenbeschauer (Coroner) Dr. Paul A. Knapman. Kurz bevor das Innenministerium behauptete, die Leichen seien mit Hilfe von DNA identifiziert worden, hatte ich ihm ein Fax mit den folgenden Fragen geschickt:

- Wurden die Leichen der sogenannten »Selbstmordattentäter« Hasib Hussain, Germaine Lindsay, Mohammad Sidique Khan und Shehzad Tanweer nach den Anschlägen vom 7. Juli 2005 geborgen?
- Wo wurden diese Leichen geborgen?
- Wurden diese Leichen positiv als die obengenannten Personen identifiziert?
- Wie wurden die Leichen identifiziert (Zähne, DNA, Sonstiges)?
- Wurden DNA-Proben für den Vergleich mit dem Leichenmaterial gesammelt?
- Was für DNA-Proben wurden gesammelt (zum Beispiel Zahnbürsten etc.)?
- Wo wurden diese Proben gesammelt?
- Aufgrund welcher anderen Proben/Dokumente (zum Beispiel Röntgenaufnahmen der Zähne) wurden die »Bomber« positiv identifiziert?
- Worin bestand die Todesursache dieser Personen?

Die Antwort: »Die von Ihnen erwähnte Angelegenheit ist *sub judice*. Das heißt, sie harrt der Ermittlungen und Überlegungen durch die zuständigen gesetzlichen Behörden – namentlich den Untersuchungsrichter und die Polizei. Der Coroner bedauert, Ihre Fragen zum gegenwärtigen Zeitpunkt nicht beantworten zu können.«

Das heißt:

1. Der Leichenbeschauer selbst wollte die Identität der angeblichen Selbstmordbomber ganz im Gegensatz zum Innenministerium nicht bestätigen.

Telephone: 020 7802 4750
Facsimile: 020 7828 2837

H. M. CORONER

HER MAJESTY'S CORONER
INNER WEST LONDON

WESTMINSTER CORONER'S
HORSEFERRY ROAD
LONDON SW1P 2ED

Gerhard Wisnewski
[redacted]
Munchen [redacted]
GERMANY

3 April 2006

Dear Mr. Wisnewski

Thank you for ytour letter of 31 March 2006. The Coroner has asked me to reply.

The matters you mention are what is known as *sub judice.* This means they await investigation and consideration ny the appropriate lawful authorities – namely the Coroner and the police.

The Coroner regrets that at the present time he is unable to answer any of your queries.

Yours sincerely

R Breckell.

Ms. R. Breckell
Clerk
HM Coroner
Innner West London

Die Identität der Bomber wartet noch auf eine gerichtliche Klärung – und das nach der Beerdigung.

2. Die Ermittlungen über die Identität der vermeintlichen Selbstmordattentäter waren zu diesem Zeitpunkt – zehn Monate nach den Anschlägen – noch nicht abgeschlossen.

Was man also bisher für gesicherte Fakten hielt, nämlich daß sich die vermeintlichen Selbstmordattentäter am 7. Juli 2005 in der Londoner U-Bahn und in einem Bus in die Luft gesprengt haben, ist Gegenstand eines schwebenden Verfahrens. Das ist nicht nur deshalb merkwürdig, weil das Innenministerium behauptet, alle vier Attentäter seien per DNA identifiziert worden. Sondern auch deshalb, weil deren sterbliche Überreste bereits beerdigt wurden. Normalerweise kann man niemanden beerdigen, solange die Identität nicht zuverlässig und abschließend geklärt ist. Was soll da also noch »schweben«? Und was wurde da eigentlich beerdigt? Vor allem: Wie kommt das Innenministerium dazu, zu behaupten, die vier Leichen seien anhand von DNA identifiziert worden?

Ich habe der Mannschaft des Coroners also ein weiteres Fax geschickt – am 10. Mai 2006, just einen Tag, bevor das Innenministerium seinen Bericht veröffentlichte. Ich fragte, wie die »Selbstmordbomber« beerdigt werden konnten, obwohl ihre Identität nicht abschließend geklärt sei. Auf der anderen Seite zeigte man nun Nerven: »Falls sie nicht klar sein sollte [also die Identität der Attentäter; G.W.], wird es schließlich ein Verfahren vor einem Gericht geben – entweder vor einem Strafgericht oder vor einem Gericht des Untersuchungsrichters«, wurde mir am 13. Mai 2006 von einer Dame auf einem Bogen Briefpapier mit dem Wasserzeichen »Conquerer« (Eroberer) beschieden. »Ich bedaure Ihnen mitteilen zu müssen, daß bis dahin jede Antwort auf Ihre Anfragen nicht beantwortet wird. Das soll nicht bedeuten, daß es irgend etwas zu verbergen gibt, *die Angelegenheit ist sub judice*. Ich fürchte, damit ist unsere Korrespondenz beendet. Mit freundlichen Grüßen.« Unterschrift: »Lord.«

Da ich der Meinung war, daß die Korrespondenz angesichts der Widersprüche zwischen dem zuständigen Leichenbeschauer und dem Londoner Innenministerium gerade erst richtig anfing, spannend zu werden, schickte ich »Frau Lord« noch ein Fax. Darin konfrontierte ich sie mit der Aussage des Innenministeriums und bat um Aufklärung, warum das Innenministerium Identitäten bekannt gibt, von denen der Leichenbeschauer behauptet, sie seien noch Gegenstand eines schwebenden gerichtlichen Verfahrens. Auf die Antwort warte ich heute noch. Ebenso auf eine Antwort des Innenministeriums, dem ich ebenfalls ein Fax geschickt habe, in dem ich wissen wollte, ob die Standardprozeduren zur Identifizierung von Leichen im Fall der angeblichen Selbstmordattentäter überhaupt durchgeführt worden waren.

Mister Power plaudert aus dem Nähkästchen

Keine verläßlichen Zeugen, die die Bomber gesehen haben, keine Videoaufnahmen der Bomber in Zügen oder Bussen, keine bestätigte Identifizierung: Man bekommt den Verdacht, daß es sich bei den Londoner Attentätern um Phantome gehandelt haben könnte – und bei den Attentaten um eine kapitale Inszenierung. Doch wie kann eine derartige »Inszenierung« aussehen? Wie müßte man einen »gefälschten« Terroranschlag durchführen, ohne dabei von Sicherheitsdiensten, Polizei und U-Bahn-Personal gestört zu werden?

Ganz einfach: Man veranstaltet eine Übung, die den wirklichen Anschlägen bis aufs I-Tüpfelchen gleicht. Alle Details stimmen; der einzige Unterschied zwischen Übung und Anschlag besteht in den echten Bomben. Da alle Welt glaubt, daß es sich nur um eine Übung handelt, schreitet niemand ein.

Nun wäre es natürlich schon ein merkwürdiger Zufall, wenn es eine solche Übung am Morgen des 7. Juli 2005 in London tatsächlich gegeben hätte. Aber siehe da: Schon am Abend desselben Tages plauderte Peter Power, Manager einer Sicherheitsfirma namens Visor Consultants, aus dem Nähkästchen: »Um halb zehn heute morgen haben wir tatsächlich eine Übung mit über tausend Leuten durchgeführt ...«, sprach Power brühwarm in die Mikrophone von BBC Radio 5, »... die von simultan explodierenden Bomben an exakt jenen Stationen ausging, an denen die Bomben dann wirklich hochgingen. Mir stehen jetzt noch die Haare zu Berge.«

Mir auch: Da planen also ein paar Sicherheitsfirmen und Behörden eine Übung, in deren Rahmen mehrere Bombenanschläge in der U-Bahn simuliert werden sollen. Und während die Übung abläuft, explodieren tatsächlich Bomben, und zwar an den Stationen, an denen sie auch in der Übung hochgehen sollten! Und selbst die Zeiten der realen U-Bahn-Attentate (8.50 Uhr) könnten mit dem Zeitpunkt der Übung übereinstimmen. Denn die Krisenmanager saßen in Wirklichkeit schon vor halb zehn zusammen, wie sich gleich zeigen wird. Der einzige Unterschied zwischen Übung und Realität scheint in den echten Sprengsätzen bestanden zu haben. Sie werden mir wohl zustimmen, daß dies ein überaus merkwürdiger Zufall ist. Auch der BBC-Interviewer glaubte, nicht richtig gehört zu haben: »Um dies ganz klar zu machen: Sie führten eine Übung durch, um festzustellen, wie Sie mit einem solchen Fall zurechtkommen würden, und es passierte, während Sie die Übung durchführten?« Power: »Exakt. Es war halb zehn Uhr heute morgen, wir haben dies für eine Firma geplant, und aus naheliegenden Gründen möchte ich den Namen nicht nennen, aber sie hören zu, und sie wissen, wovon ich rede. Wir hatten einen ganzen Raum voller Krisenmanager, und innerhalb von fünf Minuten kamen wir ziemlich schnell zu dem Schluß, daß dies der Ernstfall ist, und so durchliefen wir die korrekten Mechanismen zur Aktivierung des Krisenmanagements, um von Langsam- auf Schnelldenken zu schalten ...«[45]

Diesem Beispiel will ich jetzt gern folgen: Nach dem Bericht des Londoner Innenministeriums saß am 7. Juli um 9.30 Uhr tatsächlich ein »Raum voller Krisenmanager« zusammen, und zwar in den Cabinet Office Briefing Rooms (COBR), dem Lagezentrum der Regierung. Laut Bericht wurden die COBR aufgrund der

Anschläge um 8.50 Uhr um 9.30 Uhr »aktiviert«. Demnach haben also die Attentate die Krisenmanager aktiviert und nicht umgekehrt. Wer jedoch genau liest, stellt fest, daß das Lagezentrum bereits vor 9.30 Uhr besetzt war, und zwar offiziell wegen des G8-Gipfels in Gleneagles. Demnach war das Krisenzentrum also bereits während der Anschläge aktiv.[46] Spielte sich also in den COBR jene »Übung« ab, von der Power sprach? Gut möglich, denn genau wie jene Gremien, von denen Power spricht, schalteten auch die bereits besetzten Briefing Rooms plötzlich von der Bereitschaft auf den Ernstfall um. In welcher Richtung verlief also der Impuls zwischen »Krisenmanagern« und Attentaten? Wer hat hier wen »aktiviert«? Anders gefragt: Welche Indizien sprechen dafür, daß der Ernstfall ursprünglich eine Übung war? Nun, natürlich die Zeiten: Die Zugverbindung um 7.40 Uhr von Luton nach London existierte nur im Fahrplan, aber nicht in der Realität. Die Tatzeitpunkte ab 8.50 Uhr entsprechen ebenfalls »zufällig« genau dem Fahrplan der Londoner U-Bahn. Und womit würde man im Rahmen einer solchen Übung die Realität simulieren? Natürlich mit dem Fahrplan! Seltsam ist nur, daß dieser Fahrplan dann auch in den offiziellen Berichten über die Attentate auftaucht, und zwar ohne Rücksicht darauf, ob bestimmte Züge in der Realität überhaupt gefahren sind oder nicht. Deshalb ist auch nicht sicher, ob der Attentatszeitpunkt 8.50 Uhr stimmt.

Eine weitere Variante wäre freilich die, daß es an diesem Morgen in London keine Attentate, sondern nur eine Übung gegeben hat, die der Welt hinterher als Attentatsserie verkauft wurde. Was könnte für diese Version sprechen?

- Geschehensabläufe, die nur theoretisch existierten, nämlich im Fahrplan;
- bis auf den Bus spielte sich alles im schwer zugänglichen Untergrund ab;
- keine Aufnahmen von Zugwracks wie in Madrid, bis auf ein Bild von einem aufgerissenen Wagenboden;

- Zeugenaussagen, die nicht von Bomben sprachen, sondern von Lichterscheinungen und Rauch;
- Zeugen, die in unmittelbarer Nähe der »Explosionen« überlebt haben;
- Berichte über Polizei- und Rettungseinsätze *vor* den angegebenen Attentatszeitpunkten.

Es gibt aber auch Indizien, die dagegen sprechen:

- Berichte über Tote und Verletzte;
- Fotos, auf denen offenbar (oder anscheinend?) verletzte Personen zu sehen sind;
- Polizeiberichte über echte Opfer;
- Berichte von Betroffenen (Danny Biddle).

Wenn man Power, der die Sache mit der Übung ausplauderte, nach weiteren Hintergründen dieses seltsamen Zufalls fragt, bekommt man eine Standardantwort:

> »Danke für Ihre Nachricht. Angesichts der Menge der E-Mails über die Ereignisse des 7. Juli und eines allgemein ausgedrückten, fehlgeleiteten Verdachts, daß unsere Übung ein vorauswissendes Verhalten darstellte oder eine irgendwie geartete Verschwörung (wobei ich zur Kenntnis nehme, daß verschiedene Websites unsere Arbeit an diesem Tag ungenau/naiv/unwissend/feindlich interpretierten), wurde entschieden, eine einzige E-Mail-Antwort herauszugeben: Es wird bestätigt, daß an diesem Morgen für eine private Firma in London eine kleine Zahl von länger vorgeplanten Szenarien umgesetzt wurde (als Teil eines größeren Projekts, das vertraulich bleibt), und daß sich zwei Szenarien direkt auf Terror-Bomben bezogen, zur selben Zeit, wie die, die mit so tragischen Ergebnissen wirklich explodierten. Besonders ein Szenario war den wirklichen Ereignissen sehr ähnlich.
> Wie dem auch sei: Jeder, der über solche andauernden Bedrohungen unserer Hauptstadt Bescheid weiß, ist sich bewußt, daß

a) die Rettungsdienste bereits verschiedene eigene Übungen durchgeführt haben, die auf Bomben im U-Bahn-System basierten (worüber auch in den Hauptnachrichtensendungen berichtet wurde) und
b) die BBC vor einigen Monaten eine ähnliche Dokumentation zum selben Thema ausgestrahlt hat, allerdings mit wesentlich schlimmeren Konsequenzen. [Was Power damit sagen will, wird nicht ganz klar; G. W.]

Es dürfte deshalb kaum überraschen, daß wir ein plausibles Szenario gewählt haben – nur die Zeit und der Ablauf waren trotzdem etwas bestürzend.

Kurz: Unsere Übung (die lediglich einige Leute als Krisenmanager einbezog, die tatsächlich auf eine simulierte Serie von Aktivitäten reagierten, in die – auf dem Papier – tausend Personen involviert waren) wurde schnell zum Ernstfall, und die Teilnehmer haben an diesem Morgen angesichts der plötzlichen Realität der Ereignisse sehr gut reagiert.

Darüber hinaus wird kein Kommentar abgegeben, und angesichts der enormen Zahl von Anfragen von schlecht informierten Leuten werden künftig keine Antworten gegeben, wenn nicht ein glaubwürdiger Grund für die Anfrage genannt wird (z.B. akkreditierter Journalist, Wissenschaftler).

Peter Power«[47]

Zusammen mit den verschnupften Briefen aus dem Büro des Londoner Coroners kann man diesem Schreiben zweierlei entnehmen. Erstens haben die Bürger ein solches Mißtrauen im Hinblick auf irgendwelche »offizielle Versionen« entwickelt, daß sie den Behörden inzwischen alles zutrauen und sie mit Anfragen und Vermutungen bombardieren.

Und zweitens: Ein Dementi ist das, was Power hier schreibt, nicht – ganz im Gegenteil. Die Zeilen bestätigen im Kern, was er zuvor in dem Radiointerview mit der BBC gesagt hat. Und damit bleibt das große Fragezeichen bestehen, wie es sein kann, daß eine Übung die Realität so exakt beschreibt, daß die von ihr angenommenen Ereignisse während ihrer Durchführung zu den angenommenen Zeitpunkten an den angenommenen Orten eintreten. Hier an einen Zufall zu glauben, ist nach wie vor zu viel verlangt.

Was heißt das nun alles? Nehmen wir an, man plant eine Übung und legt im Rahmen dieser Übung mehrere Attentatsorte fest und nach einem Fahrplan der Londoner U-Bahn mehrere Attentatszeitpunkte. Man entwirft auch ein Szenario, wie die »Attentäter« von Luton aus nach London King's Cross gelangen konnten, nämlich ab Luton laut Fahrplan um 7.40 Uhr. Ist es dann wahrscheinlich, daß reale Attentäter so freundlich sind, ihre Bomben exakt an den von der Übung vorgegeben Orten zu den vorgegeben Zeiten zu zünden? Nein, das ist ganz und gar nicht wahrscheinlich. Viel wahrscheinlicher ist, daß im Rahmen einer Übung echte Bomben gezündet wurden. Die Männer aus Leeds und Aylesbury hatten damit nichts zu tun. Sie wären ohnehin nicht rechtzeitig in London angekommen. Den Zug, den sie laut Polizei genommen haben, gab es nicht. Und der nächsterreichbare Zug hätte zwei von ihnen nicht rechtzeitig nach London gebracht. Meiner Meinung nach hatten diese Leute mit den Attentaten nichts zu tun. Vielleicht waren sie Statisten in einer Übung, mehr aber auch nicht. Und jetzt – da ihre Identität nicht gerichtlich geklärt ist – fehlt jede Spur von ihnen. Und das nicht erst seit ihrer angeblichen Ankunft am Bahnhof Luton. Da weder dort noch in London sichere Beweise für ihre Anwesenheit gefunden wurden, müssen sie als verschollen gelten, seitdem sie das letzte Mal von ihren Freunden oder Verwandten gesehen wurden, und das war in der Regel am Vortag, dem 6. Juli 2005.

Noch etwas mehr Licht ins Dunkel unseres »Tresors« kommt, wenn man eine Anschlagsserie betrachtet, die exakt zwei Wochen nach den Attentaten des 7. Juli in London stattgefunden haben soll, nämlich am 21. Juli 2005. An der Tatsache, daß die Attentäter erneut drei U-Bahnen und einen Bus angriffen, erkennt man, daß es sich bei diesem Muster eben nicht um einen Zufall oder eine »Panne« handelte, wie die Polizei zuvor nahegelegt hatte. Vielmehr existierte ein festes Szenario mit Angriffen auf drei U-Bahnen und einen Bus. Auch diesmal, wie schon beim ersten Mal, fuhr der »angegriffene« Bus wieder Richtung Hackney. Warum sollten sich »Islamisten« ein solches Szenario ausdenken? Das ergibt überhaupt keinen Sinn. Für eine Übung oder Inszenierung würde das allerdings schon Sinn machen: Man muß nur einen Bus sprengen, kann aber behaupten, es seien noch drei U-Bahnen gesprengt worden. Nach Fotos der Wracks fragt niemand. Und tatsächlich traten am 21. Juli 2005 die Elemente einer Übung noch deutlicher zutage:

1. Es gab einen Verletzten, vielleicht aber auch nicht: »Es gibt Berichte von einer verletzten Person, obwohl die Rettungsdienste erklärten, niemanden von den Anschlagsorten abtransportiert zu haben.«[48]
2. Alle vier »Sprengsätze« sollen »versagt« haben.[49]
3. Statt Explosionen vernahmen U-Bahn-Passagiere nur ein lautes »Plop«: Es »klang wie ein Champagnerkorken. Es rüttelte ein bißchen.«[50]
4. Statt massiver Zerstörung stellten Zeugen lediglich eine starke Rauchentwicklung fest.
5. Der Rauch war weiß, wie bei einer Rauchbombe, mit der Feuerwehren gern üben.[51]
6. Ein Zeuge sah einen Mann, dessen Rucksack plötzlich »explodierte«. Das heißt: Die »Explosion« war gerade stark genug, um den Rucksack zu öffnen. Anschließend murmelte der Mann irgend etwas von »schiefgegangen« und rannte putzmunter davon.[52]

Unnötig zu erwähnen, daß auch das Lagezentrum der Regierung an diesem Tag wieder aktiv war. Dieses Ereignis hatte für die Behörden den Vorteil, daß es sich in der Wahrnehmung mit den Anschlägen vom 7. Juli vermischte. Diesmal hatten die Behörden jede Menge Videoaufnahmen zu bieten, zum Beispiel auch von einem Verdächtigen in einem Bus. Und unwillkürlich entstand beim Publikum das Gefühl, den »Busbomber« doch gesehen zu haben – nur handelte es sich eben um ein Foto vom 21. Juli, nicht vom 7. Juli. Interessanterweise ist auf den am hellichten Tag aufgenommenen Fotos vom 21. Juli außer den angeblichen Attentätern keine Menschenseele zu sehen: Das Oberdeck des Busses ist bis auf den Verdächtigen menschenleer. Eine Unterführung, durch die ein anderer Verdächtiger rennt: bis auf ihn selbst leer. Der Außenbereich eines Gebäudes, vor dem ein weiterer angeblicher »Bomber« aufgenommen wurde: leer. Eine Toilette, auf der sich ein vierter, angeblicher Attentäter zum Händewaschen begibt: ebenfalls leer. Und das an einem Wochentag in der Millionenmetropole London! Dadurch bekommen die Fotos von den angeblichen Attentätern des 21. Juli etwas Künstliches.

Keine Übung war übrigens die gezielte Hinrichtung eines anscheinend völlig Unbeteiligten, des Brasilianers Jean Charles de Menezes, am nächsten Tag, dem 22. Juli. Aufgrund einer angeblichen Ähnlichkeit mit irgendeinem Verdächtigen wurde er auf seinem Weg in die U-Bahn verfolgt und eingekreist. Während er ganz friedlich auf seinem Sitz saß, wurde er plötzlich gepackt und erschossen. Der Ablauf spricht für sich. Im Verlauf einer halben Minute feuerten die Beamten insgesamt elfmal auf Menezes. Nach Angaben von Zeugen hielten sie dabei zweimal inne und begannen wieder aufs Neue.[53] Insgesamt wurde Menezes siebenmal aus nächster Nähe in den Kopf getroffen und einmal in die Schulter. Das heißt: Hier wollte jemand ganz sichergehen. Irgendwie erinnert dieser Vorgang an den Ablauf in Bad Kleinen (siehe Seite 174). Möglicherweise ging es darum, einen V-Mann der Polizei zum Schweigen zu bringen. Da der Mann aber offensichtlich nichts mit den Geschehnissen von London zu tun gehabt hatte, könnte es sein, daß ganz einfach eine Verwechslung vorlag. Das erste Mal wäre es nicht gewesen.

Ein Attentat in zehn Schritten

Die Website der Alex-Jones-Show prisonplanet.com (Ende März 2006 berühmt geworden durch den 9/11-kritischen Auftritt des Schauspielers Charlie Sheen; siehe nächstes Kapitel) hat folgendes Modell für die Terroranschläge von London entwickelt. Es heißt: »Ein inszenierter Terroranschlag in zehn Schritten«:

1. *Beauftragen Sie eine Krisenmanagement-Firma mit der Durchführung einer Übung, ähnlich der Terrorattacke, die Sie planen. Sorgen Sie dafür, daß die Übung exakt zu den Zeiten und an den Orten durchgeführt wird, wie die wirklichen Anschläge. Sollten Ihre Araber [bzw. Muslime; G. W.] in irgendeinem Stadium der Anschläge geschnappt werden, erklären Sie der Polizei, es handele sich um einen Teil einer Übung.*
2. *Heuern Sie vier Araber an, und erzählen Sie ihnen, sie nähmen an einer wichtigen Übung teil, um London vor Terrorangriffen zu schützen. Beladen Sie sie mit Rucksäcken voll tödlicher Sprengstoffe. Erzählen Sie den Arabern, die Rucksäcke enthielten falschen Sprengstoff und würden keiner Fliege etwas zuleide tun.*
3. *Befehlen Sie den Arabern, sich in der Londoner U-Bahn zu treffen und anschließend in verschiedene Richtungen auszuschwärmen, jeder in einem anderen Zug. Sorgen Sie dafür, daß sich die Araber an einem Ort treffen, wo sie mit einer Videokamera ein gutes Fahndungsfoto von ihnen schießen, das Sie später endlos wiederholen können, um die Massen vor den Fernsehschirmen zu befriedigen.*
4. *Während die vier Araber in London sind, spicken Sie ihre Häuser in Leeds und ihr abgestelltes Auto in Luton mit etwas Sprengstoff für die Polizei. Erinnern Sie sich an den Koran und das Flughandbuch im Auto der 9/11-Hijacker? Ja, man flog auf diesen Köder. Nicht nötig, die Taktik zu ändern.*

5. *Sorgen Sie dafür, daß Ihre Kumpels gewarnt werden, bevor die Bomben explodieren. Wenn das an die Presse durchsikkert, dementieren Sie es einfach.*
6. *Der vierte Araber macht die ganze Nacht Party und kommt erst spät aus dem Bett. Keine Sorge, die »Hijacker« des 11. 9. machten genau dasselbe, aber das machte keine großen Probleme. Der vierte Araber erwischt einen Bus, um zu schauen, ob die anderen auf ihn warten. Da hört er von den Explosionen in den Londoner U-Bahnen. Der vierte Araber kommt zu dem Schluß, daß es das ist, wozu er ausersehen ist und flippt aus. Er fängt an, an seinem Rucksack herumzufummeln. Der vierte Araber löst die Bombe aus und fliegt in die Luft. (…)*
7. *Nachdem die Bomben explodiert sind, behaupten Sie eine Stunde lang, es habe sich um eine elektrische Störung gehandelt. Das gibt Ihnen Zeit, sicherzustellen, daß der faule Bus-Araber tot ist und irgendwelche anderen Araber, die abtrünnig werden wollen, ebenfalls. Stellen Sie sicher, daß Videoaufnahmen, die Ihre Geschichte nicht unterstützen, beschlagnahmt oder zerstört werden.*
8. *Lassen Sie einen Ihrer Jungs einige Stunden nach den Bombenanschlägen ein »Al-Qaida-Statement« posten, das die Verantwortung übernimmt. Machen Sie sich keine Sorgen über die ganze Sache mit den falschen Koran-Zitaten, diese Idioten haben nicht die Aufmerksamkeitsspanne, es herauszufinden.*
9. *Nachdem Sie sichergestellt haben, daß alle Araber tot sind und Sie die Story entsprechend laufen lassen, warten Sie vier Tage, bis die Polizei die Geschichte zusammenpuzzelt und den Sprengstoff findet, den Sie in Leeds und in dem Auto in Luton deponiert haben. Erinnern Sie sich an den Koran und das Flughandbuch in dem Hijacker-Auto am 11. 9.? Haha, wie sie auf diesen Köder hereingefallen sind! Auch diesmal kein Grund, die Geschichte zu ändern. Die verstrichene Zeit-*

spanne wird das Publikum davon überzeugen, daß tatsächlich ermittelt wird. Kreieren Sie einen militant-muslimischen Hintergrund für die angeheuerten Araber. Die geifernden Massen werden wie im Fall der »9/11-Hijacker« Geschichten von Nachbarn ignorieren, die behaupten, sie seien ruhige, wohlerzogene Typen gewesen, die Kinder gemocht und Sport getrieben hätten. (…)

10. *Lehnen Sie sich zurück, und genießen Sie es, wie Blair und seine Lakaien sich vor den Fernsehkameras aufspielen und erklären, den Kurs im Krieg gegen den Terror zu halten. Der Gewinn steigt; extra Gelder für die Geheimdienste und die Macht, noch mehr Freiheiten und Rechte zu beschneiden, haben die zehn Schritte, einen Terrorangriff zu inszenieren, zu einem Unternehmen gemacht, das seine Anstrengung wert ist. Die Dutzenden von Toten waren ein unumgänglicher Kollateralschaden. Dies ist ein schmutziger Krieg, und wir müssen noch unmoralischer sein als die Terroristen, um sie zu besiegen.*[54]

Diese Version hat noch einige Brüche. Deshalb möchte ich einige Korrekturen vorschlagen. Die wichtigste: Ich glaube nicht, daß überhaupt »Bomber«, »Araber« oder »Muslime« mit Sprengstoff an Bord der U-Bahn-Züge oder des Busses waren. Und zwar, weil sie weder in glaubwürdigen Zeugenaussagen noch in Videoaufnahmen aus dem Bus und aus den Zügen (auch da gibt es Kameras) auftauchen. Auch konnten sie manche Züge überhaupt nicht erreichen. Schließlich ist auch die Identifizierung mit Vorsicht zu genießen. Zeugen erklären (außer dem seltsamen Mr. Jones und Danny Biddle), keine Attentäter gesehen zu haben. Außerdem haben sie wahrgenommen, daß die Bomben am oder unter dem Boden der U-Bahnen explodierten. Als Mastermind einer solchen Attacke würde man tatsächlich nicht im Ernst darauf vertrauen, daß vier Personen die Bomben exakt an jene Plätze bringen, an denen sie nach dem Drehbuch der gleichzeitig ablaufenden Übung unbedingt sein müssen! Nein, damit nichts schiefgehen kann, würde man die Bomben fest in die Züge oder die Tunnels und den Bus einbauen und hinterher vier verschollene Personen zu Attentätern erklären. Das Modell mit der Übung kann zudem das angebliche Bekennervideo von Mohammad Sidique Khan erklären. Denn wenn man den vier Auserwählten erzählt hat, sie würden an einer Übung teilnehmen, dann könnte es gut sein, daß sich einer von ihnen überreden ließ, im Rahmen dieser »Übung« auch ein nichtssagendes politisches Statement auf Video aufzunehmen. Wenn wir uns dieses Statement in Erinnerung rufen, dann fällt auf, daß es sich überhaupt nicht auf irgendwelche Aktionen oder Taten bezieht, sondern daß es sich um eine allgemein gehaltene politische Erklärung handelt. Zu einer derartigen Erklärung hätte sich ein nichtsahnender »Statist« möglicherweise leicht überreden lassen. Konkrete Orte oder Taten tauchten erst in dem »dazugeschnittenen« *Al-Sawahiri*-Statement auf. Ich bin also der Meinung, daß die angeblichen Attentäter des 7. Juli 2006 ganz einfach verschollen sind. Vielleicht, weil sie abgefangen wurden, bevor sie überhaupt an einen der Attentatsorte gelangen konnten – sofern sie das überhaupt wollten.

Wie auch immer: Die offizielle Geschichte des 7. Juli 2005 überzeugt genausowenig wie die oder des 11. März 2004, als in Madrid mehrere Bomben explodierten.

Zwar gäbe es noch mehr zu den Londoner Anschlägen zu sagen, zum Beispiel, daß

- Großbritannien selbst einige der radikalsten Islamisten schützt und beherbergt,
- am 7. Juli 2005 ausgerechnet der New Yorker »9/11-Bürgermeister« Rudolph Giuliani in London weilte (und damit zum zweiten Mal eine solche Anschlagsserie vor Ort miterlebte),
- neben dem gesprengten Bus vom Tavistock Square das Auto einer Firma für »Controlled Demolition« stand – so nennt man auf englisch die Sprengung von Gebäuden.

Allerdings würde dies den Rahmen des vorliegenden Buches sprengen. Und es würde an dem Befund nichts ändern, daß hinter den Londoner Anschlägen etwas ganz anderes steckt als das, was man der Öffentlichkeit erzählt.

Am 7. Juli 2005 verabschiedete der G8-Gipfel von Gleneagles folgende gemeinsame Erklärung:

1. Wir verurteilen diese barbarischen Angriffe aufs schärfste. Den Opfern und ihren Familien gilt unser tiefstes Mitgefühl. Alle unsere Länder haben unter den Auswirkungen des Terrorismus gelitten. Die für diese Taten Verantwortlichen haben keinerlei Achtung vor menschlichem Leben. Wir sind geeint in unserer Entschlossenheit, dem Terrorismus, der nicht nur einen Angriff auf eine Nation, sondern auf alle Nationen und auf zivilisierte Menschen überall darstellt, entgegenzutreten und ihn zu besiegen.
2. Wir werden es nicht zulassen, dass Gewalt unsere Gesellschaften und unsere Werte verändert. Wir werden es auch nicht zulassen, dass sie die Arbeiten auf diesem Gipfel stoppt. Wir werden unsere Beratungen im Interesse einer besseren Welt fortsetzen. Hier auf diesem Gipfel bemühen sich die führenden Politiker der Welt darum, die Armut weltweit zu bekämpfen, Leben zu retten und die menschlichen Lebensbedingungen zu verbessern. Diejenigen, die die Angriffe von heute verübt haben, sind auf die Zerstörung von Leben aus.
3. Die Terroristen werden keinen Erfolg haben.
4. Die heutigen Bombenanschläge werden unsere Entschlossenheit, die unseren Gesellschaften zugrundeliegenden Prinzipien, die uns so teuer sind, zu verteidigen und diejenigen zu besiegen, die uns allen ihren Fanatismus und Extremismus aufzwingen wollen, in keiner Weise schwächen. Wir werden am Ende siegreich sein, nicht sie.[55]

USA: Übung macht den Meister

Die Beispiele aus Spanien und Großbritannien haben es gezeigt: Es besteht der Verdacht, daß Terrorismus mitunter ein staatliches Ränkespiel zur Bekämpfung von inneren, vielleicht auch äußeren Feinden ist. Der Prototyp eines solchen Attentates waren im 21. Jahrhundert die Anschläge vom 11. September 2001. Seit Jahren tobt ein erbitterter Kampf um die Wahrheit in Sachen 9/11. Viele sehr gute, kritische Bücher und Filme sind dabei entstanden, wobei es zunächst einmal darum ging, die zahlreichen Widersprüche und Ungereimtheiten dingfest zu machen und zu dokumentieren. Ein zweiter Schritt muß darin bestehen, allmählich zum Kern der Verschwörung vorzudringen, die die Attentate des 11. 9. ermöglichte und durchführte. Genau das will von offizieller Seite natürlich mit allen Mitteln verhindert werden. Im Vorfeld des fünften Jahrestags der Attentate rollte eine Propagandawelle über uns hinweg, die sich nach Kräften bemühte, die offizielle Version der Ereignisse vom 11. 9. zu verteidigen. Und das ist aus Sicht der Regierung auch nötig. Denn in den USA nahm der Widerstand gegen den »Mythos 9/11« zu. Das Ende des Jahres 2005 und der Jahresbeginn 2006 waren von einer Art »amerikanischem Frühling« gekennzeichnet. An vielen Orten wurden Initiativen ins Leben gerufen und Aktionen durchgeführt, die die Bush-Version des 11. 9. in Bedrängnis zu bringen drohten. Wie in den sechziger Jahren in Sachen Vietnam gibt es mittlerweile sogar Protestsongs gegen die Bush-Regierung. Ein Beispiel ist das neue Album von Neil Young. Der Altrocker bzw. »Grunger« kann als Paradebeispiel für das erwachende Amerika gelten. Nachdem er zunächst die offizielle Version geteilt und Konzerte wie »A tribute to heroes« gegeben und Stücke wie »Let's roll« geschrieben hatte, distanziert er sich inzwischen von seinem Engagement nach dem 11. 9. 2001. 2006 sang er mit seinem Album »Living with war« und Titeln wie »Let's impeach the president« gegen die US-Regierung an.[1]

Anfang des Jahres 2006 gründete sich auch eine Wissenschaftlergruppe namens *Scholars For 9/11 Truth* (Wissenschaftler für die Wahrheit über den 11. 9.).[2] Der Physiker Steven E. Jones von der Brigham Young Universität in Utah hatte sozusagen als Startkapital eine Analyse der Sprengung des World Trade Centers eingebracht.[3] Darin entfaltete er ähnliche Gedankengänge wie ich in den entsprechenden Kapiteln meines Buches *Operation 9/11*. Aus ursprünglich fünfzig Mitgliedern – Wissenschaftler aus allen Fachgebieten – wurden innerhalb weniger Monate über zweihundert kritische Akademiker, die die offizielle Version in Zweifel ziehen. Mit ihrer Internetseite www.scholarsfor911truth.org wurde eine kompetente wissenschaftliche Ressource über die Ungereimtheiten des 11. 9. eingerichtet. Worauf Skeptiker der offiziellen Version seit viereinhalb Jahren warten, nämlich daß die akademische Welt endlich aufwachen und ihre Zweifel äußern würde, war endlich geschehen. Hierzulande, in Deutschland, befindet sich die akademische Welt nach wie vor in einem devoten Tiefschlaf.

Die Bedeutung von S911T, so das Kürzel der Gruppe, läßt sich gar nicht hoch genug einschätzen, denn ab sofort ist es nicht mehr möglich, die kritischen Theorien zum 11. 9. als das Geschwätz von Außenseitern und »Spinnern« abzutun – es reicht ein Blick auf deren Website, die nicht nur wichtige Studien und Papiere beinhaltet, sondern auch faszinierende Videosequenzen.

Zu den Mitgliedern von S911T gehören neben Professor Jones und vielen anderen:

- Philip J. Berg, früher stellvertretender Generalstaatsanwalt, heute ein Rechtsanwalt, der Hinterbliebene und Betroffene in Sachen 9/11 vertritt; er verklagte im Auftrag der Witwe Ellen Mariani George W. Bush, Dick Cheney und über fünfzig weitere Beschuldigte mit Hilfe des Anti-Bandengesetzes RICO (Racketeer Influenced & Corrupt Organizations) Act;

- Dr. Robert M. Bowman, Exdirektor des Raketenabwehrprogramms der Vereinigten Staaten, diplomierter Luftfahrt- und Nuklearingenieur, hochdekorierter Kampfpilot;
- Dr. Andreas von Bülow, früherer deutscher Verteidigungsstaatssekretär, Forschungsminister, Geheimdienstkontrolleur und Buchautor *(Die CIA und der 11. September)*;
- Webster Griffin Tarpley, Historiker, Bush-Biograph und 9/11-Autor *(9/11 – Synthetic Terror)*.

Am 22. März 2006 blies der Bush-Regierung einmal mehr scharfer Gegenwind ins Gesicht. Es war gar nicht sosehr der Umstand, daß sich mit Charlie Sheen ein äußerst populärer Hollywood-Schauspieler (*Platoon, Wall Street, Die drei Musketiere, Scarie Movie* u. a.) zu Wort gemeldet und die offizielle Version des 11. 9. 2001 in Zweifel gezogen hatte. Es ging vielmehr darum, wo er das getan hatte – nämlich in dem halbamtlichen Mainstream-Fernsehsender CNN. Dort ließ ihn zur besten Sendezeit die beliebte Fernsehshow »Showbiz Tonight« zu Wort kommen – indem sie ein wahres Sakrileg beging: Sie strahlte ein Interview aus, das Sheen in der Alex-Jones-Show gegeben hatte, deren Namensgeber seit Jahren hartnäckig nach den wahren Hintergründen des 11. 9. recherchiert. So erfuhren die Zuschauer nicht nur von Charlie Sheen und seinen Zweifeln an der offiziellen Version des 11. 9., sondern auch gleich noch von der Existenz der Alex-Jones-Show, um die die Mainstream-Medien normalerweise einen großen Bogen machen. In dem von CNN übernommenen Interview stellte Sheen einige der gängigsten Fragen über die Attentate des 11. 9.:

- Wie konnte ein großes Passagierflugzeug am Pentagon mit einer Geschwindigkeit von fünfhundert Meilen pro Stunde eine 270-Grad-Steilkurve fliegen, um dann im Tiefflug in das Gebäude einzuschlagen?
- Warum sah die zweite Maschine (angeblich Flug United Air-

lines 175), die ins World Trade Center einschlug, gar nicht wie ein Passagierflugzeug aus?

- Wie konnten es einige arabische Hijacker schaffen, vier Airliner zu kapern und damit drei Viertel ihrer anvisierten Ziele (die beiden World-Trade-Center-Türme und das Pentagon) treffen?

Sheen kam zu dem Schluß, den auch schon die meisten 9/11-Skeptiker gezogen hatten: Die offizielle Version des 11. 9. ist die eigentliche Verschwörungstheorie.[4]

Nach einer kurzen Diskussion über Sheens Thesen mit zwei Studiogästen äußerte CNN-Gastgeber A. J. Hammer die bahnbrechende Aufforderung: »Ich hoffe, die Leute werden versuchen, mehr Informationen einzuholen, weil ich glaube, daß es eine Menge von unbeantworteten Fragen gibt.« Das war in etwa so, als hätte die *Prawda* in den achtziger Jahren plötzlich die Frage gestellt, ob es sein könnte, daß das Politbüro vielleicht Dreck am Stecken hat.

»Es ist, als hätten Sie und ich eine Revolution vom Zaun gebrochen. Gott segne Amerika«, sagte Sheen zu den Reaktionen auf seine Äußerungen. Die Resonanz auf Sheens Thesen war so groß, daß »Showbiz Tonight« an zwei weiteren Abenden auf das Thema einging. Als Sahnehäubchen schaltete die Show auf ihrer Website eine Umfrage: »Stimmen Sie mit Charlie Sheen darin überein, daß die US-Regierung die wirklichen Geschehnisse des 11. 9. vertuschte?« Ergebnis: 84 Prozent Ja-Stimmen, 16 Prozent Nein-Stimmen (Stand 26.3.06).

Ein böser Schlag für alle Mainstream-Medien, zu denen normalerweise auch CNN gehört. Aber das Imperium schlug zurück. So verlegte CNN die Show zur Strafe prompt von 19.00 auf 23.00 Uhr abends.

Nur wenige Wochen zuvor hatte es bereits einen anderen spektakulären Auftritt von 9/11-Skeptikern in den etablierten Medien gegeben, damals ausgerechnet auf dem regierungstreuen Sender Fox TV. Ein regionaler Ableger des Senders namens Fox

40 brachte einen großen Bericht über die kritische 9/11-Dokumentation »Loose Change« (deutsch etwa: Beginnender Wandel), die die Fälschungen des 11. 9. Stück für Stück auseinandernimmt. Am Ende des Beitrags stellte der Fox-40-Autor die Website von Loose Change vor und wies sogar auf den Link hin, unter dem man die Dokumentation bestellen kann.[5]

Anfang April 2006 setzte es den nächsten Schlag: Ausgerechnet ein von George W. Bush persönlich ausgezeichneter Held des 11. 9. ging stiften: ein ehemaliger Hausmeister des World Trade Centers namens William Rodriguez. Im Besitz eines Zentralschlüssels für die Treppenhäuser des Nordturms, rettete Rodriguez am 11. 9. eigenhändig fünfzehn Menschenleben und öffnete die Treppenhäuser für die Feuerwehr. Nicht weniger als drei Mal kehrte er in den brennenden Turm zurück, bevor dieser plötzlich und unerwartet in sich zusammenbrach. Rodriguez rettete sich mit einem Sprung unter einen Löschzug. Damit war er ein Held ganz nach dem Geschmack von George W. Bush, der ihn 2002 dann auch prompt ins Weiße Haus einlud, wo Rodriguez zum Nationalhelden gekürt wurde. Nur dumm, daß das Bild, das dieser Nationalheld vom 11. 9. zeichnete, mit der offiziellen Version so gar nicht übereinstimmen wollte. Denn Rodriguez bestand darauf, im Nordturm des World Trade Centers mehrere Explosionen gehört zu haben – und zwar vor und nach dem Flugzeugeinschlag.[6]

Rodriguez erzählte dies auch der offiziellen Untersuchungskommission, deren Vorsitzender Thomas Kean von George W. Bush persönlich ernannt worden war. Natürlich fand Rodriguez kein Sterbenswörtchen von seinen Aussagen in dem 568-Seiten-Report der Kommission wieder. Als ihm immer klarer wurde, daß seine Geschichte alles andere als erwünscht war, verklagte auch er die Bush-Regierung. Ende März/Anfang April 2006 reiste er außerdem nach Venezuela, wo er zusammen mit der dortigen Bush-kritischen Regierung eine internationale Untersuchungskommission gründen will – ein Supergau für die Bush-Administration.

Die offenen Flanken der offiziellen Version

Eines der Hauptprobleme der Regierungsversion besteht in den diversen Flugzeug-Phantomen, die am Tag der Attentate durch die Gegend vagabundierten und abstürzten, ohne Wracks zu hinterlassen. Es gibt im Zusammenhang mit dem 11. September 2001 also nicht nur menschliche, sondern auch technische Phantome, vor allem die vier Flugzeuge, die für die Attentate benutzt worden sein sollen. Zwei der Flugzeuge sind überhaupt nicht wieder aufgetaucht, und zwar Flug American Airlines 77, der ins Pentagon gestürzt sein soll, und Flug United Airlines 93, der in Pennsylvania aufgeschlagen sein soll. Am 16. Mai 2006 versuchte die US-Regierung daher einen Befreiungsschlag. Jedenfalls versprach an diesem Tag die Website der Antikorruptionsorganisation *Judicial Watch* etwas sehr Spektakuläres: einen Überwachungsfilm des Pentagon, auf dem man erkennen könne, wie eine Boeing 757 in das Verteidigungsministerium eingeschlagen sei – bisher nie gesehene Bilder. Die Organisation wollte unter Zuhilfenahme des amerikanischen Informationsfreiheitsgesetzes (FOIA) an die Aufnahmen gekommen sein, was ganz so klang, als hätten aufrechte Kämpfer für die Demokratie dem finsteren Pentagon brisante Informationen entrissen. Und das steigerte die Spannung enorm. Doch in Wirklichkeit kreißte der Berg und gebar eine Maus. Ich staunte nicht schlecht, als ich in den angeblich sensationellen Aufnahmen jene Bilder wiedererkannte, die ich und andere schon vor Jahren auf Websites und in Büchern veröffentlicht hatten. Statt lediglich fünf Einzelbilder hatte das Pentagon nun den ganzen Film veröffentlicht, auf dem man schon damals beim besten Willen keine Boeing 757 erkennen konnte. Zusätzlich hatte das Verteidigungsministerium einen zweiten Film freigegeben, dessen Perspektive sich vom ersten jedoch kaum unterschied – die Überwachungskameras waren wohl nur wenige Meter voneinander entfernt. Und das bedeutet, daß auch der zweite Film das Geschehen nur aus sehr großer Entfernung zeigte. Allein was das Pentagon nicht veröffentlichte, sprach Bände: nämlich all die Filme, die von wesentlich besser positionierten Kameras aufgenommen worden sein mußten und das in das Gebäude einschlagende Objekt in bester Qualität zeigen müßten. Anhand der beiden nun offiziell veröffentlichten Filme ließ sich nach wie vor nur der Negativ-Beweis antreten, daß ganz sicher keine Boeing 757 in das Pentagon eingeschlagen war. Dafür war das sichtbare Objekt viel zu klein, und außerdem zog es einen weißen Rauchschweif hinter sich her, was ein großer Jet niemals tun würde.[7] Nichts drin, nichts dran, nichts drauf: Auch die *Scholars For 9/11 Truth* nannten die neuen Pentagon-Videos »ein Fiasko«. Alle Zweifel seien durch sie nur verstärkt worden.[8]

Während die meisten 9/11-Forscher das Objekt nur *vor* dem Einschlag identifiziert hatten, als es noch einen weißen Rauchschweif hinter sich herzog, habe ich in meinem Buch *Mythos 9/11* Bilder des Objekts *nach* dem Aufprall auf das Gebäude gezeigt. Es ist nämlich nicht so, daß sich am Pentagon überhaupt kein Flugzeug befand – es handelte sich nur nicht um eine große Verkehrsmaschine vom Typ Boeing. Bei näherer Betrachtung stellte sich heraus, daß das relativ kleine Flugobjekt nicht in das Gebäude eingeschlagen, sondern von der Mauer zurückgeprallt war, wie ein Spielzeugflugzeug von der Wohnzimmerwand. Das bedeutet, daß es sich um einen sehr leichten und gleichzeitig sehr festen Rumpf gehandelt haben muß, der bei dem Aufprall die Form behielt.

Inzwischen ist es mir gelungen, das Objekt noch besser herauszuarbeiten. Man sieht es nur auf zwei Bildern der damaligen (und nun im Rahmen des vollständigen Filmstreifens erneut veröffentlichten) Fünfer-Serie, und zwar auf den Bildern 4 und 5.

Auf dem ersten Bild sieht man den Rumpf nach oben ragen, in einem Neigungswinkel von etwa sechzig Grad. Der Feuerball tritt auf der linken Seite Richtung Pentagon aus. Am oberen Rumpfende ist das Seitenleitwerk zu erkennen. Auf Bild 5 der Fünfer-

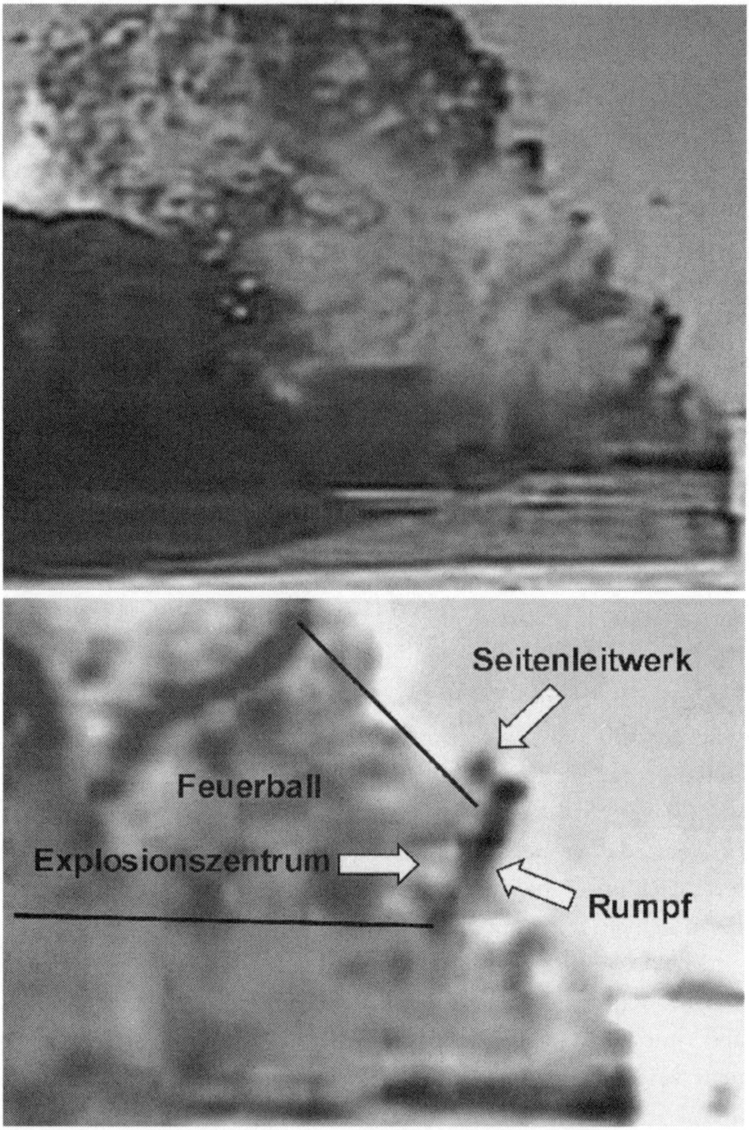

Bild 4 aus dem Pentagon-Überwachungsfilm (vergrößert und stark vergrößert): Das zigarrenförmige Objekt bäumt sich nach dem Aufprall mit dem Heck voran nach oben auf, der vordere Rumpf zeigt nach unten, das Seitenleitwerk nach oben. Der Feuerball geht vom Rumpf aus.

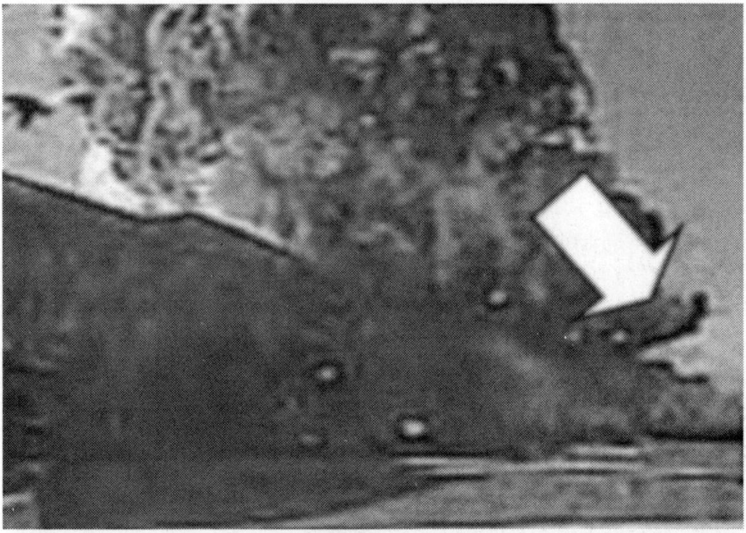

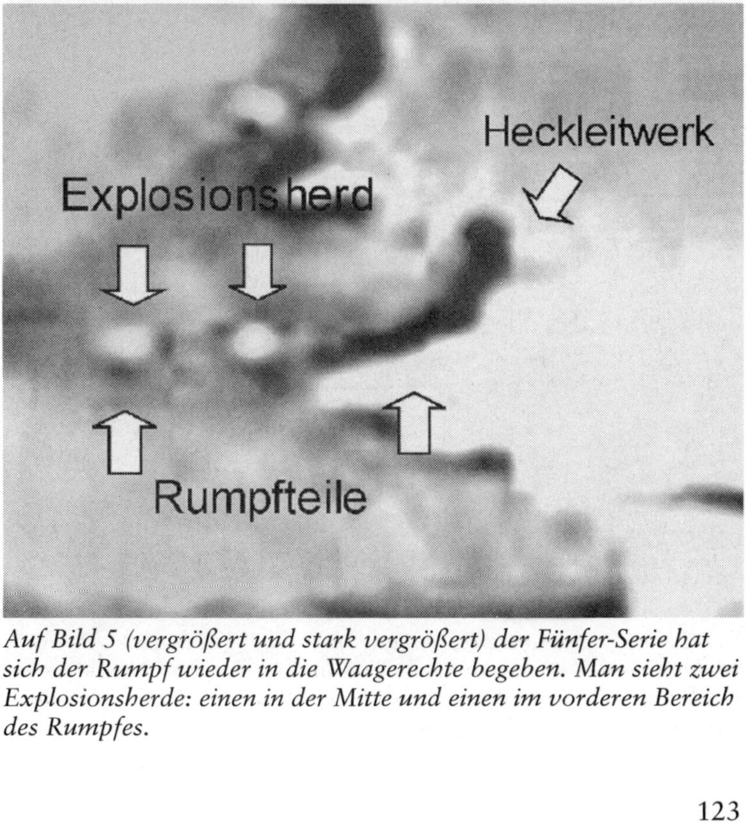

Auf Bild 5 (vergrößert und stark vergrößert) der Fünfer-Serie hat sich der Rumpf wieder in die Waagerechte begeben. Man sieht zwei Explosionsherde: einen in der Mitte und einen im vorderen Bereich des Rumpfes.

Serie hat sich der Rumpf wieder in die Waagerechte begeben. Man sieht zwei Explosionsherde: einen in der Mitte und einen im vorderen Bereich des Rumpfes. Das bedeutet, daß eine kleine Maschine, wahrscheinlich in Glasfaserbauweise, auf die Wand des Pentagon prallte. Zuvor hatte sie vermutlich eine oder mehrere Raketen abgeschossen, die die Zerstörungen im Inneren des Verteidigungsministeriums verursachten.

2005 lieferte der Zufall noch einen weiteren Beweis nach, nämlich ein Flugzeug, das wirklich in ein Gebäude raste und dabei typische Spuren verursachte, wie man sie am Pentagon vergeblich suchte. Die folgende maßstabsgetreue Fotomontage einer Boeing 757 vor dem beschädigten Pentagon zeigt, wo die Maschine beim Einschlag hätte Spuren hinterlassen müssen, unter anderem durch die Tragflächen, die wie zwei Sensenblätter in die Fassade hätten einschlagen müssen. Doch die Außenwand des

Ein Behälter, wie er zum Transport von ferngesteuerten Drohnen verwendet wird, wird weggetragen.

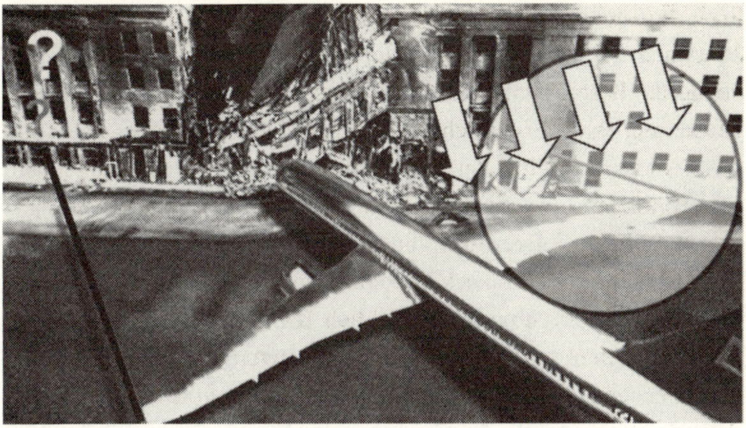

Das Pentagon nach dem »Aufprall« der Boeing 757 (Montage): Wo sind die Spuren der Tragflächen?

Flugzeugaufprall auf ein Gebäude in New Jersey am 2. Februar 2005. So sieht eine Fassade nach der Beschädigung durch Flugzeugtragflächen aus.

Pentagon zeigte keinerlei Spur von einem Aufprall der Tragflächen.

Die zweite Abbildung kennen Sie wahrscheinlich noch nicht. Flugzeuge kollidieren äußerst selten mit Gebäuden, und wenn, dann noch seltener so, daß sich der Fall mit dem behaupteten

Ereignis am Pentagon vergleichen ließe. Aber am 2. Februar 2005 raste ein Businessjet vom Typ Bombardier Challenger CL-600 ohne abzuheben über die Startbahn des Flughafens Teterboro/New Jersey hinaus, durchbrach einen Zaun, rammte mehrere Autos auf einer Straße und krachte schließlich in ein Lagerhaus.[9]

Und siehe da: Der Unfall bestätigte voll und ganz, was erstens für den gesunden Menschenverstand offensichtlich ist und was 9/11-Skeptiker zweitens schon immer behauptet haben: Die Tragflächen hätten in der Fassade des Verteidigungsministeriums deutliche Spuren hinterlassen müssen, ähnlich wie die Tragflächen dieses Geschäftsflugzeugs in dem betroffenen Lagerhaus in New Jersey. Auch wenn das Pentagon wesentlich stabiler gebaut ist als ein Lagerhaus, hätte zumindest der Putz erheblichen Schaden nehmen müssen.

Das Verteidigungsministerium schaffte es also auch fünf Jahre nach dem 11. September 2001 nicht, überzeugende Beweise für die behauptete Boeing-Katastrophe herbeizuschaffen – im Gegenteil, der Eindruck, daß hier keine Boeing eingeschlagen war, verfestigte sich.

Widersprüchliches liefert auch nach wie vor die offizielle Version vom angeblichen Absturz des Fluges United Airlines 93 in Pennsylvania. Der Bürgermeister des nahegelegenen Örtchens Shanksville hatte in einer Fernsehdokumention mir gegenüber behauptet, an der Absturzstelle habe sich »no airplane« befunden. In meinem Buch *Mythos 9/11* habe ich zahlreiche gleichlautende Zeugenaussagen zusammengetragen.

Am 12. April 2006 startete die US-Regierung einen Befreiungsschlag in Sachen Flug United Airlines 93, indem sie bei dem Prozeß gegen einen angeblichen Mitverschwörer des 11. 9., Zacarias Moussaoui, die Tonbandabschrift des Cockpit-Voice-Rekorders (CVR) von Flug Unites Airlines 93 präsentierte.[10] Diese angebliche Aufnahme des Cockpit-Voice-Rekorders war bis dahin zurückgehalten worden. Nur die Hinterbliebenen der

Wo ist Flug United Airlines 93?

angeblich mit der Maschine abgestürzten Passagiere durften sie hören – allerdings mit der Auflage, nichts über den Inhalt nach außen dringen zu lassen. Womit die Aufzeichnung auch weiterhin als Verschlußsache behandelt wurde. Nur dem Vernehmen nach war zu erfahren, daß die Hinterbliebenen aus dem »Band« (in Wirklichkeit handelt es sich heute meistens um einen Chip) nicht recht schlau geworden waren. Unter anderem, so hieß es, hätten sie ihre Angehörigen auf dem Tonband nicht wiedererkannt, obwohl sich die Passagiere mit den Hijackern einen lautstarken Kampf um die Kontrolle des Flugzeugs geliefert haben sollen.[11]

Skeptiker der offiziellen Version haben diese angebliche Voice-Rekorder-Aufnahme schon immer mit Mißtrauen betrachtet, unter anderem deshalb, weil am angeblichen Unfallort eben keine identifizierbaren Wrackteile der Boeing 757 gefunden worden waren. Auch nicht das Heck, in dem sich Flugschreiber und

Wo ist das Heck? Gespenstische Leere an der angeblichen Absturzstelle von Flug United Airlines 93 in Pennsylvania.

Bergung der Heckflosse nach dem Absturz von Flug American Airlines 587 am 12. November 2001 in New York.

Voice-Rekorder befinden. Und das, obwohl das Heck meist »überlebt«, weil Rumpf und Tragflächen die Aufprallenergie abfangen.

Wie gut das Heck und/oder seine Teile normalerweise erhalten bleiben, konnte man fast auf den Tag genau zwei Monate später beobachten, als am 12. November 2001 ein Airbus von American Airlines nahe des New Yorker Flughafens JFK abstürzte. Da konnte die Heckflosse beinahe unzerstört geborgen werden.[12] Von der »Absturzstelle« in Pennsylvania jedoch tauchte kein Bild einer Heckflosse auf.

Woher also stammte der Cockpit-Voice-Rekorder, dessen Aufnahme den Prozeßbeteiligten in der Verhandlung Vereinigte Staaten von Amerika gegen Zacarias Moussaoui am 12. April 2006 vorgespielt wurde? Dies ist zwar eine gute Frage, doch wie so viele andere Fragen im Zusammenhang mit den Attentaten des 11. 9. wurde auch sie nicht gestellt.

Medien, die wegen ihrer kritiklosen Berichterstattung über die Attentate des 11. 9. schon in Bedrängnis geraten waren, hatten es enorm eilig, die Abschrift auf ihre Website zu stellen. Das hätten sie besser nicht getan, denn die Abschrift – und damit sehr wahrscheinlich auch die Aufzeichnung – ist eine groteske Fälschung. Ich stelle hier nur drei Beispiele aus der Abschrift vor: vom Anfang, aus der Mitte und vom Schluß des Dokuments.[13]

Am Anfang des Papiers fehlt alles, was man von einem solchen Dokument verlangen muß:

1. das Datum des Unfalls
2. die Uhrzeit des Unfalls
3. der Ort des Unfalls
4. die Identifizierungsnummer der Maschine (N591UA, denn »Flug 93« ist natürlich keine genaue Bezeichnung für die betroffene Maschine)

5. das Datum der Abschrift
6. die Behörde, die die Abschrift angefertigt hat (»Government«, also »Regierung« ist eine auffallend ungenaue Quellenangabe)
7. der Name der/des untersuchenden Beamten
8. die Unterschrift der/des untersuchenden Beamten.

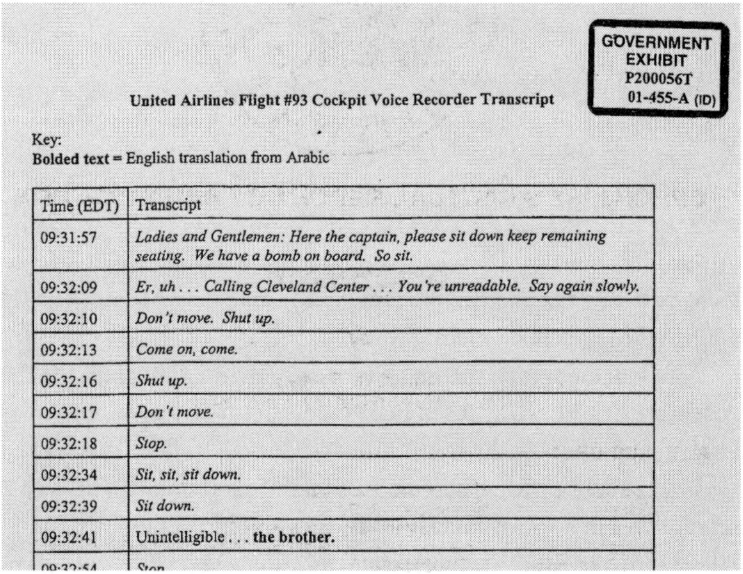

GOVERNMENT EXHIBIT
P200056T
01-455-A (ID)

United Airlines Flight #93 Cockpit Voice Recorder Transcript

Key:
Bolded text = English translation from Arabic

Time (EDT)	Transcript
09:31:57	*Ladies and Gentlemen: Here the captain, please sit down keep remaining seating. We have a bomb on board. So sit.*
09:32:09	*Er, uh . . . Calling Cleveland Center . . . You're unreadable. Say again slowly.*
09:32:10	*Don't move. Shut up.*
09:32:13	*Come on, come.*
09:32:16	*Shut up.*
09:32:17	*Don't move.*
09:32:18	*Stop.*
09:32:34	*Sit, sit, sit down.*
09:32:39	*Sit down.*
09:32:41	Unintelligible . . . **the brother.**
09:32:54	*Stop*

Angebliche Abschrift des Cockpit-Voice-Rekorders von Flug United Airlines 93: Kein Ort, kein Datum, keine Uhrzeit, keine ID des Flugzeugs, kein Name des Sachbearbeiters usw.

Die angebliche Abschrift des Cockpit-Voice-Rekorders kann demnach mit keinem bestimmten Unfall an einem bestimmten Ort, zu einem bestimmten Datum und mit einem bestimmten Flugzeug in Verbindung gebracht werden. Zum Vergleich hier Auszüge aus dem Titel einer echten Cockpit-Voice-Rekorder-Abschrift:

NATIONAL TRANSPORTATION SAFETY BOARD
Vehicle Recorders Division
Washington, D.C. 20594

SPECIALIST'S FACTUAL REPORT OF INVESTIGATION

DCA02MA001

by

Albert G. Reitan
Transportation Safety Specialist

A. ACCIDENT

Location:	Belle Harbor, New York
Date:	November 12, 2001
Time:	0917 eastern standard time (EST)
Aircraft:	American Airlines, flight 587, Airbus A-300-605R, N14053
NTSB Number:	DCA02MA001

Mit Brief und Siegel: Echte Cockpit-Voice-Rekorder-Abschriften enthalten Angaben über die ausstellende Behörde, den zuständigen Beamten, über Ort und Datum des Unfalls sowie den Typ der Maschine u.a.m.

Auch der weitere Verlauf der Abschrift zeigt, daß es sich nicht um eine echte Cockpit-Voice-Rekorder-Abschrift handeln kann. Anders als eine echte Abschrift schlüsselt das Dokument überhaupt nicht auf, von welchem der vielen Bordmikrophone die jeweilige Aufzeichnung stammt.

09:32:10	*Don't move. Shut up.*
09:32:13	*Come on, come.*
09:32:16	*Shut up.*
09:32:17	*Don't move.*
09:32:18	*Stop.*
09:32:34	*Sit, sit, sit down.*
09:32:39	*Sit down.*
09:32:41	Unintelligible . . . **the brother.**
09:32:54	*Stop.*

0849:16 **HOT-2**	he's a @.... he's on the inside, very much so.... he still goes down, you know, DDR, doing you know.... whatever.... he's very much on the inside. trust me, when friggin has a problem he goes.... this guy did this or whatever. call @ man. @ got a friggin wealth of knowledge sitting there. it's like @.... except that there's a wealth of knowledge on how to give things back which we shouldn't have been tapping.
0849:54 **CAM-1**	what?
0849:57 **HOT-2**	@ was calling up @. you know we were paying @? this # union didn't even tell us way back then.
0850:02 **CAM-1**	is that right?
0850:03 **HOT-2**	oh yeah. @ was hired as a consultant. and taken off flight... no one told us about that.
0850:15	

Falsche (oben) und echte (unten) Abschrift eines Voice-Rekorders. In dem echten Transkript wird genau aufgeschlüsselt, von welchem der vielen Bordmikrophone die Aufzeichnung stammt. CAM heißt beispielsweise Cockpit Area Microphone. Diese Angaben fehlen in der falschen Abschrift.

Am Ende der Abschrift dasselbe Bild, auch hier stimmt nichts. Zum Beispiel hört man im Cockpit einer abstürzenden Maschine nicht nur menschliche Stimmen, sondern auch Computerstimmen, die allerlei Warnungen von sich geben, insbesondere, wenn es sich um einen Sturzflug mit anschließendem Crash handelt, wie im Fall von Flug United Airlines 93. Zum Beispiel »Sink Rate!« bei zu schnellem Sinken, »Terrain!« und/oder »Pull up!« bei bedrohlicher/zu schneller Annäherung an den Boden. Nichts davon findet sich in der angeblichen Abschrift von Flug 93. Dort scheint es ein arabisches Ground Proximity Warning System (GPWS) zu geben. Es ruft immer »Allah ist der Größte«.

10:03:04	**Allah is the Greatest.**
10:03:06	**Allah is the Greatest.**
10:03:06	**Allah is the Greatest.**
10:03:07	*No.*
10:03:09	**Allah is the Greatest. Allah is the Greatest.**
10:03:09	**Allah is the Greatest. Allah is the Greatest.**

	CAM	Da La.
	GPWS	Terrain.
12:05:52	F/O	Pull it up, too low!
12:05:53	CAM	Whoop, Whoop, Pull up, Da La, Da La, Da La.
12:05:55	CAM	Whoop Whoop Da La, Pull Up.
12:05:57	CAM	Whoop. Whoop, Pull
12:05:58	CAM	Da La.
		(End of Recording)

In der Abschrift von Flug 93 (oben) steht nichts, was normalerweise zu erwarten wäre. Zum Beispiel Warnmeldungen der Bordcomputer (siehe unten).

Das heißt: Es gab nie einen Absturz einer Boeing 757 bei Shanksville, Pennsylvania. Denn sonst müßte es eine ordnungsgemäße und plausible Cockpit-Voice-Rekorder-Abschrift geben. Der Absturz von Shanksville/Pennsylvania wird durch diese »Abschrift« aber nicht bestätigt. Flug United Airlines 93 und der Absturz der Maschine bleiben ein Phantom. Und es heißt auch, daß der Hollywood-Film »Flug 93« von Paul Greengrass, der im Frühjahr 2006 auf den Markt kam und das heldenhafte Vorgehen der Passagiere verherrlicht, nichts weiter als pure Phantasie ist.

Offenbar also fühlen sich die US-Behörden so in die Enge getrieben, daß sie sich gezwungen sehen, nach Jahren der Beweisunterdrückung nun gefälschte Beweise zu präsentieren. Eine echte Verzweiflungstat. Wer mehr darüber wissen möchte, sollte einmal bei http://www.tailstrike.com/in der dortigen Datenbank mit Abschriften von Cockpit-Voice-Rekordern stöbern. Das ist äußerst spannend, und außerdem bekommt man dabei eine Vorstellung, wie die Abschriften von Cockpit-Voice-Rekordern wirklich aussehen. Achten Sie besonders auf die pdf-Originaldokumente der Untersuchungsbehörden.

Was alle Zweifler nach wie vor bewegt, ist jedoch die Frage, wo die Originalmaschinen, wenn sie denn nicht an den angegebenen Orten abgestürzt sind, hingekommen sein könnten. Geht man davon aus, daß hier tatsächlich »echte«, das heißt nichtsahnende Passagiere an Bord waren, ist diese Frage mehr als berechtigt. Und in der Tat: Es gibt eine vage Spur – den Bericht eines lokalen Fernsehsenders aus Cincinnati mit dem Namen WCPO. Ruft man heute indes die Website mit dem Bericht auf, bekommt man lediglich folgende Meldung:

»Dieser Artikel wurde von WCPO.com entfernt. Es handelte sich um einen vorläufigen AP-Bericht [AP = Associated Press, G.W.], der sachlich falsch war.«[14] Aber wenn diese Information so falsch war, warum stand sie dann geschlagene drei Jahre lang auf der WCPO-Website? Worum ging es also bei diesem Bericht?

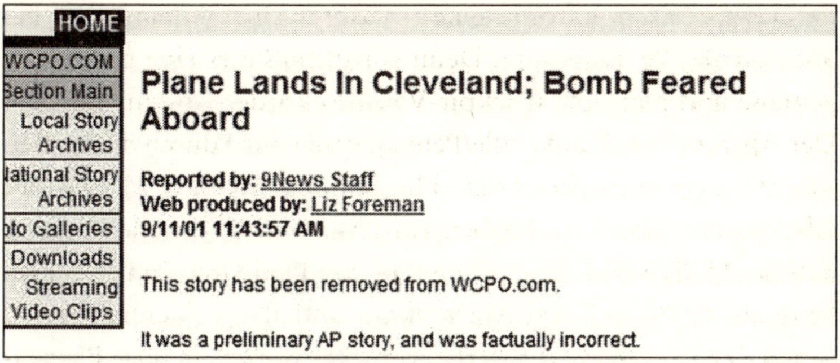

HOME
WCPO.COM
Section Main
Local Story Archives
National Story Archives
Photo Galleries
Downloads
Streaming Video Clips

Plane Lands In Cleveland; Bomb Feared Aboard

Reported by: 9News Staff
Web produced by: Liz Foreman
9/11/01 11:43:57 AM

This story has been removed from WCPO.com.

It was a preliminary AP story, and was factually incorrect.

»Flugzeug landete in Cleveland«? Artikel gelöscht. Der Große Bruder behauptet etwas anderes.

Der Überschrift kann man nur noch entnehmen, daß es um ein Flugzeug ging, das just am 11. September 2001 auf dem Flughafen Cleveland gelandet sei, und daß eine Bombe an Bord vermutet wurde. Das könnte ja tatsächlich heißen, daß eine der mysteriösen Maschinen »mit der Bombe an Bord« gar nicht abgestürzt, sondern wohlbehalten gelandet ist. Und das wiederum würde bestens zu den »leeren« Unfallstellen am Pentagon und in Pennsylvania passen. Und es könnte bedeuten, daß in das World Trade Center tatsächlich nicht die ursprünglich gestarteten Flüge American Airlines 11 und United Airlines 175 einschlugen. Zum Glück hatten einige 9/11-Skeptiker den Bericht gespeichert, bevor er gelöscht wurde. Darin heißt es, am 11. 9. sei eine aus Boston kommende Boeing 767 in Cleveland notgelandet, nachdem man an Bord eine Bombe vermutet hatte. Die Journalisten berufen sich dabei auf keinen Geringeren als den Bürgermeister von Cleveland, Michael R. White: »White sagte, das Flugzeug sei in einen sicheren Bereich des Flughafens gebracht und dort evakuiert worden.« Interessant – also genau das, was beispielsweise die Operation Northwoods vorsah (siehe mein Buch *Operation 9/11):* Die besetzten Maschinen werden in der Luft gegen leere Drohnen ausgetauscht, anschließend gelandet und evakuiert. Aber um was für eine Maschine soll es sich dabei gehandelt haben? Laut Journalisten-Bericht habe United Airlines noch am Morgen des 11. September erklärt, es habe sich um Flug United Airlines 93 gehandelt. Das aber kann nicht stimmen, denn derselbe Bericht behauptet, das Flugzeug sei eine Boeing 767 gewesen. Flug United Airlines 93 aber soll eine Boeing 757 gewesen sein. Außerdem wird in dem Artikel mitgeteilt, die Maschine sei in Boston gestartet. Auch das trifft auf Flug United Airlines 93 nicht zu. Die einzige United Airlines 767, die an diesem Morgen in Boston gestartet war, um wenig später vermißt zu werden, war Flug United Airlines 175, der angeblich in den Südturm des World Trade Centers einschlug. Genau da ist er aber nie angekommen, wie unter anderem Fotos des einschlagenden Flugzeuges beweisen.[15] Falls dieser Flug wirklich in Cleveland gelandet sein sollte, wäre dies eine Sensation. Und vor allem würde es die These bestätigen, daß die ursprünglich gestarteten Maschinen nicht abgestürzt sind, sondern unauffällig aus dem Verkehr gezogen wurden, um im Fall des World Trade Centers durch ferngelenkte Maschinen ersetzt zu werden. Was mit den Passagieren passiert ist, beantwortet dies freilich noch nicht. Waren nur Statisten an Bord? Oder wurden echte Passagiere nach der Landung beseitigt?

Marvin B. geht nicht ans Telefon

Die Ereignisse vom 11.9. weisen vor allem auch auf ein Sicherheitsproblem hin. Auf geheimnisvolle Weise müssen verschiedene Sicherheitssysteme außer Kraft gesetzt worden sein, sonst wären die Anschläge nicht möglich gewesen. Zum Beispiel muß irgend etwas bewirkt haben, daß an diesem Tag Verkehrsmaschinen, die ohne Genehmigung und ohne Funkverbindung vom Kurs abwichen, nicht wie vorgesehen von Kampfjets abgefangen wurden. Statt dessen konnten sie längere Zeit unbehelligt im US-Luftraum herumkurven. Aber auch andere Sicherheitssysteme müssen versagt haben, zum Beispiel im World Trade Center, denn anders wäre es wohl nicht möglich gewesen, die beiden Türme und das Gebäude

Nr. 7 des World-Trade-Center-Komplexes so mit Sprengstoff zu spicken, daß sie am 11. 9. akkurat zusammenbrachen. Zudem spielte der Flughafen Washington-Dulles eine unrühmliche Rolle am 11. 9., nicht unbedingt, weil hier angeblich arabische Hijacker Flug American Airlines 77 bestiegen, um ihn kurz darauf zu entführen. Angeblich – denn Beweise für das Boarding oder die Anwesenheit der Hijacker an Bord eines der Flugzeuge wurden nie gefunden. Irgend etwas muß sich hier aber ereignet haben: Vielleicht das Kidnapping von Flug American Airlines 77 durch »Sicherheitskräfte« oder der Start einer unbemannten Drohne, vielleicht aber auch nur die Fälschung von Überwachungs-Videos, um später die Anwesenheit von arabischen Hijackern auf dem Flughafen zu »beweisen«. Und auch bei United Airlines selbst müssen merkwürdige Dinge vorgefallen sein. Irgend jemandem muß es gelungen sein, die Kontrolle über zwei United-Airlines-Maschinen (Flug United Airlines 175 und Flug United Airlines 93) zu erhalten und sie irgendwohin zu fliegen, wo der Pfeffer wächst – nur nicht ins World Trade Center und nach Pennsylvania. Denn für die Anwesenheit der Maschinen an den Absturzorten gibt es bis heute keine Beweise.

Ein merkwürdiger Zufall ist, daß am World Trade Center, am Flughafen Washington-Dulles und bei United Airlines ein und dieselbe Sicherheitsfirma tätig war. Und ebenso zufällig war eines der Aufgabengebiete dieses Unternehmens die »access control«, also die Zugangskontrolle zu Gebäuden, Einrichtungen, Flughäfen und vielleicht auch Flugzeugen. Und ein freier Zugang war ja nun genau das, was man brauchte, um am 11. 9. Gebäude zu sprengen, Flugzeuge zu entführen, Dunkelmänner durch die Sicherheitsschleusen eines Flughafens zu bringen und Überwachungskameras zu manipulieren. Nach Angaben eines Offiziellen des Airports Washington-Dulles war die Sicherheitsfirma für den Zugang zum Flugfeld ebenso zuständig wie für die Video-Überwachung und die elektronische Gepäckkennzeichnung. Der freie und/oder unbeobachtete Zugang zum Flugfeld könnte ebenfalls eine wichtige Voraussetzung für die Anschläge des 11. 9. gewesen sein. Ebenso die Möglichkeit, Kameras ein- oder auszuschalten oder Aufzeichnungen zu vernichten. Die drei »Brennpunkte« WTC, Flughafen Washington-Dulles und United Airlines waren indes nicht die einzigen Klienten des Sicherheitsdienstes. Zum Rest der Kundschaft gehörten vor allem das Justizministerium und das Pentagon – jene Behörde, die durch die Aufstockung der Rüstungshaushalte am meisten von den Attentaten profitiert haben dürfte.

Das Pentagon war unter der Kundschaft des Unternehmens in Gestalt der Waffengattungen Army, Navy und Air Force vertreten. Im Jahr 2000 machte die Firma fast ein Drittel ihres Umsatzes allein mit der US-Army. Das war praktisch, denn der Firmensitz lag nicht weit vom Pentagon entfernt. Und auch nicht weit entfernt vom Flughafen Washington-Dulles, denn die Firma war in dem Städtchen Chantilly/Virginia ansässig, in dem auch der Flughafen Washington-Dulles beheimatet ist.

Es bleibt festzuhalten, daß die Kundschaft des Sicherheitsdienstes einerseits aus dem US-Militär und der US-Regierung bestand, andererseits aus Institutionen und Unternehmen, die Ziel der 9/11-Anschläge waren. Genaugenommen hatte das Unternehmen geschäftliche Kontakte zu fast allen Einrichtungen, die von den Anschlägen des 11. 9. betroffen waren:[16]

Und zwar zu(m)

- World Trade Center
- Pentagon
- Fluggesellschaft United Airlines
- Flughafen Washington-Dulles.

Das Unternehmen hieß Securacom, später Stratesec. Natürlich würde man gern mehr über diesen Sicherheitsdienst erfahren, doch leider hat er sich in Luft aufgelöst, und zwar bereits im Jahr 2003. In jenem Jahr endeten die Kursnotierungen der Unternehmensaktien.

Zum Glück hat die Firma andere Spuren hinterlassen, und wenn man sie aufnimmt, staunt man nicht schlecht. Denn da findet man als Geschäftsführer und Vorstandsvorsitzenden einen gewissen Wirt D. Walker III. Walker lautet auch der dritte Vorname von George Bush senior: George Herbert Walker Bush. Und zwar deshalb, weil die Familien Bush und Walker seit nunmehr drei Generationen geschäftlich und familiär eng verbunden sind. George Herbert Walker Bushs Vater Prescott Bush hatte die Tochter des New Yorker Bankiers George Herbert Walker geheiratet. Seinem Sohn, also Bush senior, verpaßte Prescott Bush den kompletten Namen dieses Bankiers als Vornamen: George Herbert Walker Bush. Bei dessen Sohn, dem heutigen US-Präsidenten, wurde lediglich der »Herbert« gestrichen: Er heißt George Walker Bush. Nun ist der Name Walker zwar nicht gerade selten, aber tatsächlich handelt es sich bei dem Chef des Unternehmens, das für die Sicherheit des World Trade Centers ebenso zuständig war wie für die des Washingtoner Flughafens, um einen entfernten Verwandten von George W. Bush aus der Walker-Familie.[17]

Doch im Fall Stratesec müssen wir uns gar nicht mit entfernten Verwandten von George W. Bush aufhalten. Denn Wirt D. Walker III hat Stratesec keineswegs allein geleitet – unterstützt wurde er von einem gewissen Marvin Pierce Bush, und das wiederum ist ein Bruder des US-Präsidenten!

Marvin Bush gehörte dem Board of Directors von Securacom/Stratesec an und hielt Aktien an dem Unternehmen. Erst kurz vor den Anschlägen vom 11. 9. soll er aus der Firma ausgestiegen sein. Nun würde man Marvin Bush natürlich gern nach seiner Rolle bei Stratesec und nach der Rolle von Stratesec im World Trade Center, auf dem Airport Washington-Dulles und bei United Airlines befragen, doch »Marvin Bush hat auf wiederholte Telefonanrufe und E-Mail-Anfragen nicht reagiert«, erklärte eine Reporterin, die es versucht hat. So bleibt nur das Fazit: Eine interessante Verbindung. Das FBI war ganz und gar nicht dieser Meinung. Bei ihm hätte sich kein Mensch vom FBI oder einer anderen Behörde nach den Aktivitäten der Firma im Zusammenhang mit dem 11.9. erkundigt, sagte auf Anfrage Barry McDaniel, Geschäftsführer von Stratesec ab Januar 2002. Das ist nicht weiter überraschend, denn nach Auskunft eines FBI-Sprechers werden die Ermittlungen in Sachen 11.9. seit Oktober 2001 »auf nationaler Ebene koordiniert«, »direkt aus dem Weißen Haus«. Also letztlich von Marvins Bruder George W. Bush.[18]

Am Himmel ist die Hölle los

11. September 2001, gegen 8.00 Uhr. In den Höhlen des Cheyenne Mountain in der Nähe von Colorado Springs starren die Controller des North American Aerospace Defence Command (NORAD) angestrengt auf ihre Bildschirme. NORAD ist die wichtigste Luft- und Weltraumüberwachungsbehörde der Vereinigten Staaten. Am Himmel ist die Hölle los. Mehrere große Airliner wurden von Hijackern entführt, sind von ihrem Kurs abgewichen und vagabundieren nun unkontrolliert durch den Luftraum der USA. Normalerweise würde sofort jemand zum Telefon greifen, um die Luftwaffe zu alarmieren, damit sie die Jets abfängt, was rund sechzigmal im Jahr vorkommt.[19] Nicht, weil man jedesmal einen Terroranschlag befürchten würde, sondern weil ein großer Airliner, der vom Kurs abkommt, eine Gefahr für den Luftverkehr darstellt. Und »abfangen« heißt in diesem Fall auch nicht »abschießen«, sondern nach dem Rechten sehen und dem Flugzeug behilflich sein. Aber an diesem schönen Septembertag des Jahres 2001 bewahren die NORAD-Fluglotsen absolute Ruhe. Nicht, weil sie so abgebrüht wären: Mehrere entführte Flugzeuge auf einmal wären auch für die erfahrenen NORAD-Controller ein harter Brocken. Nein, die Controller bleiben gelassen, weil das Ganze nur eine Übung ist. Gott sei Dank. Ihr Name: Vigilant Guardian. Und so bleibt Lieutenant Colonel Dwane Deskins auch um 8.40 Uhr völlig ruhig, als Seniortechniker Jeremy Powell sie ans Telefon winkt. Die Flugsicherung von Boston ist dran; sie hat einen entführten Airliner. »Das muß ein Teil der

Übung sein«, denkt Deskins, und damit ist sie nicht allein – jeder denkt so an diesem Morgen. Zu lange. Denn so bleiben die Abfangjäger zunächst am Boden.[20]

Jeremy Powell informiert auch Colonel Robert K. Marr von NORAD über einen möglicherweise entführten Airliner: »Ist das ein Teil der Übung?«, überlegt Marr.[21]

Verwirrung herrscht auch auf der Tyndall Airforce Base in Florida, wo Generalmajor Larry Arnold von einem irrlichternden und nicht identifizierten Flugzeug erfährt: »Das erste, was ich dachte, war: Ist dies ein Teil der Übung? Geht da irgendwas schief?«[22]

Bei NORAD werden die langsam aufkeimenden Zweifel von einem weiteren Anruf genährt. Diesmal ist ein Verbindungsoffizier der Flugsicherung Boston am Apparat: »Ich habe ein entführtes Flugzeug«, sagt er. Dann kündigt er an, eine Abfangoperation einzuleiten.[23] Zu spät – denn da ist American Airlines 11 bereits seit einer halben Stunde ohne Funkkontakt vom Kurs abgewichen, eine Ewigkeit bei einem achthundert bis neunhundert Stundenkilometer schnellen Jet.[24] Die Abfangoperation kommt denn auch zu spät. Nun bekommen die USA möglicherweise auch die Folgen einer weiteren »Übung« zu spüren, denn zeitgleich sollte die Operation Northern Vigilance durchgeführt werden. Im Rahmen dieser »Übung« sollten Kampfflugzeuge von der Ostküste abgezogen und nach Alaska und Kanada verlegt werden[25], so daß die Ostküste an diesem Tag weitgehend schutzlos wäre. Inwieweit die Operation bereits angelaufen war, ist unklar. Sie könnte aber einer der Gründe dafür gewesen sein, daß um 8.46 Uhr keine Abfangjäger von Militärbasen in der Nähe New Yorks oder Washingtons den Befehl zum Aufstieg erhielten, sondern unter anderem Maschinen von der Otis Air National Guard Base in Falmouth/Massachussetts angefordert wurden. Die Flieger sind chancenlos. Erstens hat um dieselbe Zeit bereits der erste Airliner sein Ziel, das World Trade Center, erreicht. Und zweitens ist die Basis zweihundertfünfzig Kilometer von New

York entfernt. Die Flieger erreichen den Luftraum von New York erst, nachdem um 9.03 Uhr bereits die zweite Maschine am World Trade Center zerschellt ist.

Es wurden also rein zufällig am 11. September 2001 Manöver durchgeführt, die die Luftabwehr derart verwirrten, daß sie es versäumte, in dem Durcheinander frühzeitig nach dem Rechten zu sehen. Dies ähnelt verblüffend den Vorgängen am 7. Juli 2005 in London.

Den Lesern meiner bisherigen Bücher über die Attentate des 11.9. wird auch auffallen, daß das Gewimmel aus den »entführten« Flugzeugen zu meiner These paßt, daß es an diesem Tag am Himmel der USA ein fröhliches Bäumchen-wechsel-dich-Spiel gegeben hat. Daß also die Maschinen, die in Washington-Dulles, Boston oder auch Newark gestartet waren, gar nicht die waren, die schließlich am World Trade Center zerschellten. Und schon gar nicht die, die in Pennsylvania oder am Pentagon vom Himmel gefallen sein sollen, denn dort wurden keine Wracks von großen Airlinern gefunden. Schon in meinem Buch *Operation 9/11* konnte ich Beweise für einen Austausch der Flugzeuge am Himmel zusammentragen. So verschwanden die Transpondercodes der Passagiermaschinen von den Radarschirmen und wurden durch andere ersetzt, die an diesem Tag für keinen Flug in den Vereinigten Staaten vorgesehen waren. Auch war ein Fluglotse hinsichtlich Flug American Airlines 11 der Meinung, er habe es hier mit zweien statt mit einer Maschine zu tun. Nicht American Airlines 11, sondern die fremde Maschine nahm Kurs auf New York und schlug in einem der beiden Türme ein.

Die vollständige Geschichte dieses »standdown« (also der fehlenden Reaktion der Air Force) ist komplizierter als das, was ich hier geschildert habe, doch für unabhängige Journalisten ist klar, daß die Luftverteidigung der USA planmäßig ausgeschaltet wurde – indem den zuständigen Stellen so lange Manöver mit entführten Flugzeugen vorgespiegelt wurden, bis die beiden Maschinen das World Trade Center erreicht hatten.

Es stellt sich die Frage, wer da so besessen übt, daß er den Ernstfall »übersieht«? Die Antwort könnte mit einem Dokument zusammenhängen, das George W. Bush am 8. Mai 2001 herausgegeben hatte. Dieses Dokument beschäftigt sich mit den Zuständigkeiten bei Terroranschlägen mit Massenvernichtungswaffen, würde aber auch bei jedem anderen Terroranschlag greifen. Die Empfehlung lautet, die Terrorabwehr in einer Hand zu bündeln: »Training, Planung und Unterstützung« müßten »reibungslos, harmonisch und umfassend integriert werden«.

In diesem Zusammenhang sind nach Meinung des bekannten amerikanischen 9/11-Experten und ehemaligen Polizeibeamten Michael Ruppert auch die am 11.9. durchgeführten Manöver wie Vigilant Guardian und Northern Vigilance zu sehen: »Planung und Training«, so Ruppert in seinem Buch *Crossing the Rubicon*, »wurden ausdrücklich genannt«, so daß »alle NORAD/Generalstabs-Manöver des 11.9. wie Vigilant Guardian, Vigilant Warrior, Northern Vigilance und andere automatisch dazugehören würden«.[26]

Da taucht die Frage auf, in wessen Hände George W. Bush diese Zentralisierung von »Training und Planung« gelegt hat. Die Antwort versuche ich am Ende dieses Buches zu geben.

Deutschland: Ein Labor für Terroristen

Ein Wäldchen bei Celle, es ist der 25. Juli 1978. Der Herr Ministerialrat ist ganz schön tief gesunken. Da sitzt er nun mitten in der Nacht in einem Lieferwagen und plant einen Terroranschlag. Alles muß man selbst machen. Die RAF war in den letzten Jahren doch arg dezimiert worden, knapp ein Jahr zuvor hatte die gesamte Führungsspitze in der Strafanstalt Stuttgart-Stammheim die Flinte ins Korn geworfen. Dabei hatten sich der Ministerialrat und seine Gesinnungsfreunde gerade erst an den Terror gewöhnt. Die Sicherheitsbehörden waren ausgebaut und die Bürgerrechte eingeschränkt worden wie noch nie zuvor in der bundesdeutschen Nachkriegsgeschichte. Aber Nachwuchs für den Terror ist gar nicht so leicht zu bekommen. Die RAF, denkt sich der Ministerialdirektor, ist auch nicht mehr das, was sie einmal war: Wenn er sich im Wagen umblickt, dann sieht er neben sich zwei Hauptkommissare sitzen. Und die dichten Büsche vor den Autofenstern rascheln nicht vom Wind, sondern von den Bewegungen weiterer Staatsdiener. In einem anderen Wagen sitzt der Leiter des Landesamts für Verfassungsschutz. Und durch das Wasser des benachbarten Flusses gleiten GSG-9-Männer in schwarzglänzenden Anzügen zu einer am anderen Ufer liegenden Gefängnismauer, um dort eine Sprengladung anzubringen. Das Schlauchboot brauchen sie dabei nicht. Es soll zurückgelassen werden und später erklären, wie die »Terroristen« den Fluß durchquert hätten. Denn Kampfschwimmer waren bei der RAF bisher noch nicht gesichtet worden – ihr Nachwuchs stammte vorwiegend aus studentischen Kreisen. Nachdem alles an seinem Platz ist, schlagen sich die Froschmänner wieder in die Büsche. Kurz darauf gibt es einen lauten Knall. Es ist 2.54 Uhr.

Auch wenn es noch so unglaublich klingt: Die Bundesrepublik Deutschland hat einen Terroranschlag auf sich selbst begangen. Er ging als das »Celler Loch« in die Geschichte ein.

Ein Einzelfall? Wir werden sehen: Ich möchte nachfolgend

den in der Einleitung angekündigten Blick zurück auf die »terroristische Vergangenheit« Deutschlands werfen. Die Ereignisse der letzten Jahre, insbesondere die inszenierten Terroranschläge von New York, Washington und London, haben dazu geführt, daß viele Menschen das Phänomen Terrorismus mit ganz anderen Augen sehen als bisher. Ich denke, es ist dringend notwendig, unter dem Blickwinkel der in den letzten Jahren aufgedeckten Machenschaften und Skandale im Bereich des internationalen Terrorismus erneut das deutsche »Terror-Drama« zu betrachten. Wurden dabei die Fäden auch schon von Geheimdiensten gezogen, oder ist Deutschland eine Art Insel, auf der es in Sachen Terrorismus immer und überall mit rechten Dingen zuging und zugeht? Gibt es Unterschiede, oder gibt es gar Parallelen zu den jüngsten Ereignissen in New York, Madrid und London – das sind die Fragen, die die folgenden Ausführungen leiten.

Beginnen wir von vorn: Ende der sechziger Jahr stehen sich Ost und West nach wie vor unversöhnlich im Kalten Krieg gegenüber. Deutschland ist durch die Mauer geteilt, und West-Berlin fristet eine bizarre Existenz als eingemauerte Stadt inmitten der DDR. Angeblich zur eigenen Sicherheit nehmen beide Seiten die Völker der jeweils anderen Seite als Geisel. Wer zuerst schießt, stirbt als zweiter. Das ist die Grundregel der atomaren Abschreckung. Solange es noch nicht soweit ist, wird der Konflikt mit Propaganda, Drohgebärden und Beschuldigungen ausgetragen. Fieberhaft arbeiten beide Seiten an der Destabilisierung der Gegenpartei. Zum Teil werden die Auseinandersetzungen verdeckt geführt – auch durch Finanzierung und Steuerung politischer Parteien und Bewegungen. Der Osten unterhält seine »fünfte Kolonne« im Westen, und der Westen fördert nach Kräften Oppositionsbewegungen im Osten. Der löst die Probleme auf seine Weise und walzt die Aufstände (wie den Prager Frühling 1968) und demokratischen Bewegungen mit Panzern nieder – ein Weg, den der Westen nicht beschreiten will. Der Westen steht vor ungleich schwierigeren Fragen: Wie kann er sein demokratisches Gesicht wahren und die teilweise vom Osten gesteuerten Studentenproteste trotzdem niederschlagen und die Linke bekämpfen?

Man entscheidet sich für den nachrichtendienstlichen Weg. Die rebellierenden Studenten sollen mit geheimdienstlichen Mitteln bekämpft werden: Agenten und V-Männer sollten eingeschleust werden, um die Steuerung der Protestbewegung zu übernehmen. Die in diesen Dingen erfahrenen Behörden der USA entwickeln für solche Fälle gar ein Handbuch: das »Field Manual 30–31«, insbesondere dessen »Anhang B«. Danach haben die USA das Oberkommando über derartige Agenten anzustreben: Die Aktivitäten der US-Dienste sollten »Anstrengungen beinhalten, Agenten, die von den Behörden des Gastlandes in die Aufstandsbewegung eingeschleust wurden, mit dem Ziel, zu identifizieren, im geheimen die Kontrolle über solche Agenten zu übernehmen«, steht in dem Anhang zum »Field Manual 30–31« (siehe Anhang). Zweitens sollten »Anstrengungen unternommen werden, verläßliche Agenten in die Führungsspitze der Aufstandsbewegung einzuschleusen«, heißt es da. Sollten sich »die Behörden des Gastlandes« gegenüber kommunistischer Subversion passiv oder nachlässig verhalten, sollten die Aufstandsbewegungen »mittels Spezialagenten infiltriert« werden. Diese Spezialagenten sollten in der Aufstandsbewegung »besondere Einsatzgruppen« bilden: »Zu gegebener Zeit sollten diese Gruppen unter US-Aufsicht benutzt werden, um gewalttätige oder nicht gewalttätige Aktionen durchzuführen.« Also auch Attentate?

Die Steuerung dieser »besonderen Einsatzgruppen« erfolgte entweder direkt durch US-Dienste oder durch die »streng klandestine« (heimliche) Infiltrierung der Dienste des »Gastlandes«. »Streng klandestin« deshalb, weil es offiziell natürlich nur eine gleichberechtigte »Zusammenarbeit« zwischen den US-Diensten und jenen der anderen NATO-Staaten gab. Unterwandert werden sollten vor allem die Behörden für innere Sicherheit (im Fall Deutschlands wäre das etwa der Verfassungsschutz), das Militär sowie die Polizei. Dieser Anhang zum »Field Manual 30–31« der US-Armee ist vermutlich nichts anderes als das wahre Gründungsdokument der RAF: In die Protestbewegung eingeschleuste Provokateure sollten gewalttätige oder nicht gewalttätige Aktionen durchführen, um durch »die Behörden des Gastlandes« (also zum Beispiel die Bundesregierung) Gegenmaßnahmen zu provozieren – die »Hammer und Amboß«-Taktik. Die »besonderen Einsatzgruppen« bildeten den Amboß, auf dem mit dem Hammer der staatlichen Gewalt die Protestbewegung zerschmettert werden sollte. »Die Brigate Rosse waren unterwandert. Die Baader-Meinhof-Gruppe war unterwandert, Action directe – viele dieser linken Gruppen waren infiltriert und assoziiert«, erzählte der ehemalige CIA-Mann Oswald LeWinter am 30. April 1992 der BBC-Sendung Time Watch.[1]

Unterzeichnet wurde der Anhang nicht zufällig von Army-Stabschef W. C. Westmoreland, der auf dem Höhepunkt des Vietnamkriegs (1964 bis 1968) Oberbefehlshaber der US-Streitkräfte in Vietnam gewesen war. Der Vietnamkrieg hatte im Focus der westlichen Protestbewegungen gestanden. Möglicherweise wurde Anhang B also als eine Verteidigungsstrategie der US-Armee gegen die aus ihrer Sicht gesteuerten Demonstrationen betrachtet.

Der Dandy des Bösen

Können wir die Spuren dieses Dokuments im deutschen Terrorismus wiederfinden? Werfen wir dazu einen Blick auf die Hauptperson des deutschen Terrorismus, jenen Mann, der am Anfang der sogenannten »Rote Armee Fraktion« und des Terrors in der Bundesrepublik stand. Vielen gilt er bis heute als der unverbesserliche und unbelehrbare Revolutionär, der nichts mehr haßte als den »kapitalistischen Staat« und der schließlich – nachdem ein Sieg unmöglich schien – im Gefängnis Selbstmord beging: Andreas Baader – kein anderer verkörpert so wie er das Paradigma der Authentizität.

In Wirklichkeit war Baader zunächst schlichtweg kriminell, drogenabhängig und psychisch krank. Außerdem kam noch eine für seine spätere Karriere nützliche Eigenschaft hinzu, nämlich ein ausgeprägtes komödiantisches Talent.

Wo genau die Ursachen für Baaders psychische Probleme lagen, läßt sich nicht genau feststellen. Vielleicht die vaterlose Kindheit in ausschließlicher Gesellschaft von Frauen, die ihn hätschelten und bewunderten? Glaubwürdig überliefert wird jedenfalls, daß es dem Burschen vor allem an einem fehlte: Grenzen. Bei der Einschulung zeigte Andreas Baader die typischen Symptome einer Verhaltensstörung: mangelnde Disziplin und Lernbereitschaft, sprunghafte Selbstbezogenheit, Verschlossenheit im Wechsel mit Aggressivität, Rücksichtslosigkeit und plötzlicher Großzügigkeit und Uneigennützigkeit. Zu Hause weigerte sich Baader, sich zu waschen, zu essen und seinen Geburtstag zu feiern.[2]

Während der Pubertät entwickelte er sich zum Schläger und Kleinkriminellen. Er stahl Autos und Motorräder, fälschte Führerscheine und war mit falschen Wagenpapieren und Kfz-Kennzeichen unterwegs. Er wurde dafür mehrfach zu Geld- und Freiheitsstrafen verurteilt.

Daneben zeigte Baader eine Vorliebe für komödiantische Verstellungen und Täuschungsmanöver. Eine Weile spielte er seinen Altersgenossen vor, an einer tödlichen Krankheit zu leiden: »Er lief in München herum mit dem Gesicht eines Mannes, der weiß, daß er sterben muß, aber das Beste daraus machen will. Er tat immer so, als würde er Blut in sein Taschentuch husten, aber das Tuch blieb weiß.« Die Baader-Biographin Dorothea Hauser entdeckte bei ihm »ein Faible für Hochstapelei«. Er erging sich in Phantasmagorien, Inszenierungen und »autobiographischen Konstruktionen« (Hauser). Es sei nicht zu übersehen, so Hauser, »daß sich bei ihm Züge einer antisozialen und narzißtischen Persönlichkeitsstörung vereinen«.[3] Tatsächlich bewegte sich Baader zeit seines Lebens am Rande einer Psychiatriekarriere. Im Untersuchungsgefängnis Moabit hatte Genosse Bommi Baumann 1970 Gelegenheit, sich davon zu überzeugen: »Der hat sich so aufgeführt, daß sie ihn in die Klapsmühle gesteckt haben. Der hat sich nie gewaschen und lauter so 'ne Geschichten. Er kriegte solche Depressionen, daß sie ihn in die PN, die psychiatrisch-neurologische Abteilung steckten.«[4]

Das war die eine Seite des Andreas Baader. Die andere war nicht minder problematisch: Außer an sich selbst, an Schlägereien, Frauen und geklauten Autos fand Baader praktisch an nichts Gefallen, schon gar nicht an Politik. Mitte der sechziger Jahre zeigte Andreas Baader nicht das geringste Interesse für die entstehende Studentenbewegung. »Bis zur Begegnung mit Gudrun Ensslin«, so Hauser, »ist Politik seine Sache nicht.« Die traditionelle Linke oder das, was sich damals in seiner nächsten Umgebung als Protestbewegung zu entwickeln begann, fand in jenen Jahren nie seine Beachtung.[5] Wenn überhaupt eine politische Vorliebe seinerseits überliefert ist, dann war sie in einer ganz anderen Richtung des politischen Spektrums angesiedelt. Am 1. März 1964 trat Andreas Baader ein Volontariat bei der *Berliner BZ* an, also bei einem Blatt der von ihm später angeblich so gehaßten Springer-Presse. Die *BZ* war in jenen Jahren für ihren nachdrücklichen Antikommunismus bekannt. Andreas Baaders Leitbilder waren vorwiegend im konservativen Bereich angesiedelt. Statt für Lenin oder Mao schwärmte er eher für Staatsanwälte. Jedenfalls behauptete er gegenüber Bekannten, seine Mutter sei Staatsanwältin. Sich selbst bezeichnete er als direkten Nachfahren des katholischen Philosophen Franz von Baader.[6]

Darüber hinaus entwickelte Baader eine weitere Leidenschaft: Drogen. In seiner ersten Zeit in Berlin wohnte Baader bei einem Maler-Ehepaar, das einmal im Monat nicht nur Künstler und Intellektuelle, Kritiker und Journalisten empfing, sondern auch Transvestiten und Prostituierte sowie »die ersten Drogenhändler aus dem Umfeld der U.S.-Army«.[7] Baader »drückte« und

»schmiß«, was das Zeug hielt – so schlimm, daß er während seiner späteren militanten Phase wiederholt an Gelbsucht gelitten haben soll.

Doch die Frage ist nicht, ob der Nachkriegsterrorismus aus individueller Psychopathologie entstanden ist, sondern ob es vorstellbar ist, daß sich eine authentische revolutionäre Bewegung auf eine Figur wie Andreas Baader gründete. Es ist festzuhalten, daß Andreas Baader sämtliche Voraussetzungen eines durch Geheimdienste steuerbaren Menschen besaß: Seine psychische Labilität, Drogensucht und Kriminalität prädestinierten ihn geradezu als williges Werkzeug für die Dienste. Beispiele für dieses Muster gibt es genügend. Eines ist der psychisch schwer gestörte und drogenabhängige Kronzeuge Siegfried N., der eigenen Angaben zufolge vom hessischen Verfassungsschutz zu der Behauptung gezwungen wurde, er habe 1989 zusammen mit gesuchten, mutmaßlichen RAF-Leuten den Anschlag auf Alfred Herrhausen vorbereitet. Als der V-Mann N. den Terroristen bei ihren Attentatsvorbereitungen geholfen haben wollte, war er schon seit Jahren als Spitzel des hessischen Landesamtes für Verfassungsschutz tätig. Was bedeuten würde, daß ein Mitarbeiter des Verfassungsschutzes einen tödlichen Terroranschlag mit vorbereitet hätte.

Ein anderes Beispiel ist der V-Mann Klaus Steinmetz, der auch als Krimineller unterwegs gewesen sein soll, bevor er die Behörden 1993 angeblich zu den mutmaßlichen RAF-Mitgliedern Birgit Hogefeld und Wolfgang Grams führte.

Anhand seiner Biographie kann man die Karriere eines Kriminellen zum V-Mann in der RAF beispielhaft verfolgen. 1989 stahl Steinmetz bei der Ingelheimer Firma Pax Schweikhard mehrere Personalcomputer, in der Nacht zum 18. Mai 1989 brach er mit einem Komplizen in das Ingelheimer VAG-Autohaus Menk ein. Besonders auffällig: Obwohl dort schon mehrfach eingebrochen worden war, hatte die Polizei nie sonderliches Interesse an diesen Straftaten gezeigt. Doch an jenem 18. Mai war alles anders. Die

Ermittler rückten im Eiltempo an, die beiden Langfinger wurden festgenommen, am nächsten Tag kreuzte ein nie dagewesenes Aufgebot an Kriminalisten auf. Eifrig sammelten die Ermittler Beweise gegen den späteren »Kronzeugen« von Bad Kleinen (dem Festnahme- bzw. Todesort von Birgit Hogefeld und Wolfgang Grams). Zwar saß Steinmetz damit so richtig in der Patsche – erstaunlicherweise aber nur bis zum nächsten Tag. Denn einen Tag nach der Festnahme war er wieder auf freiem Fuß, auch die später verhängte, relativ harte Strafe von achtzehn Monaten ohne Bewährung (Haftstrafen unter zwei Jahren Dauer werden in der Regel zur Bewährung ausgesetzt) schmolz im Nu dahin. Zunächst reduzierte das Landgericht Mainz die Strafe von achtzehn auf fünfzehn Monate, anschließend wurde das Urteil vom Oberlandesgericht Koblenz aufgehoben, um schließlich von einer anderen Kammer des Landgerichts Mainz auf zwölf Monate mit zwei Jahren Bewährung verkürzt zu werden. Absitzen mußte V-Mann Steinmetz davon keinen einzigen Tag. Am 7. Juni 1993 erließ ihm das Amtsgericht Bingen die Strafe vollständig – zwanzig Tage bevor Klaus Steinmetz in Bad Kleinen die Reste der angeblichen RAF den Ermittlungsbehörden auslieferte. »Solche Zufälle gibt es«, meinte dazu der *Spiegel*.[8]

Nein, solche Zufälle gibt es nicht. In Wahrheit erleben wir hier eine Etappe einer typischen V-Mann-Karriere. Verkrachte Existenzen und Kriminelle werden von den Diensten gegen Straferlaß zur Zusammenarbeit erpreßt. Auch Andreas Baader war der ideale Mann für dieses Spiel. Sein Drogenbedarf und seine Delinquenz machten ihn in jeder Hinsicht erpreßbar, seine psychische Labilität beeinflußbar, sein Hang zur Hochstapelei zum idealen Kandidaten für einen Operettenrevolutionär. Denn zuverlässig sind Junkies immer dann, wenn es darum geht, sich neuen Stoff zu verdienen. Interessant ist immerhin, daß der eher konservative bis unpolitische Baader sich Ende der sechziger Jahre plötzlich zum militanten Linksradikalen entwickelte. Wo andere nur ein Transparent an die Berliner Gedächtniskirche

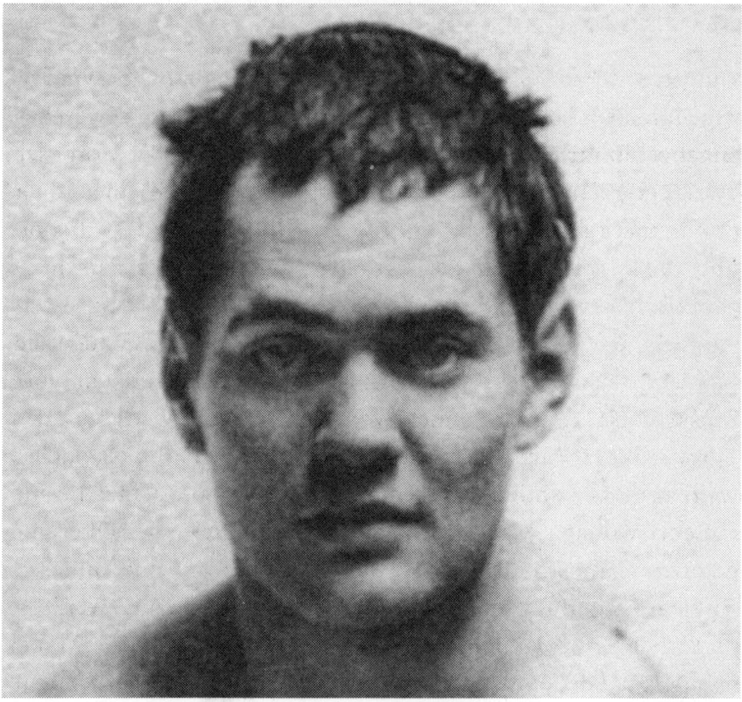

Andreas Baader – vom Dandy des Bösen zum Vorzeigeterroristen.

hängen wollten, wollte Baader gleich den ganzen Turm sprengen. Plötzlich hieß es über den Mann, der mit Politik bisher nie etwas am Hut hatte: »Das ist ein ganz Verrückter, der redet nur von Terrorismus.«[9] Nur erklärt wird diese seltsame Metamorphose merkwürdigerweise nirgendwo. Egal welche Literatur über die RAF man auch zu Rate zieht, nirgendwo wird die Frage gestellt, *warum* und *wodurch* aus dem kleinen Hochstapler Andreas Baader der große »Revolutionär« wurde: »Andreas Baader«, schreibt beispielsweise die Politikwissenschaftlerin Karin Wieland, »verwandelte irgendwann Ende der sechziger Jahre seine Hochstaplerexistenz in eine politische Mission.« So weit, so gut – doch warum? »Er war gezwungen, das Böse zu tun auf der Suche nach dem vermeintlich Guten.« Na ja. »Der schöne junge Mann, der so einfach Macht über andere bekam, wurde zu einem Dandy des Bösen.«[10] Ein Dandy des Bösen? Wie aufregend, aber keine Erklärung für diesen merkwürdigen Persönlichkeitswandel.

Aber vielleicht gibt es ja auch gar keine Erklärung. Außer vielleicht die, daß sich Baader in einer Szene bewegte, in der es vor V-Männern, Spitzeln und Agenten nur so wimmelte. Der berühmte Peter Urbach zum Beispiel, schlechthin *der* V-Mann zu Beginn des Terrorismus in Deutschland, war ein guter Bekannter von ihm. Und zugleich ein guter Bekannter des Berliner Landesamtes für Verfassungsschutz. »Urbach war zunächst auf Teilzeit, dann vollamtlich beim Verfassungsschutz in Westberlin beschäftigt«, schreibt der ehemalige Bundesminister Andreas von Bülow in seinem Buch *Im Namen des Staates*. »Er nahm an allen wichtigen Besprechungen der studentischen Gruppen teil.« Aber nicht nur das. Er lieferte auch das, wovor Ende der sechziger, Anfang der siebziger Jahre die Republik erzitterte: »... die zum Krawall und Terror benötigten Knallkörper, Rohrbomben, Schreckschußpistolen, aber auch großkalibrige Waffen. Darüber hinaus beschaffte er der Szene Haschisch und harte Drogen.«[11] Der »Szene«? Also auch seinem Bekannten Baader?

Bewaffnet und bekifft – kein Wunder, daß die Linke in der Öffentlichkeit einen zunehmend bizarren Eindruck hinterließ und immer mehr Menschen mit einer solchen »Linken« nichts zu tun haben wollten. Wahrscheinlich auch deshalb bastelte der V-Mann Peter Urbach hingebungsvoll am gewalttätigen und verschrobenen Erscheinungsbild der linken Szene, speziell der »Stadtguerilla«. Die Drogenexzesse, die Clownerien, die ständigen Ohrfeigen für die Bourgeoisie – das alles war gewollt, um die Linke zu diskreditieren. In der Geheimdienstsprache nennt man das »demagnetize« – entmagnetisieren. Und die beste Form der Entmagnetisierung wäre natürlich eine Gruppe unappetitlicher, wild um sich schießender Desperados wie die RAF. Auf diese Weise könnte man erstens der Linken und zweitens der Öffentlichkeit ein Zerrbild vorhalten, vor dem beide erschrecken würden. Drittens könnte die Truppe andere Linke als Quartiermacher und Unterstützer in ihren Strudel und damit in jede Menge Ermittlungsverfahren hineinziehen. Viertens könnte die Gruppe kritische oder »linke« Argumentationen aufgreifen, die dadurch schwer beschädigt würden – und alle anderen, die ähnliche Argumente vertreten, gleich mit. Für die Dienste wäre eine solche Gruppe deshalb die größte Versuchung. Der Verfassungsschutzmann Urbach leistete bei der Gründung der RAF denn auch tatkräftige Geburtshilfe. Und der furchterregende »Dandy des Bösen« war womöglich sein liebstes Ziehkind.

Urbach war ein Experte für psychologischen und physikalischen Sprengstoff. Als die Beerdigung des ehemaligen Reichstagspräsidenten Paul Löbe im Sommer 1967 verhöhnt wurde, hatte der V-Mann ebenso die Finger im Spiel wie bei dem für den 6. April 1967 in Berlin geplanten Pudding-Attentat auf den US-Vizepräsidenten Humphrey. Für die Löbe-Beerdigung hatte der V-Mann einen Pappsarg gebastelt, den er anschließend Schulter an Schulter mit dem späteren Chef der deutschen Terroristen, Andreas Baader, trug. Das sogenannte Pudding-Attentat auf den US-Vizepräsidenten war ein »Auslöser« schlechthin.

Da besucht der US-Vizepräsident die Bundesrepublik, und dann so etwas: einige durchgeknallte Linke versuchen ein Attentat auf den hohen Gast. Während politisch interessierte Medien wie die *Bild-Zeitung* das dubiose Gemisch aus Rauchkerze, Puddingpulver und roter Farbe umgehend zur »Bombe« hochschrieben[12], verharmlosten es andere als reinen Quark bzw. Pudding. (Tatsache ist, daß ein nicht gebundenes Pulver bei Entzündung durchaus explodieren kann.) Bevor die Linke es so richtig merkte, wurde ihr jedenfalls bereits das Grab geschaufelt, und zwar unter anderem von Peter Urbach. Der besorgte auch die Molotow-Cocktails für den Brandanschlag auf die Springer-Fahrzeuge bei der Anti-Springer-Demo am 11. April 1968. »Als die Studenten den Springer-Verlag angriffen, war Urbach mit einem Weidenkorb voller zündfertiger, sozusagen vom Verfassungsschutz gesponserter Molotow-Cocktails zur Hand«, schreibt Andreas von Bülow in seinem Buch *Im Namen des Staates*:

> »Die Studenten bedienten sich und setzten, von der Polizei zunächst nicht behindert, zahlreiche Springer-Auslieferungsfahrzeuge in Brand. Um so dramatischer machte sich später auf den Fernsehschirmen der Bürger das hell lodernde, Chaos signalisierende Feuer aus. Als unten auf der Straße der Agent provocateur des Verfassungsschutzes die Brandsätze verteilte, stand der für den Verfassungsschutz zuständige Innensenator auf dem Dach des Hochhauses und schaute dem durch das Treiben seines hochkarätigen Agenten ausgelösten Großbrand mit anschließend gewaltsamem Polizeieinsatz zu.«[13]

Die Frage nach dem Interesse beantwortet sich angesichts dieses Zitats praktisch von selbst. Ich stelle sie trotzdem: Warum lieferte ein Agent des Staates die Brandsätze für einen der ersten »Terroranschläge« in der bundesdeutschen Geschichte? Die Antwort: Zum einen ging es um die Zerschlagung der Linken. Zum anderen aber bastelte man an einem autoritären Staat. Ersteres war die

Voraussetzung für Letzteres. Exakt um diese Zeit tobte die Auseinandersetzung um die sogenannten Notstandsgesetze, ein Gesetzespaket, das die Zuständigkeiten von Staat und Regierung bei inneren und äußeren Notständen (wie etwa dem »Verteidigungsfall«) regeln sollte. Und was man für die Verabschiedung dieser Gesetzesänderungen brauchte, war natürlich ein Notstand, der das Vorhaben legitimierte. Nur sechs Wochen, nachdem in Berlin die Springer-Fahrzeuge gebrannt hatten, wurden am 30. Mai 1968 die Notstandsgesetze verabschiedet. Was als Protest gegen die Notstandsgesetze begonnen hatte, geriet zu deren Rechtfertigung.

Bei den ersten militanten Aktionen der Achtundsechziger hatte der Staat kräftig mitgemischt. Gemeinsam mit Andreas Baader buddelte Urbach nach Waffendepots und besorgte ihm die Rauchkerzen für einen symbolischen Anschlag auf die Gedächtniskirche. Und Baader-Freund Urbach wurde von der wichtigsten Spinne im Netz des provozierten Terrors geführt, einem Verfassungsschutzbeamten, der auch in die kriminellen Aktivitäten rund um den Mord an dem Berliner V-Mann Schmücker verstrickt war. Sein Name: Michael Grünhagen, »Abteilung IV, Verfassungsschutz (VS), Bereich Ursachenforschung Terrorismus«.[14] Kein Witz. Die Bekämpfung von Straftaten war schließlich schon immer die beste Tarnung für das Begehen von Straftaten. Nirgendwo verdichtet sich dieser Mechanismus so stark wie in dem Wort »Verfassungsschutz«. Bereits 1988 erklärte der Berliner Verfassungsrechtler Eggert Schwab: »Die gefährlichste aller verfassungsfeindlichen Aktivitäten, die wir in unserer Zeit in unserer Gesellschaft zu beobachten haben, ist diejenige der Behörde Verfassungsschutz.«[15]

Der V-Mann Schmücker lag eines Tages erschossen im Wald. Sein V-Mann-Führer Grünhagen ließ nach dem Mord die Tatwaffe in den Tresoren des Geheimdienstes verschwinden. Und nicht nur das: »V-Männer und Informanten der Behörde sind von Anfang an an den Mordplänen beteiligt und observieren die mutmaßlichen Täter bei ihren Vorbereitungen. Aller Wahrscheinlichkeit nach wurde Schmücker unter den Augen von Grünhagens Männern, wenn nicht gar von einem der Beobachter umgebracht«, so am 7. Juli 1999 der Journalist Wolf-Dieter Vogel, der Grünhagens Machenschaften hinterherrechechierte.[16] Und das Tollste: Der Mann, der in den Mord verstrickt war, durfte gleich gegen die mutmaßlichen Täter ermitteln: »Noch am 5. Juni, Schmücker ist gerade mal fünfzehn Stunden tot, steigt Grünhagen unter Rückendeckung seines Chefs Franz Natusch und mit Hilfe des damaligen Bürgermeisters und Innensenators Kurt Neubauer in die ›Sonderkommission Schmücker‹ ein. Von nun an liefert er die entscheidenden Informationen.« Gezielt hätten die polizeilichen Ermittler daraufhin bestimmte Leute »als einzig mögliche Tätergruppe ins Visier« genommen, so Vogel, »während ebenso gezielt jegliche Verstrickung des Verfassungsschutzes außen vor bleibt«. Das mag man gern glauben. »Nicht minder gut verläuft die Zusammenarbeit mit der Staatsanwaltschaft. ›Grünhagen wich mir nicht von den Hacken‹, erinnert sich später Strafverfolger Przytarski, ›und wollte immer alle Schritte wissen.‹«

So läuft das also bei bundesdeutschen Terror-Ermittlungen. Kein Einzelfall: 1971 übernahm der Berufs-Provokateur Grünhagen zusammen mit einem BKA-Beamten die Leitung einer »Sonderkommission Terrorismus«.[17] Einen größeren Bock hätte man wohl kaum zum Gärtner machen können. Was dabei herauskam, möchte man eigentlich lieber nicht wissen. Grünhagen jedenfalls war überall dabei. Und zwar speziell dort, wo er nichts zu suchen hatte – bei Mordanschlägen ebenso wie bei der Anstiftung zu anderen Straftaten, beispielsweise durch seinen V-Mann Urbach. Es ist durchaus möglich, daß Grünhagen seine »Ursachenforschung Terrorismus« auch mit Hilfe eines anderen Mannes betrieben hat, der nach Drogen und Geld verlangte: Andreas Baader. Baader hatte sowohl direkten Kontakt zu dem Grünhagen-Agenten und Dealer Urbach als auch zu dessen Kontaktpersonen. Er war sozusagen von Grünhagen-Agenten umzingelt. Grünhagen »kannte viele der Personen, die später im Umfeld der Baader-Meinhof-Gruppe auftauchten, von Angesicht zu Angesicht«. »Als sich die ›Rote Armee Fraktion‹ um Andreas Baader, Gudrun Ensslin und Horst Mahler bildete, war Grünhagens V-Mann Urbach mit von der Partie.«[18] Betraf das nur das Umfeld oder auch die spätere Hauptperson der RAF, Andreas Baader? Der labile, vielleicht sogar psychisch kranke Aufschneider war die Idealbesetzung für den künftigen Terror-Chef der RAF. Durch Drogenbedarf und Delinquenz erpreßbar, konnte man bei Befriedigung gewisser Bedürfnisse möglicherweise das Maximum aus seinem schauspielerischen Talent herausholen. Sollten Grünhagen und der »Verfassungsschutz« wirklich an ihm vorbeigegangen sein?

Werfen wir einen Blick auf das Ereignis, das heute als Initialzündung des Terrorismus hingestellt wird, als provokative Tat von ebenso konsequenten wie heroischen Linksradikalen: die Frankfurter Kaufhausbrandstiftung am 2. April 1968 – nur wenige Tage, bevor am 11. April mit Hilfe des Verfassungsschutzes in Berlin Autos abgefackelt wurden. In Frankfurt deponierten Andreas Baader und seine Freundin Gudrun Ensslin am 2. April 1968 in dem Frankfurter Kaufhaus Schneider einige Brandsätze, die in der Nacht auf den 3. April mehrere Feuer auslösten. Die erste Merkwürdigkeit ist die Ausführung der Tat, die keineswegs so konspirativ erfolgte, wie man das von angehenden Terroristen erwarten könnte. Vielmehr ließen die beiden nichts unversucht, um aufzufallen:

- Sie betraten das Kaufhaus, als es bereits weitgehend leer war, nämlich kurz vor Ladenschluß, und zwar in »abgewetzter, studentischer Kleidung«.
- Sie stürmten über die bereits abgeschalteten Rolltreppen nach oben, die beste Methode, um den Angestellten eines Kaufhauses in Erinnerung zu bleiben.

Kurz: Sie taten eigentlich alles, um aufzufallen. Und wie Stefan Aust schreibt, ist ihnen das auch gelungen: »Verwundert blickten ein paar Verkäuferinnen ihnen nach.«[19] Kein Wunder, daß schon zwei Tage nach der Tat Andreas Baader und Gudrun Ensslin sowie ihre Begleiter Horst Söhnlein und Thorwald Proll aufgrund eines »konkreten Hinweises« in Frankfurt festgenommen wurden. Ihr Verhalten bei der bald darauf stattfindenden Gerichtsverhandlung entsprach nicht den Erwartungen. Statt flammende Bekenntnisse abzugeben, schwiegen bis auf Baader alle Festgenommenen beharrlich zu der Tat und verweigerten zunächst jede Aussage. Erst am dritten Verhandlungstag behauptete Gudrun Ensslin: »Wir haben es aus Protest gegen die Gleichgültigkeit gegenüber dem Krieg in Vietnam gemacht.« Merkwürdig: Warum kommt das dann eher zufällig bei einer Gerichtsverhandlung ans Licht, mit der die Angeklagten ja wohl nicht gerechnet hatten? Hätte es diese Gerichtsverhandlung nicht gegeben, wäre Ensslins »mannhafter« Protest ihr Geheimnis geblieben – denn am Tatort wurden keine Bekennerschreiben oder Flugblätter gefunden. Auch sonst tauchten zunächst keine politischen Bekenntnisse der Brandstifter auf. Aber dafür war jetzt die Katze aus dem Sack. Für die Öffentlichkeit stand fest: Baader und Konsorten sind ausgeflippte Mitglieder der Studentenbewegung, was sich für den weiteren Verlauf der Verhandlung kaum positiv auswirken konnte. In der allgemeinen Hysterie ging völlig unter, daß die Angeklagten ihr Geständnis bald darauf widerriefen. Und in der allgemeinen Hysterie ging ebenfalls unter, daß die Angeklagten wenig später behaupteten, in fremdem Auftrag gehandelt zu haben und nichts von den Brandbomben in den abgelegten Taschen gewußt zu haben. Damals wie heute redet kein Mensch darüber, daß die angeblichen RAF-Gründer zu Beginn ihrer Karriere erklärten, auf Anweisung gehandelt zu haben. Nun könnte das ja einfach eine Schutzbehauptung gewesen sein, gäbe es nicht gegenteilige Hinweise. Bei den Prozeßbeobachtern regten sich nämlich Zweifel an der politischen Überzeugung von Baader und

Konsorten.[20] Und der Richter sagte in seiner Urteilsbegründung: »Die Angeklagten sind keine wirklichen Überzeugungstäter.«[21] »Es sollte nur den Monopolkapitalismus und die Versicherungen treffen, die sowieso in ihren Profiten ersticken« – dieser Satz aus dem Munde des Porsche- und BMW-Fans Baader klang wenig glaubwürdig. Zur Brandstiftung in Frankfurt waren er und seine Begleiter in einem »Amischlitten« (Proll) angereist. Zudem paßten die in den Kaufhäusern gezündeten Brandbomben auch nur allzugut in das Sortiment von Baaders Waffenlieferanten Peter Urbach. Sein Arsenal umfaßte ja neben Drogen auch allerlei Brenn- und Sprengbares.[22]

Die Kaufhausbrandstiftung zeigt beispielhaft, wie der mutmaßliche V-Mann Andreas Baader und seine Komplizen arbeiteten. Schon Ensslins Äußerung in Sachen Vietnam mußte sich verheerend auf das Image der Studentenbewegung auswirken. Da zündeln ein paar durchgeknallte »Linke« genau dort, wo tagsüber Tausende von Müttern und Vätern einkaufen: im Kaufhaus Schneider. Und dann setzte Andreas Baader bei der Gerichtsverhandlung noch einen drauf, indem er behauptete, Mitglied des SDS zu sein, des Sozialistischen Deutschen Studentenbundes, der zentralen Organisation der deutschen Studentenbewegung. Damit drohte die Kaufhausbrandstiftung endgültig »der Protestbewegung« in die Schuhe geschoben zu werden. Und nicht nur das: Sie brachte auch noch das Herz der Studentenbewegung in Bedrängnis, denn diese Behauptung entsprach nicht der Wahrheit. Jedenfalls sagte das der SDS: Andreas Baader war nicht Mitglied im SDS.

Doch warum hatte er das Gegenteil behauptet? Ganz einfach: Weil seine Behauptung ein wirksamer »Auslöser« war – für Wut, Aggression und Unverständnis der Protestbewegung gegenüber. In Wirklichkeit kommt hier bereits das Urmotiv der RAF-Politik zum Ausdruck: Es ging um die Abspaltung bzw. Separierung der Linken von der bürgerlichen Mitte, für die das biedere Kaufhaus Schneider stand. Und es ging um die Diskreditierung von kritischen Bevölkerungspotentialen durch kriminelle Aktionen und um die – tödliche – Umarmung von legalen Protestbewegungen. Ein Motiv, das sich wie ein roter Faden durch drei Jahrzehnte RAF ziehen sollte und selbst noch beim angeblichen RAF-Anschlag auf die US-Botschaft 1991 und beim Attentat auf den Treuhand-Chef Detlev Karsten Rohwedder 1991 zu beobachten war. In beiden Fällen wurde in den Bekennerbriefen ausdrücklich auf die legalen Protestaktionen gegen den damaligen Golf-Krieg und gegen die Treuhandanstalt Bezug genommen. Den friedlichen Protestbewegungen wurde damit erheblicher Schaden zugefügt, da sie plötzlich als »legaler Arm« der RAF dastanden. Bereits an der Bereitschaft Baaders, sich als Mitglied des SDS auszugeben, ist diese Stoßrichtung deutlich zu erkennen. Die »Politik« der RAF war demnach von Anfang an abgrundtief reaktionär. In Wirklichkeit führte die RAF von Beginn an einen Krieg gegen die Linke. Auf den SDS wurden im April 1968 also zwei Attentate verübt: die Kaufhausbrandstiftung am 2. April und das Attentat auf seinen Führer Dutschke am 11. April. Daran ändert auch die Tatsache nichts, daß die tödliche Umarmung von Teilen des SDS erwidert wurde, insbesondere von Daniel Cohn-Bendit, dem Kampfgefährten des Frankfurter Spontis und späteren Außenministers Joschka Fischer. Als SDS-Mann hielt Cohn-Bendit nach der Kaufhausbrandstiftung eine wahrhaft flammende Rede im Gerichtssaal und verlangte die Übergabe der Angeklagten an ein »Studentengericht«.[23] Damit mußte selbst beim begriffsstutzigsten Zeitungsleser der Groschen fallen: Die Zündler von Frankfurt waren Mitglieder der Studentenbewegung und des SDS. Am 21. März 1970 löste sich der SDS übrigens als bundesweite Organisation auf. Die letzte Ortsgruppe des SDS wurde gar verboten, und zwar am 24. Juni 1970.[24]

Am 31. Oktober 1968 wurden Baader und Komplizen zu drei Jahren Zuchthaus verurteilt – eine vergleichsweise harte Strafe. Doch erstaunlicherweise kamen die Brandstifter schon siebeneinhalb Monate später, am 13. Juni 1969, wieder auf freien Fuß. Die offizielle Begründung war ein laufender Revisionsantrag gegen das Urteil – bis zur Entscheidung wurde die Haft ausgesetzt. Es gibt allerdings ein zweites Erklärungsmuster für die plötzliche Entlassung: Es ist die Art und Weise, wie typische V-Mann-Karrieren verlaufen. Zuerst verwickelt man die in Frage kommenden Personen in eine Straftat, dann werden sie zu einer harten Strafe verurteilt, um ihnen anschließend einen Vorschlag zu machen: vorzeitige Entlassung gegen weitere Gegenleistungen. Welche Gegenleistungen könnten dies im Fall Baader/Ensslin gewesen sein? Möglicherweise geben die weiteren Aktivitäten des Terrorpärchens Auskunft.

Nach ihrer erfolgreichen Feuertaufe im Kaufhaus biederten sich Baader und Ensslin bei entwurzelten und leicht manipulierbaren Personen an. Sie kamen nämlich auf die Schnapsidee, ein Heim für jugendliche Heimausreißer zu gründen. Um das Frankfurter Jugendamt zur Beschaffung von Räumen zu nötigen, besetzten Baader, Ensslin und ihre neuen Anhänger das Büro des Jugendamtsleiters. Der hatte sofort den Eindruck, Baader gehe es weniger um Erziehung oder soziale Belange, sondern darum, die Jugendlichen zu Abenteuerspielchen am Rande der Legalität zu bewegen.[25]

Trotzdem gelang es Gudrun Ensslin, »den Leiter des Frankfurter Jugendamtes für ihr Projekt zu gewinnen. Sie gründeten einen Trägerverein und mieteten sechs Wohnungen an. Das war die aus öffentlichen Geldern bezahlte Basis, von der aus Baader seinen ›Großangriff auf die Heime‹ starten wollte«.[26] Noch mal langsam zum Mitschreiben: Da ermöglichte also ausgerechnet das Jugendamt zwei verurteilten Brandstiftern mit öffentlichen Geldern die Gründung eines Jugendprojekts für schwer erziehbare Jugendliche. Kaum zu glauben. Entweder stimmte hier etwas nicht, oder die Behördenwelt muß damals radikal anders ausgesehen haben als heute. Tatsächlich diente das Sozialprojekt auch nicht der Erziehung oder anderen hehren Zielen, sondern der Rekrutierung leicht verführbarer Jugendlicher für den Aufbau einer pseudorevolutionären Bewegung. Fürsorgezöglinge sollten zu revolutionären Subjekten erzogen, oder besser gesagt: mißbraucht werden. Daher war der Ausdruck vom »Großangriff auf die Heime« durchaus wörtlich zu verstehen. Schon das macht klar, daß es sich dabei kaum um pädagogische Maßnahmen gehandelt haben kann. Oder glaubt irgend jemand, ausgerechnet Andreas Baader hätte sich als Heimvater für schwer erziehbare Jugendliche geeignet? Natürlich nicht. Darum ging es ja auch gar nicht.

Nachdem der Bundesgerichtshof im November 1969 den Revisionsantrag der Brandstifter verworfen hatte, setzten sich Baader, Ensslin und Proll ins Ausland ab. Baader sei »der Verführer« gewesen, erinnert sich sein Ex-Kumpel Thorwald Proll: »Der konnte Leute gut verführen. Und irgendwie mitreißen.«[27] Probleme mit Geld und Unterkünften hatten sie kaum, denn Baader war sozusagen der Sugar Daddy der Gruppe: »Er hat sich immer sehr für alles eingesetzt, hat für alles gesorgt, wir hatten immer eine Wohnung, wir hatten immer Geld«, erinnert sich Thorwald Proll.[28] Auf ihrer Flucht trafen Baader und Ensslin unter anderem den italienischen Verleger Giangiacomo Feltrinelli, den manche für einen ausgewiesenen Linksradikalen hielten. Doch in Wahrheit war er ein Mann mit einem doppelten Gesicht. So begründete er nicht nur die Notwendigkeit intensiver Provokation, um das reaktionäre Wesen des Staates aufzuzeigen, sondern er befürwortete vor allem den Schulterschluß mit dem Rechtsextremismus. Dessen Methoden müßten akzeptiert werden, zum Beispiel, wenn es darum ging, Reisende in einem Zug unterschiedslos zu attackieren. Ein Jahr nach dieser Empfehlung explodierte am 4. August 1974 im Italicus-Expreß auf der Strecke Florenz–Bologna eine Bombe, ein Zugattentat also, wie sie heute »Islamisten« vorgeworfen werden. »Der Sohn eines Mannes, der unter Mussolinis Faschisten ein Vermögen gemacht hatte, war schon als Jugendlicher ein begeisterter Faschist, wie Bekannte aus jener Zeit bezeugen«, heißt es in dem Buch *Terrorismus-Report* von Thomas Falkner über den Baader-Bekannten Feltrinelli. »Nachdem sich der politische Wind mit dem Kriegsende gedreht hatte, trat der junge Feltrinelli zunächst der Sozialistischen Partei – und als sich diese als nicht sehr einflußreich erwies, der Kommunistischen Partei in Italien bei.«[29] 1957 endete seine Mitgliedschaft. Dafür pflegte der Baader-Bekannte Feltrinelli nun die Bekanntschaft mit Leuten wie dem faschistischen Oberst Fürst L. Valerio Borghese. Noch nach der Kapitulation Italiens und der Kriegserklärung gegen Deutschland hatte der Italiener Borghese Schulter an Schulter mit der faschistischen Repubblica Sociale Italiana (RSI) auf Seiten Deutschlands weitergekämpft. Borghese war ein Fachmann für terroristische Kriegführung mit bemannten Torpedos und Sprengbooten.[30] In dem von den Deutschen errichteten faschistischen Rumpfstaat RSI hatte Borghese sich durch besonders blutige Jagden auf Partisanen ausgezeichnet, wobei er über achthundert Menschen umgebracht haben soll. Nach dem Krieg arbeitete Borghese am Aufbau faschistischer Gruppen, u. a. der *Italienischen Sozialen Bewegung* und war enger Vertrauter des italienischen Nachrichtendienstes Sifar und der CIA.[31] 1970 unternahm Borghese zwei faschistische Putschversuche in Italien. Er war auch Verbindungsmann für die Integration faschistischer Gruppen in die geheime Terrorstruktur der Nato, Gladio, die schon mehrfach im Verdacht stand, für Terroranschläge verantwortlich zu sein.

1971 traf Baader-Freund Feltrinelli Borghese in der Schweiz und beriet sich mit ihm über die »Zerstörung der etablierten demokratischen Ordnung«. War diese »Zerstörung der demokratischen Ordnung« daher kein linkes, sondern ein faschistisches Projekt? Anfang 1970 traf sich Feltrinelli nicht nur mit Andreas Baader, sondern auch mit Renato Curzio von den italienischen *Roten Brigaden* sowie einem Führer der französischen Terrororganisation *Proletarische Linke*, um, so die Buchautorin Claire Sterling, »den europäischen Terror zu organisieren«. Schon 1967 waren Ulrike Meinhof und ihr Mann Klaus Rainer Röhl bei Borghese-Freund Feltrinelli zu Gast gewesen. Später meinte Röhl, Feltrinellis Drängen habe großen Einfluß auf Ulrike Meinhofs endgültige und verhängnisvolle Entscheidungen gehabt.[32] Ein italienischer Untersuchungsgefangener prophezeite einem Untersuchungsrichter namens Tamburino, ab jetzt werde man nichts mehr vom rechten Terrorismus hören, nur noch »vom anderen«. Also vom linken.[33] Das berühmte, eingekreiste große »A« (angebliche Abkürzung für »Anarchie«) wurde in Italien häufig von Neofaschisten an ihren Attentatsorten zurückgelassen.[34]

Doch was für einen Terror wollte der mutmaßliche Faschist und Baader-Freund Feltrinelli nun organisieren? Den linken oder den rechten? Nachdem Feltrinelli Anfang 1972 unter mysteriösen Umständen ums Leben gekommen war, befaßte sich der italienische Untersuchungsrichter Guido Viola näher mit seiner Person. Sein Fazit: Ein Putsch der Rechten in Italien sei Feltrinelli zu einer »zwanghaften Wahnidee« geworden: »Er erwartete ihn, er wünschte ihn, er flehte ihn fast herbei.«[35] Warum aber soll ein Rechter »linken« Terrorgruppen helfen? Weil er sie braucht, um einen Putsch zu legitimieren. So kann die Rechte als »Retter« der Nation auftreten, die selbstverständlich nicht von rechts, sondern von links bedroht wird. Das ist im Prinzip genau das, was mit der RAF und der Bundesrepublik passierte. Nur mit dem Unterschied, daß sich hier nicht eines Nachts hohe Offiziere und Beamte zusammenrotteten, um den Staat zu übernehmen. Jedenfalls wissen wir nichts davon. Vielmehr entschied man sich hier, den Faschismus rückstoßfrei wieder einzuführen. Man votierte für einen leisen und langandauernden Putsch, sozusagen einen Staatsstreich in Zeitlupe. Mit der ständigen Begründung des linken Terrors wurden Gesetze verändert und Bürgerrechte en gros ausgehebelt, bis wir endlich in jenem Überwachungsstaat ankamen, in dem wir heute leben.

Am 4. April 1970 wurde Baader auf einen Tip des V-Mannes Urbach hin erneut verhaftet beziehungsweise wieder den Behörden zugeführt. Auch diese Haft war jedoch nicht von langer Dauer. Sie währte nur bis zum 14. Mai 1970, also nicht einmal sechs Wochen. Dem unzuverlässigen Häftling, der sich nicht lange zuvor Hals über Kopf ins Ausland abgesetzt hatte, wurden ausgesprochene Vergünstigungen zuteil. So wurde er nur knapp sechs Wochen nach seiner Festnahme in die Bibliothek des Berliner Instituts für soziale Fragen ausgeführt, wo er angeblich mit der Journalistin Ulrike Meinhof an einem Buch arbeiten wollte. Ein wenig glaubhaftes Unternehmen. Und so kam es, wie es kommen mußte: Baader wurde seinen Befreiern damit auf dem Präsentierteller serviert. Nach einer kurzen Schießerei war Baader frei, und auch Ulrike Meinhof setzte sich bei dieser Gelegenheit in den Untergrund ab. Die Erfahrung zeigt, daß solche kurzen, aber eindrucksvollen Hafterlebnisse mit massiven Strafandrohungen dazu dienen, V-Personen wieder auf Linie zu bringen und »einzustellen«. Der Vorgang, der allgemein als die Geburtsstunde der RAF gilt, lief direkt unter den Augen des Verfassungsschutzes ab: »Verfassungsschützer waren in der Nähe des Befreiungsortes.«[36] Das könnte heißen, daß sowohl am Beginn (Urbach) als auch am Ende dieser kurzen Haft der Verfassungsschutz die Finger im Spiel hatte. Der Verfassungsschutz, fand Stefan Aust in seinem Buch *Der Baader-Meinhof-Komplex*, war »offenkundig recht gut informiert über das, was sich im Berliner Untergrund zusammenbraute: Die Anfänge der ›Rote Armee Fraktion‹«.[37]

Kaum zu glauben: Die gute alte RAF wurde quasi unter den Augen der Behörden gegründet. Auch eine heute berühmte Persönlichkeit war von den Socken: der damalige Strafverteidiger Otto Schily, der viele Jahre später als Bundesinnenminister Dienstherr genau jener Verfassungsschutzbehörden werden sollte, mit denen er damals zu kämpfen hatte – jedenfalls angeblich. Im Gegensatz zu seiner Zeit als Bundesinnenminister wollte Schily damals über die wahren Hintergründe des Terrorismus noch einiges wissen. In einem Strafverfahren gegen Horst Mahler, einen ebenfalls »linken« Strafverteidiger (mittlerweile am rechten Rand angesiedelt), stellte Schily Urbach einige Fragen, aus denen man entnehmen konnte, wie weit die Geburtshilfe seitens des Verfassungsschutzes gegangen sein mochte.

> »Die Fragen des Strafverteidigers Otto Schily, ob er nicht Waffen angeboten, ob er Pistolen, Maschinenpistolen, Mörser mit Phosphorgranaten beschafft habe, ob eine Bombe für die Kommune I vom Verfassungsschutz stamme, beantwortete Urbach mit dem Hinweis, er dürfe hierzu keine Aussage machen. Auch auf die weiteren Fragen, ob er (...) anläßlich der Springer-Demonstration 1968 selbst Fahrzeuge in Brand gesetzt habe, wurde ihm die Aussagegenehmigung als Agent des Verfassungsschutzes nicht gegeben. So darf er auch die Frage nicht beantworten, ob er den Brandanschlag auf einen Polizeipferdestall ausgeführt und dabei ein Pferd schwer verletzt habe.«

Selbst vor jüdischen Einrichtungen machte der Verfassungsschutzmann womöglich nicht halt: »Mahler zeigte seinerseits Verständnis für die Einschränkung der Aussagegenehmigung des Agenten [Urbach; G. W.], hätte er doch sonst die Herkunft der im November 1969 im jüdischen Gemeindehaus gefundenen Brandbombe aus den Arsenalen des Verfassungsschutzes erklären müssen.« Das beharrliche Schweigen Urbachs führte zu einem Freispruch Mahlers.[38]

Die Zündeleien und Ballereien von damals begünstigten neben den Notstandsgesetzen noch ein anderes, skandalumwobenes Gesetz in der Geschichte der Bundesrepublik, den sogenannten »Radikalenerlaß«. Ab 1972 war es mit seiner Hilfe möglich, Bewerber für den öffentlichen Dienst zu bespitzeln und angebliche Radikale von einer Tätigkeit im Staatsdienst auszuschließen bzw. fernzuhalten. Selbst Lokführer konnte man als »Radikaler« nicht werden, denn die Bundesbahn gehörte schließlich dem Staat. Das passende Klima für dieses Gesetz erwuchs aus einer Serie von Zusammenstößen zwischen Polizei, linken Schlägern und »Terroristen«: »Klimatisch begünstigt wurde der Radikalenerlaß durch die ersten Anschläge der Baader-Meinhof-Bande und sonstiger ›Stadtguerillas‹, die aus den Reihen der neuen Linken hervorgegangen waren«, so der Autor Udo Leuschner.[39] »In Mediendarstellungen und im Bewußtsein einer breiten Öffentlichkeit verschmolzen diese gewalttätigen Desperados mit sonstigen ›Radikalen‹ zu einer Einheit.«[40]

Im Klartext: Radikale wurden ganz einfach mit den staatlich geförderten Terroristen gleichgesetzt! Dabei bestand »aber kein sachlicher Zusammenhang« zwischen beiden Gruppen! »Der Radikalenerlaß zielte vielmehr gerade auf solche Linke, die sich gesetzestreu verhielten. Er war ein staatliches Instrument zur Drangsalierung politischer Gegner, die mit anderen Mitteln nicht zu fassen waren. Er war eine Art Sondergesetzgebung ohne gesetzliche Grundlage, mit der die drei Bundestagsparteien alles ausgrenzten, was sich außerhalb ihres politischen Spektrums bewegte.« Interessant: Mit Hilfe der dubiosen RAF, der Stadtguerilla oder wie sich die Militanten sonst noch nannten, hatte sich der Staat ein Gesetz geschaffen, um politische Gruppen zu schikanieren, die mit den Militanten meist gar nichts zu tun hatten.

Die Attentate schienen manchen Sicherheitspolitikern also wie gerufen zu kommen. Nach jedem Knall öffneten sie ihren Bauchladen mit den Folterinstrumenten des autoritären Staates: neue Sicherheitsgesetze, mehr Überwachung, Datenspeicherung und so weiter. Vom alleinigen Wunsch beseelt, die hinterhältigen Terroristen zu stoppen, wurde der Staat den Terroristen immer ähnlicher: Er mißachtete Freiheiten und Grundrechte, bespitzelte, gängelte und verdächtigte. Er nahm gefangen und erschoß, ohne lange zu fragen, wie die folgende Aufstellung zeigt:

02.06.1967	Bei einer Massendemonstration gegen den Schah erschießt ein Polizist den Studenten Benno Ohnesorg von hinten (Kopfschuß)
02.04.1968	Kaufhausanschlag von Baader und Ensslin
11.04.1968	Ein Attentäter schießt auf den Studentenführer Rudi Dutschke

11.04.1968	Springer-Demo mit Molotow-Cocktails des V-Mannes Urbach
30.05.1968	Verabschiedung der Notstandsgesetze
04.04.1970	Festnahme Baaders durch einen Tip des V-Mannes Urbach
14.05.1970	Bewaffnete Befreiung Baaders unter den Augen des Verfassungsschutzes
15.07.1971–03.12.1971	Diverse Schießereien zwischen Polizei und Terroristen
28.01.1972	Verabschiedung des »Radikalenerlasses« zur Bespitzelung und Ausgrenzung von Bewerbern für den öffentlichen Dienst

1967 bis 1972: Anschläge und Gesetze griffen ineinander, wie die Räder eines Uhrwerks.

Der Tod kam per Kopfschuß

Bei der Verfolgung von Terroristen häufen sich besonders auffällig die Kopf-, Rücken- und Genickschüsse. Der Student Benno Ohnesorg beispielsweise wurde am Rande der Schah-Demonstration am 2. Juni 1967 ohne jeden ersichtlichen Anlaß von einem Polizisten von hinten in den Kopf geschossen.[41] Das staatliche Attentat auf einen Wehrlosen war schließlich der Anlaß für die Gründung einer Terrorgruppe, der »Bewegung 2. Juni«. Als die Berliner Friseurin Petra Schelm am 15. Juli 1971 mit ihrem Begleiter Werner Hoppe in eine Straßensperre geriet, wurde sie ebenfalls von Polizeibeamten erschossen – angeblich aus Notwehr. Im Prozeß gegen Werner Hoppe kam jedoch der Verdacht auf, daß Petra Schelm von einem Polizeibeamten von hinten in den Kopf getroffen wurde.[42]

Bei einem Schußwechsel am 4. Dezember 1971 mit dem RAF-Mann Georg von Rauch trafen ihn die Polizeischützen tödlich ins Auge. Verschiedenen Quellen zufolge konnte von »Schußwechsel« im Moment des Todesschusses jedoch keine Rede mehr sein. Vielmehr sei der Schuß abgegeben worden, »als von Rauch bereits mit erhobenen Händen an einer Hauswand gestanden hatte und nach Waffen durchsucht worden war«, so der Rechtsanwalt und Bürgerrechtler Dr. Rolf Gössner.[43] Was auch die besondere Treffsicherheit der Beamten erklären würde …

Am 1. März 1971 erschoß die Polizei im schwäbischen Tübingen einen siebzehnjährigen Lehrling namens Richard Epple, der einem Streifenwagen die Vorfahrt genommen und anschließend eine Straßensperre nicht beachtet hatte. Als er sich mit der Polizei eine Verfolgungsfahrt geliefert habe, habe ein Beamter aus dem Seitenfenster heraus Dauerfeuer auf den Flüchtenden abgegeben und ihn dabei getötet.[44]

Doch das ist noch nicht alles: Als die RAF-Leute Thomas Weisbecker und Carmen Roll am 2. März 1972 in Augsburg einen Wagen besteigen wollten, griff die Polizei zu und schoß Weisbecker aus zwei Metern Entfernung ins Herz – angeblich in Notwehr. Eine Strafanzeige von Weisbeckers Mutter wegen des Verdachts der vorsätzlichen Tötung verlief im Sande.

Am 1. Juli 1972 schossen Polizeibeamte bei einer Hausdurchsuchung in Stuttgart durch eine geschlossene Tür und trafen den unbescholtenen Handelsvertreter Ian McLeod tödlich. »In den frühen Morgenstunden stürmten Kriminalbeamte die Wohnung des schottischen Geschäftsmannes«, berichtet der Rechtsanwalt Pieter Bakker Schut: »Dieser öffnete unbekleidet seine Schlafzimmertür und schloß sie sofort wieder.« Eine nachvollziehbare Reaktion – aber keineswegs empfehlenswert: »Kriminalobermeister Koglin feuerte in dem Moment aus der Maschinenpistole durch die geschlossene Schlafzimmertür. Ein in den Rücken eingedrungenes Geschoß tötete McLeod auf der Stelle.«[45]

Am 3. Mai 1977 erhielt der gesuchte mutmaßliche Terrorist Günter Sonnenberg bei seiner Verhaftung einen Kopfschuß.

Am 18. Oktober 1977 wurden der RAF-Häftling Jan Carl Raspe mit einem Kopfschuß und der RAF-Häftling Baader mit einem Genickschuß in ihren Zellen in Stuttgart-Stammheim aufgefunden. Medien und Politik erklärten, der RAF-Chef habe sich die Waffe selbst in den Nacken gesetzt, um einen Polizeimord vorzutäuschen. Merkwürdigerweise hatten Häftlinge im Stockwerk darunter, die normalerweise sogar das Geräusch der Toilettenspülung vernehmen konnten, keinen Schuß gehört. Und die Leiche Baaders wies im Genick zwar eine runde Prägemarke auf, wie sie bei einem aufgesetzten Schuß durch die Mündung der Waffe entsteht. Doch die Analyse der Pulverreste in der Wunde ergab, daß der Schuß aus etwa dreißig Zentimetern Entfernung abgegeben worden sein mußte. Eine plausible Erklärung für diesen Widerspruch (»ein aufgesetzter Schuß aus dreißig Zentimetern Entfernung«) wäre die Verwendung eines Schalldämpfers – der wurde aber in der Zelle nicht gefunden. Die »Diagnose« lautete Selbstmord, obwohl es daran bis heute viele Zweifel gibt.

Das gilt auch für den Selbstmord von Ulrike Meinhof, die schon 1976 tot in ihrer Zelle aufgefunden worden war, und für Gudrun Ensslin, die am selben Tag starb wie Baader und Raspe. Und so weiter und so fort: Die Ungereimtheiten im Zusammenhang mit den Todesfällen von Stammheim füllen ein ganzes Buch. Geschrieben hat es seinerzeit Raspes Rechtsanwalt Karl-Heinz Weidenhammer. Titel: *Selbstmord oder Mord? Das Todesermittlungsverfahren: Baader, Ensslin, Raspe.* Nach fast zehnjähriger akribischer Recherche kam Weidenhammer 1986 zu dem Schluß, daß »keines der für die Selbstmord-Behauptung vorgebrachten wesentlichen Beweismittel« einer kritischen Überprüfung standhalte.[46] Die einzige Überlebende der Stammheimer Todesnacht, die verurteilte RAF-Terroristin Irmgard Möller, bestreitet bis heute, sich selbst in Selbstmordabsicht verletzt zu haben. In einer Pressekonferenz bezweifelte auch der Rechtsanwalt von Gudrun Ensslin, daß es sich um Selbstmord gehandelt haben könnte. Sein Name: Otto Schily.[47]

Was heute fast vergessen ist: Keine vier Wochen später gab es den nächsten Selbstmord eines RAF-Häftlings, nämlich den der in München-Stadelheim einsitzenden Ingrid Schubert. Sie soll sich das Leben genommen haben, obwohl sie nach Verbüßung von mehr als der Hälfte ihrer dreizehnjährigen Haftstrafe in absehbarer Zeit mit ihrer Freilassung hätte rechnen können. »Es habe keine Hinweise auf eine solche Absicht gegeben«, schrieb die *Frankfurter Rundschau* am 14. November 1977. »Es seien auch keine Briefe oder andere Schriftstücke gefunden worden, die Anhaltspunkte geben könnten. Angehörige der Münchner Rechtsanwaltskanzlei Bendler, die Ingrid Schubert in ihren Prozessen vertreten hatten, teilten am Sonntag mit, die Gefangene habe nie Selbstmordabsichten geäußert. Nach den Selbsttötungen von Stammheim habe sie einen solchen Gedanken sogar ausdrücklich von sich gewiesen. Rechtsanwalt Bendler hatte seine Mandantin zum letzten Mal am Donnerstag, also zwei Tage vor der Tat, gesehen.«

Am 6. September 1978 wurde Willy Peter Stoll in einem Düsseldorfer China-Restaurant von zwei Polizisten erschossen. Das Verfahren gegen die Todesschützen wurde eingestellt. Begründung: Notwehr. Eine Notwehrsituation scheint es jedoch gar nicht gegeben zu haben. Vielmehr rechtfertige die »allgemein bekannte Gefährlichkeit terroristischer Gewalttäter« den Schußwaffengebrauch, so die Einstellungsbegründung der Staatsanwaltschaft Düsseldorf. »Ein Argument, das gegen eine konkrete Notwehrsituation und für den generellen Vorsatz spricht, Personen, nach denen als Mitglieder der RAF gefahndet wird, zu töten.«[48] Tatsächlich bedeutete das: »Terroristen« dürfen standrechtlich erschossen werden, ob sie nun eine Waffe in der Hand haben oder nicht, ob sie sich nun friedlich verhalten oder nicht. Eine »allgemein bekannte Gefährlichkeit« reicht völlig aus, um liquidiert zu werden. Dabei muß man nicht etwa persönlich gefährlich sein. Es genügt, wenn »terroristische Gewalttäter« pauschal als gefährlich eingestuft werden. Schon befindet sich die Polizei in einer Notwehrsituation. Das ist amtlich – als Entscheidung einer deutschen Staatsanwaltschaft.

Am 4. Mai 1979 wurde die mutmaßliche Terroristin Elisabeth von Dyck beim Betreten einer Wohnung in den Rücken geschossen, woraufhin sie verstarb.

Ganz ähnlich erging es dem mutmaßlichen RAF-Terroristen

Rolf Heißler bei seiner Festnahme am 9. Juni 1979: Beim Betreten der Wohnung schoß ein Polizeibeamter Heißler in den Kopf – ohne Vorwarnung und ohne, daß Heißler den Versuch unternommen hätte, eine Waffe zu ziehen.[49] Heißler, der überlebte, wurde 1982 zu lebenslanger Haft verurteilt und rund neunzehn Jahre später, 2001, auf Bewährung entlassen.

Der letzte spektakuläre Fall polizeilicher Kopfschüsse ereignete sich am 27. Juni 1993 in Bad Kleinen (Mecklenburg-Vorpommern), jedenfalls wenn man einer Augenzeugin glaubt. An diesem Tag versuchte die Polizei den angeblichen RAF-Terroristen Wolfgang Grams zu verhaften. Dabei kam der GSG-9-Beamte Michael Newrzella zu Tode. Nach meinen Recherchen für das Buch *Operation RAF* wurde er wahrscheinlich irrtümlich von den eigenen Leuten erschossen, während Grams weiterlief, in ein Bahngleis fiel und dort von Polizeibeamten erschossen wurde. Letzteres wurde jedenfalls detailliert von einer Augenzeugin beschrieben.

Terrorismusabwehr nach Art des Bundesinnenministeriums: Ausschnitt aus der Website des BMI, 29. Mai 2006.

Das sind auffällig viele Kopf- und Herzschüsse und »Selbstmorde«. Es stellt sich daher die Frage, ob diese Häufung am Ende gar kein Zufall ist?

Selbstverständlich gab es auch auf seiten der Polizei und des Staates Menschen, die zur falschen Zeit am falschen Ort waren. Am 22. Oktober 1971 wurde beispielsweise der Polizeibeamte Norbert Schmid bei dem Versuch, die mutmaßlichen RAF-Terroristen Gerhard Müller und Ulrike Meinhof festzunehmen, erschossen. Am 22. Dezember 1971 wurde Polizeiobermeister Herbert Schoner bei einem Bankraub der RAF erschossen. Am 2. März 1972 wurde Kriminalhauptkommissar Hans Eckardt bei der Festnahme der mutmaßlichen RAF-Leute Wolfgang Grundmann und Manfred Grashof erschossen. Auch diese Beamten waren zweifellos Opfer – die Frage ist nur, wessen Opfer: Opfer der »Terroristen«? Oder Opfer eines Interesses, das zwischen »Terroristen« und Polizei einen netten kleinen Krieg angezettelt hatte, den Menschen auf beiden Seiten mit dem Leben bezahlen sollten? Bekanntlich kann man so lange Haß zwischen zwei Parteien säen, bis der Krieg sich selbst ernährt, weil es auf beiden Seiten genügend Greueltaten gegeben hat. Beide Parteien werden dann freiwillig und aus voller Überzeugung aufeinander schießen. Oder auch aus Angst. Brutale Schießereien und sogar Morde sind in einem solchen Konzept unerläßlich, ob an den Terrorgruppen nun V-Leute beteiligt waren oder nicht. Sie wurden gegebenenfalls als Kanonenfutter verheizt. Wie der Fall Schmücker zeigt, war das Leben eines V-Mannes ohnehin keinen Pfifferling wert. Und auch das bittere Ende von Andreas Baader muß keineswegs bedeuten, daß er nicht für den Staat arbeitete. Gefängnishaft wurde von V-Leuten schon immer in Kauf genommen, und wie sie enden würde, konnte Baader vielleicht nicht wissen.

»Die braunen Wurzeln des BKA«

Als der mutmaßliche Terrorist Klaus Jünschke am 7. Juli 1972 in Offenbach festgenommen wurde »und zum Haftrichter nach Karlsruhe überführt wurde, sagte ein Polizist zu ihm: ›Diesen schönen Streifenwagen verdanke ich Ihnen – und meine Beförderung auch!‹« Daß Terroristen die besten Lobbyisten waren, so BKA-Experte Dieter Schenk, brachte eines Tages ein LKA-Chef namens Waldemar Burghard auf den Punkt, »auch wenn er es scherzhaft meinte: ›Man hätte Ulrike Meinhof nicht so schnell festnehmen sollen, denn solange sie auf freiem Fuß war, konnte man eine Menge an Ausrüstung und Planstellen begründen.‹«[50]

Die »schießende Lobby« der Polizei war so erfolgreich, daß sich die Leute im Bundeskriminalamt irgendwann regelrecht auf den Füßen herumstanden. So sagte einmal ein Staatssekretär über den BKA-Präsidenten Herold (1971 bis 1981), der habe »vor allem durch den Rückenwind des Terrorismus« viel für das BKA herausgeholt, »und zwar mehr an Personal, als dem BKA gutgetan hat. Ich hatte den Eindruck, daß die Leute sich da auf den Füßen herumstanden.«[51] Den Steuerzahlern dürften auf diese Weise ziemlich teure kriminalpolizeiliche Hühneraugen gewachsen sein. »Bundeskriminalamt und Bundesanwaltschaft hatten damals das Sagen im Staat.«[52] Hatte das Amt 1960 noch 637 Planstellen, waren es 1969 schon fast 1000. Während die RAF und andere radikale Gruppen zündelten und bombten, nahmen die Planstellen des BKA weiter zu, wie die folgende Übersicht zeigt.[53]

Heute füttert der Steuerzahler in Wiesbaden und an anderen Dienstorten des BKA rund 5300 Mitarbeiter durch, die alle nur eines wollen: die Sicherheit der Bürger.

Es sieht so aus, als hätte der Rechtsstaat damit eine Schlange an seinem Busen genährt. Denn die Wurzeln des Bundeskriminalamtes sind tiefbraun, wie der ehemalige BKA-Mitarbeiter

Entwicklung der BKA-Planstellen

1951	355	1975	2425
1960	637	1980	3339
1969	933	1998	4362
1970	1211	2004	5291

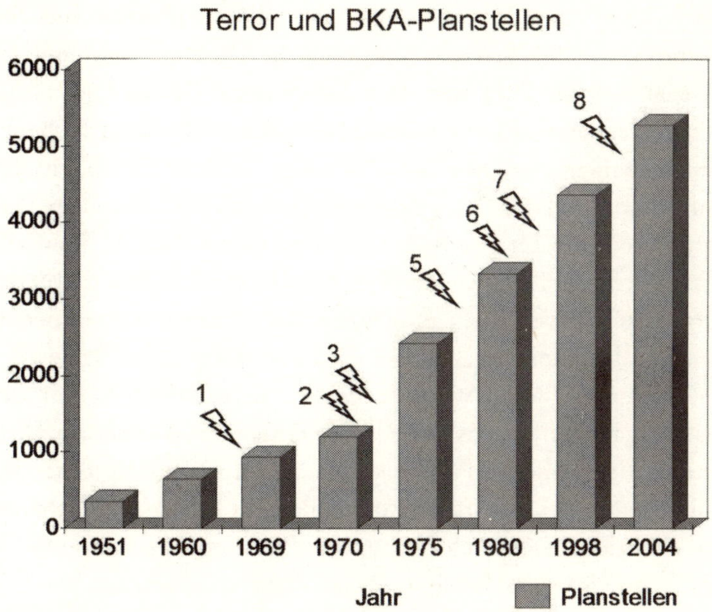

1 1968 Kaufhausbrandstiftung, Springer-Demo

2 1971 Schießereien zwischen Terroristen und Polizei

3 1972 Bombenserie der »RAF«, Terroranschlag bei den Olympischen Spielen

4 1975 Anschlag auf Deutsche Botschaft in Stockholm

5 1977 »Heißer Herbst«, Entführungen und Anschläge

6 1980 Oktoberfestattentat

7 1985 Morde der »3. RAF-Generation«

8 2001 Anschläge in den USA, Beginn des »Kampfes der Kulturen«

Gegenseitige Befruchtung: Terrorismus und BKA-Planstellen.

Dieter Schenk in seinem Buch *Auf dem rechten Auge blind – Die braunen Wurzeln des BKA* enthüllte. So braun wie die verborgenen Verbindungen des Terror-Paten und Baader-Freundes Giangiacomo Feltrinelli. Und dabei muß man keineswegs tief in der Geschichte des BKA buddeln, um irgendwo einen alten Nazi zu finden. Der Fisch stank vielmehr auch hier vom Kopf her. In den fünfziger Jahren bekam ein gewisser Paul Dickopf freie Hand, das Bundeskriminalamt nach seinen Vorstellungen aufzubauen. Nach Lage der Dinge können das nur Vorstellungen aus SS, Gestapo und SD gewesen sein, für die Dickopf während des Dritten Reiches tätig war. Der später auch für die CIA tätige »Doppelagent« und »raffinierte Schwindler« Dickopf (Schenk) schleuste nicht etwa nur den einen oder anderen Kumpel in das Bundeskriminalamt ein, sondern machte das BKA »zu einer Versorgungsanstalt für alte Nazis und Verbrecher«, meint jedenfalls Dieter Schenk. Nun wurde ja in der Bundesrepublik die Nazivergangenheit von allen möglichen Institutionen aufgearbeitet: von Kaufhauskonzernen ebenso wie von Banken, von Industrieunternehmen ebenso wie von ganzen Berufsständen. Nur der Nazivergangenheit des BKA wurde wenig Aufmerksamkeit zuteil. Auch Michel Friedman, der noch als stellvertretender Vorsitzender des Zentralrats der Juden ein Vorwort zu Schenks Buch schrieb, zeigte sich erstaunt, daß »ehemalige Polizeiführer des BKA früher an schwersten Nazi-Verbrechen beteiligt waren – und daß sich die Wiesbadener Behörde bis heute davon nicht offiziell und eindeutig distanziert und entschuldigt hat«.[54] »Nicht distanziert« ist untertrieben. Noch 1996 verweigerte das BKA dem Autor Schenk Einsicht in historisches Material mit der Begründung, daß dies »nicht im Sinn des verstorbenen Paul Dickopf« sei.[55]

»Die braunen Wurzeln des BKA« – so der Untertitel des Schenk-Buches – sind ausgeprägt. 1959 habe der Leitende Dienst des BKA aus siebenundvierzig Beamten bestanden:

»Bis auf zwei hatten alle eine braune Weste. Für das rechtsstaatliche Selbstverständnis des BKA ist es – rückblickend – als moralische Katastrophe zu bewerten, dass fast die Hälfte der siebenundvierzig BKA-Chefs als NS-Verbrecher im kriminologischen Sinne bezeichnet werden müssen. Fünf von ihnen waren Schreibtischtäter des Reichskriminalpolizeiamtes (RKPA), die mitwirkten, unzählige Homosexuelle, ›Zigeuner‹, ›Asoziale‹ und sogenannte Berufs- und Gewohnheitsverbrecher im Rahmen des Programms der Vorbeugenden Verbrechensbekämpfung in ein Konzentrationslager einzuweisen und damit einem fast sicheren Tod auszuliefern. Fünfzehn BKA-Führer waren Mitglieder der Einsatzgruppen in Polen und als Vorgesetzte in die Vernichtung der polnischen Intelligenz verstrickt.

Oder sie beteiligten sich als Angehörige der SS-Einsatzkommandos oder der Polizeibataillone in der besetzten UdSSR am Völkermord. Sie befehligten die Geheime Feldpolizei in Weißrußland, die an der Ausrottung der jüdischen Bevölkerung beteiligt war und massenweise Menschen als Partisanen oder politische Kommissare tötete, wenn nur ein fragwürdiger Verdacht vorlag. Einige BKA-Vorgesetzte hatten bei Exekutionen selbst ›Hand angelegt‹ oder waren Einsatzführer an der ›Grube‹, unter den erbarmungswürdigen Opfern waren auch Frauen und Kinder.

Zwei BKA-Führer waren Angehörige von Standgerichten oder SS- und Polizeigerichten. Annähernd jeder Dritte gehörte der Gestapo an, womit die in der Fachliteratur überwiegend vertretene Meinung widerlegt ist, dass wenigstens den Angehörigen der Geheimen Staatspolizei – von Einzelfällen abgesehen – der Zugang in Führungspositionen der Nachkriegspolizei versperrt blieb. So sah die ›unpolitische Kriminalpolizei‹ aus, die im Dritten Reich vornehmlich Diebstahl und Betrug bearbeitete und (nicht amtlich befohlene) Tötungsdelikte. Zwei dieser späteren BKA-Führer wurden (im Ausland) verurteilt, alle anderen blieben straflos, überstanden schadlos disziplinäre Überprüfungen und gingen als Räte oder Direktoren in allen Ehren in Pension. Sie haben sich nie distanziert oder Reue gezeigt, schon gar nicht Trauer.«[56]

»So kam es, daß Heydrichs Reichssicherheitshauptamt mit seinen getreuen SD- und SS-Männern (...) zum Grundstock des Bundeskriminalamtes wurde.«[57] Dickopf war also alles andere als ein personeller »Ausrutscher«, sondern genau der Präsident, den das Amt verdiente. Er leitete das Amt auch in jenen heißen Jahren, als mit Staatshilfe die sogenannte »Rote Armee Fraktion« entstand. 1968 war Dickopf ebenso noch BKA-Präsident wie 1969, 1970 und den größten Teil des Jahres 1971. Erst am 1. September 1971 wurde er von Horst Herold abgelöst, der unter dem Vorwand der Terror-Bekämpfung flächendeckend die Republik bespitzelte. »Ihnen, Herr Präsident Dickopf, hat die Sicherheit des demokratischen Staates immer als hoher Wert gegolten«, gab Bundesinnenminister Hans-Dietrich Genscher dem Alt-Nazi Dickopf bei dessen Verabschiedung mit auf den Weg: »Sie sind auch insoweit der gesamten Polizei in der Bundesrepublik ein Vorbild.«[58]

Und während das »demokratische« BKA angesichts der neuen, schrecklichen Bedrohung durch den Terrorismus wuchs und gedieh, pflegte Dickopf Freundschaften, die noch aus seiner Zeit als SD-Agent stammten. Wobei man Freundschaft in solchen Kreisen mit V schreibt: V wie V-Mann. Ab 1941 führte der deutsche Geheimdienstmann (SS, SD, Gestapo) und spätere BKA-Chef Dickopf einen illustren Schweizer Bankier, oder besser gesagt: Geld-Schieber, namens François Genoud als seinen V-Mann – eine Beziehung, die sich in eine lebenslange Freundschaft verwandeln sollte. Und auch Genoud war braun. Der Hitler-Verehrer Genoud machte aus seiner Gesinnung nicht nur keinen Hehl, sondern fungierte auch als Herausgeber mehrerer Nazi-Werke, darunter die Tagebücher Goebbels'. »1932 traf er Hitler, lebte während des Krieges zeitweise im Deutschen Reich, arbeitete mit dem Deutschen Geheimdienst, organisierte nach dem Krieg die Flucht von Nazigrößen, war literarischer Agent der Erben Hitlers und Goebbels' und finanzierte die Verteidigung von Adolf Eichmann und Klaus Barbie«, so Karl Laske in seinem Buch *Ein Leben zwischen Hitler und Carlos: Francois Genoud*

(Rückentext). Und damit es nicht vergessen wird: auch die Verteidigung des Top-Terroristen Carlos. Vor und wahrscheinlich auch nach dem Krieg funktionierte Genoud als eine Art Scharnier zwischen Nazis und arabischen Nationalisten, die in Israel und den Juden einen gemeinsamen Feind sahen. Es kann sogar sein, daß der Gründer und spätere Präsident des Bundeskriminalamtes, Dickopf, mit François Genoud einen direkten Draht zu Adolf Hitler besaß – verschiedenen Berichten zufolge soll Genoud zu Hitler eine äußerst enge Beziehung unterhalten haben. Angeblich habe er unangemeldet sein Büro betreten dürfen und sei ein Hitler direkt unterstellter Agent gewesen.[59] Das würde auch erklären, wie er es zum literarischen Nachlaßverwalter Hitlers und Goebbels' bringen konnte.

Wobei es von einem V-Mann-Führer zu seinem V-Mann normalerweise ja ein hierarchisches Gefälle gibt, ebenso wie von diesem V-Mann zu dessen »Vreunden«. Das waren im Fall von Dickopf-Spezi Genoud einige der namhaftesten palästinensischen »Freiheitskämpfer« wie Abu Jihad (Khalil el-Wasir), Georges Habasch und Ali Hassan Salameh. Dickopf-Freund Genoud managte nicht nur die Finanzoperationen von berüchtigten Terrororganisationen wie dem *Schwarzen September* (verantwortlich für das Olympiamassaker 1972 in München). Offenbar gehörte er selbst zur Führungsebene der Terrororganisation PFLP. »Er hat der Operationsebene gemeinsam mit Wadi Haddad eine strategische Dimension verliehen, daher nannte man ihn Scheich, also Chef, oder auch den ›Alten‹, so Bassam Abu Scharif, ein ehemaliger Kopf dieser Bewegung, über Genoud.«[60] Und wie es der Teufel so will, schulte besagter Wadi Haddad (alias Abu Hani) im Sommer 1970 keine Geringeren als die beiden deutschen Terroristen Andreas Baader und Ulrike Meinhof.[61] Abu Hani/Wadi Haddad, den Genoud als »großen Helden« betrachtete, war Chef der Auslandsabteilung der PFLP (Popular Front for the Liberation of Palestine). »Ohne die Unterstützung der Palästinenser wäre die RAF von Mitte der siebziger bis Anfang der achtziger Jahre nicht mehr oder nur sehr eingeschränkt aktionsfähig gewesen«, erklärte im Herbst 2002 Peter-Jürgen Boock, einer der Schleyer-Entführer aus dem Jahre 1977, gegenüber *Spiegel TV*. Mehr noch: Ohne die Unterstützung der Palästinenser wäre der »Deutsche Herbst« unmöglich gewesen. Die Verbindungen seien eng gewesen und auf die Jahre der Studentenrevolte zurückgegangen. »Der Kontaktmann war Wadi Haddad von der PLFP (›Volksfront für die Befreiung Palästinas‹): Er lieferte Maschinengewehre und Sprengstoff.«[62]

Genoud-Freund Haddad, der Genoud liebevoll »Sheikh François« nannte, war »der Pate aller europäischen Terroristen«.[63] Das »Special Command (CS)« von Haddads PFLP bildete »nicht nur die eigenen Kämpfer aus, sondern auch Angehörige befreundeter Organisationen wie der RAF, der RZ, der ›Bewegung 2. Juni‹ und irischer, sogar holländischer Gruppen. (...) Die PFLP lieferte Waffen, Sprengstoff, Blanko-Pässe und vor allem Trainingsmöglichkeiten für den bewaffneten Kampf.«[64] PFLP-Chef Wadi Haddad teilte sich mit BKA-Präsident Paul Dickopf einen dicken Freund: François Genoud. Da kann man ganz schön durcheinander kommen. Denn normalerweise gilt ja häufig der Grundsatz: Der Freund meines Freundes ist auch mein Freund.

Für einen BKA-Präsidenten, der gerade schrecklich heldenhaft den entstehenden Terrorismus bekämpfte, war der Nazi und Palästinenserfreund Genoud wahrlich eine illustre Bekanntschaft. Während Dickopf sein BKA ausbaute, tat Genoud alles, damit seinen Freunden nicht die Arbeit ausging: Paul Dickopf nicht, indem Genoud-Freund Wadi Haddad die RAF förderte und steuerte. Wadi Haddad nicht, indem Genoud dessen Organisation förderte und steuerte. Der palästinensische Terror und die RAF waren also zum Teil ein Nazi-Projekt. 1968 half Genoud über seinen Einfluß in arabischen Ländern seinem Nazi-Freund Dickopf sogar, zum Präsidenten von Interpol gewählt zu werden. Außerdem widmete sich Genoud ungefähr ab diesem Zeitpunkt auch einem seiner liebsten Hobbys: Flugzeugentführungen.

»Einer von François Genouds besten Freunden wird also Präsident von Interpol«, schreibt Karl Laske. »Und dies genau zu dem Zeitpunkt, da wiederum andere Freunde sich dazu entschließen, das Gesetz zu mißachten und zu Terroraktionen großen Stils überzugehen. Seltsamerweise wird die Interpol, die eigentlich als erste von den Flugzeugentführungen hätte beunruhigt sein sollen, nicht auf diese neue Form des Terrorismus reagieren. ›Seit dieser ersten arabischen Entführung eines Flugzeugs der *El Al* im Juli 1968, die eine Wende einleitete, hat die IKPO [Internationale Kriminalpolizei-Organisation = Interpol; G.W.] kontinuierlich die Kunst des Ausweichens praktiziert und es vermieden, sich mit dem Problem der neuen Welle der Gewalt zu befassen, die die Welt überrollte‹, bemerkt Fenton Bresler in seinem maßgeblichen Buch über Interpol.«[65]

Zwischen 1969 und 1971 wurden pro Jahr etwa fünfzehn Flugzeuge durch palästinensische Organisationen entführt, eine Zahl, die sich nach dem Auftauchen der von Genoud geförderten Terrororganisation *Schwarzer September* verdreifachen sollte – auf fünfzig Flugzeugentführungen pro Jahr.[66] Laut Karl Laske gestand Genoud Jahre später selbst »die Beteiligung an der Vorbereitung der Entführung einer Boeing 747 der Lufthansa zwischen Neu-Delhi und Athen im Februar 1972«. Gemeinsam mit Haddad habe Genoud, der Freund des ehemaligen BKA-Präsidenten und seinerzeitigen Interpol-Chefs Dickopf, nach eigenen Angaben die Höhe des Lösegeldes festgelegt und das Erpresserschreiben in der Lufthansa-Zentrale in Köln abgeliefert: »Wadi Haddad wollte Deutschland treffen«, erklärte Genoud später. »Andererseits benötigte die Bewegung Geld. Wir haben gemeinsam überlegt, welchen Betrag man von den Deutschen bekommen könnte. Denn man muß immer richtig kalkulieren: Wenn man überhöhte Summen fordert, wird das ganze Unternehmen unmöglich, andererseits darf man natürlich auch nicht zu wenig verlangen.«[67]

Terroristenchef Haddad (oben links) und sein Freund und Förderer »Sheikh François« Genoud (oben rechts), Intimus des BKA-Gründers und -Präsidenten Paul Dickopf (unten).

Der Höhepunkt der Operationen von Genoud-Freund Haddad war die gleichzeitige Entführung von vier Flugzeugen an einem Tag Anfang September 1970. Alle vier Maschinen befanden sich auf dem Weg nach New York: eine Boeing 707 der TWA, eine DC 8 der Swissair, eine Boeing 747 der Pan Am und eine Boeing 707 der israelischen Fluggesellschaft El Al. Eine dieser vier Entführungen scheiterte, genauso wie auch die Entführung von Flug 93 am 11. September 2001 »gescheitert« ist: die Entführung der israelischen El Al-Maschine. Möglich wurden viele solcher Operationen erst durch die tatkräftige Mithilfe des braunen Bankiers und Dickopf-Freundes François Genoud. Wie gesagt, der Banker hatte nicht nur ein Faible für Palästinenser, sondern überhaupt gute Verbindungen in den arabischen Raum. So formte Genoud in seiner Funktion als Banker laut *reseau voltaire.net* auch die Schweizer Niederlassungen des Familienkonzerns »Saudi Bin Laden«-Group (SBG), das Unternehmen der Familie Bin Laden, aus der später der CIA-Krieger und Terrorspezialist Osama Bin Laden hervorgehen sollte. Außerdem arbeitete Genoud demnach auch mit dem arabischen Bankier Khaled Bin Mahfouz zusammen, der schon Anfang der neunziger Jahre »durch seine finanzielle Unterstützung des internationalen Terrorismus von sich reden« machte.[68] Heute gehört Scheich Bin Mahfouz zu den Investoren der Investmentgruppe Carlyle Group, für die George Bush senior, der Vater des gegenwärtigen US-Präsidenten, als Berater tätig war oder ist. Der dunkle Banker und Genoud-Partner Bin Mahfouz unterhalte »enge wirtschaftliche Beziehungen zur Familie Bush«.[69] Über einen Strohmann habe er beispielsweise Anteile an den Ölfirmen von George Bush junior gehalten. Auf diese Weise war der erst 1996 verstorbene Genoud möglicherweise auch sehr nah an der Familie Bush dran. Und, als Sahnehäubchen: Genoud- und Bush-Freund Bin Mahfouz war danach auch Geschäftspartner von Thomas Kean, dem Vorsitzenden der »unabhängigen« 9/11-Untersuchungskommission, die bei der Aufklärung der

Attentate des 11. September so bemerkenswert wenig Erfolg hatte. So klein ist die Welt.

Genoud-Freund Paul Dickopf, nach dem am BKA-Standort Meckenheim eine Straße benannt wurde, wurde am 1. September 1971 durch Horst Herold ersetzt, jenen Mann, der in Deutschland die totale Durchleuchtung und Zerschlagung der Linken organisierte – als »Reaktion« auf die Attentate der sogenannten »Rote Armee Fraktion«.

1977, während der Schleyer-Entführung, kidnappte ein Kommando von Haddads PFLP die Lufthansa-Maschine *Landshut*, angeblich um die RAF-Häftlinge in Stammheim freizupressen. Und das kam Berichten zufolge so: Während der Schleyer-Ent-

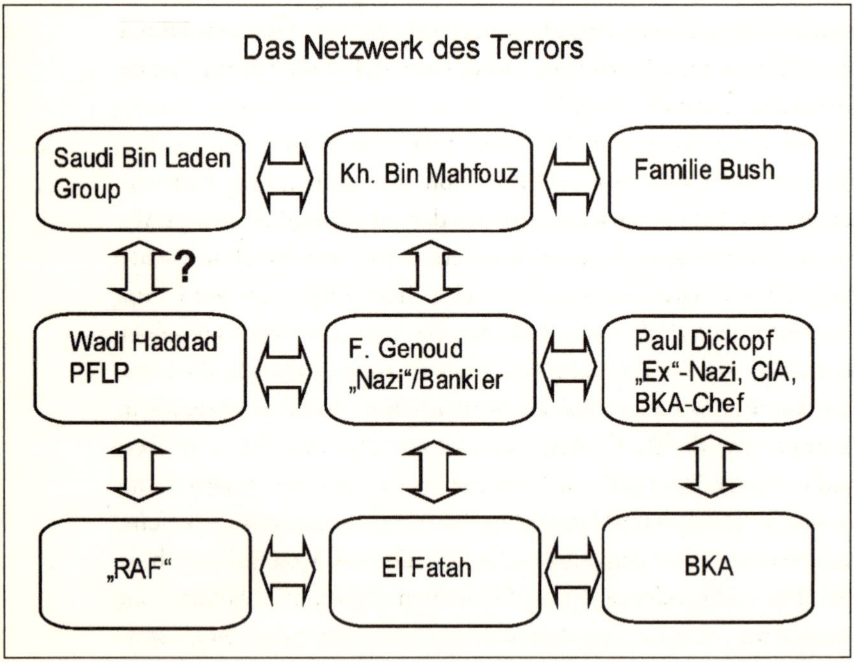

Das BKA in schlechter Gesellschaft: So stellt sich das Netzwerk des Terrors aufgrund verschiedener Quellen dar.

führung sei plötzlich der Terrorist Johannes Weinrich bei dem Schleyer-Kommando der RAF aufgetaucht und habe gesagt: »Abu Hani [Haddad; G.W.] wundert sich, wieso ihr ihn nicht darum bittet, euch mit einer Aktion zur Seite zu stehen.«

»Na gut, fein, daß du mir das jetzt gesagt hast«, habe die RAF-Frau Brigitte Mohnhaupt geantwortet, »ich nehm' das hier mal zur Kenntnis. Beim nächsten Routinegespräch mit Abu Hani werde ich das auch ansprechen.« Die RAF führte also »Routinegespräche« mit dem Genoud-Freund Haddad/Hani. Beim nächsten Zusammentreffen hätten ihn die RAF-Leute auf eine mögliche Hilfsaktion angesprochen. »Und zu ihrer großen Überraschung zauberte er zwei Aktionen aus dem Hut.« Beide, so habe Haddad-Hani ihnen gesagt, seien fertig vorbereitet, sie könnten sich eine davon aussuchen. »Die eine Aktion war eine Geiselnahme in der Deutschen Botschaft in Kuwait, die andere die Entführung eines Urlauberflugzeugs auf dem Weg von Palma de Mallorca nach Frankfurt.« Man habe sich dann für die zweite Möglichkeit entschieden.[70]

Die Entführung der *Landshut* war mithin eine Aktion der Nazi-Frontorganisation PFLP. Schon bei den ersten Kontakten mit den Palästinensern habe sich der (drogenabhängige) RAF-Mann Peter-Jürgen Boock gewundert, »über welche Dokumente die PFLP verfügte«, so Aust. »So seien ihnen immer wieder Fahndungsunterlagen über die RAF von BKA und Interpol vorgelegt worden.« Also exakt aus jenen beiden Organisationen, die einst von Genoud-Freund Paul Dickopf geleitet worden waren. Die Gruppe, also die RAF, durfte die Dokumente sogar fotokopieren und mit nach Deutschland nehmen. »Besonders interessierten die Dossiers des Bundeskriminalamtes über wichtige persönliche Kennzeichen der Gruppenmitglieder.« Die BKA-Unterlagen halfen den mehr oder weniger Gesuchten dabei, ihr Äußeres zu verändern: »›Einige‹, so Boock später gegenüber der Bundesanwaltschaft, ›ließen sich daraufhin Warzen und Leberflecke wegoperieren.‹« Gegenüber den RAF-Leuten wurde der Eindruck erweckt, die Dokumente stammten aus Beständen der DDR-Staatssicherheit. Wie zufällig sei auf einem der Papiere der Briefkopf nicht vollständig abgedeckt gewesen, so Aust, so daß man die Worte »für Staatssicherheit« habe entziffern können. Woraus die wackeren RAFler schlossen, die Papiere stammten aus Beständen der Stasi, die sie wohl dem Bundeskriminalamt abgeluchst hatte.[71] Ob die Dokumente aber wirklich den Umweg über Ost-Berlin oder aber den ganz kurzen Dienstweg über Genoud-Haddad genommen hatten, ist bis heute nicht bekannt. Zwar war Dickopf 1971 als Präsident des BKA und 1972 als Präsident von Interpol ausgeschieden und 1973 verstorben, aber ob damit auch die Kommunikationskanäle versiegten, ist keineswegs sicher. Vielmehr konnte bis heute der Verdacht nicht ausgeräumt werden, »daß die RAF über Informationen aus dem Amt heraus verfügte«, so der ehemalige BKA-Mann Dieter Schenk.[72] Schließlich gab es noch einen anderen möglichen »Dienstweg«: Den regen Besuchsverkehr zwischen BKA und Palästinensern. Mal flog ein BKA-Mann nach Beirut, wo er plötzlich einem palästinensischen Attentäter gegenüberstand: »Ziemlich verrückte Situation«, erinnerte sich der Mann später: »Da stand man als Polizist einem Erzverbrecher gegenüber und mußte ein freundliches Gesicht machen.« Schrecklich. Die Palästinenser statteten ihrerseits dem BKA Besuche ab: »Daß Arafats El-Fatah-Kämpfer im BKA ein und aus gingen, verwirrte die israelische Regierung«, so Schenk.[73] Das mag man gern glauben. Immerhin besorgte dieselbe El Fatah, die im BKA »ein und aus ging«, schon mal die Tickets für einen RAF-Ausflug nach Beirut. Mit einem Passierschein der El Fatah wurde die Reisegruppe an den Grenzen durchgewinkt. In Amman wurden sie von den militärischen Führern der El Fatah empfangen.[74] 1970 trafen RAF-Leute auch den Planungschef des *Schwarzen September*, jener Truppe, die 1972 das Olympiamassaker von München verüben sollte und von François Genoud gefördert (oder gesteuert) wurde. »Die Autonomie der RAF, auf die wir uns so viel eingebildet haben, war zu großen Teilen Fiktion und Selbstbetrug. Wir sind vermutlich öfters von Geheimdiensten wie ein Pfingstochse am Ring durch die Arena geführt worden«, meinte in später Einsicht der ehemalige RAF-Mann und Schleyer-Entführer Peter-Jürgen Boock 1992.[75]

Der Herr Ministerialrat verübt einen Anschlag

Gegen Ende der siebziger Jahre war die RAF am Ende. Besonders das Jahr 1977 hatte durch das Ableben der Führungsspitze zu einer deutlichen, zumindest mentalen Schwächung geführt. Lag es daran, »daß nach 1977 sowohl im Bundeskriminalamt als auch im Bonner Innenministerium fieberhaft darüber nachgedacht wurde, wie man die Steuerung der RAF selbst in die Hand nehmen könnte«?[76] Etwa um dieselbe Zeit war man im Bundeskriminalamt in der Tat dabei, selbst eine Terrortruppe aufzubauen. Das berichtete ein Kollege des späteren Buchautors Schenk, der BKA-Kriminaldirektor Hans Kollmar, 1982 vor einem Untersuchungsausschuß zu einer Geheimdienstaffäre: »Ich hatte vorgeschlagen, eine Gruppe von zwei oder drei Mitarbeitern zu etablieren, die als Terrorgruppe aufgebaut werden sollte, im Parallelgang zu bestehenden terroristischen Vereinigungen.« Selbstverständlich sollte das alles nur der »Bekämpfung« des Terrorismus dienen. Es bestand ja damals »die Schwierigkeit«, so Kollmar, »in Terroristengruppen einzuschleusen. Und da ich wußte, daß das nicht geht und daß das gefährlich ist, habe ich vorgeschlagen, eine isolierte Terroristengruppe zu bilden, die mit der Zeit von sich reden macht.« Wie sollte das nun wieder klappen? »Und wenn sie bekannt genug ist in den Kreisen, dann werden sich von selbst Kontakte zu anderen Gruppen ergeben. Und von da an kann man von der Seite einsteigen.«

Nun ja, wahrscheinlich war das nur ein Hirngespinst. Doch Herr Kollmar bestand darauf, das Ganze »exakt im Detail ausgearbeitet« zu haben: »Das war nicht nur eine spinnerte Idee, sondern ich habe ganz exakt bestimmte Maßnahmen vorgeschlagen, wie man das machen kann.«[77]

Aber mit welchen »Maßnahmen« kann man in terroristischen Kreisen Vertrauen gewinnen und von sich reden machen, wenn nicht mit Anschlägen? Und was wäre eigentlich gewesen, wenn man festgestellt hätte, daß man mit solchen Anschlägen ganz allein auf weiter Flur steht? Nun, dann hätte es eben nur eine einzige Terrorgruppe gegeben – nämlich die des Bundeskriminalamtes. Aber das ist selbstverständlich Fiktion. Daß es bei der angeblichen RAF von V-Leuten nur so wimmelte: alles Zufall. Und daß bei keinem einzigen der RAF-Morde seit 1986 ein Täter gefunden werden konnte – ebenfalls Zufall.

Und Zufall ist natürlich auch, daß just am 25. Juli 1978 die Mauer eines Gefängnisses in Celle in die Luft gesprengt wurde, und zwar von einer terroristischen Vereinigung ganz besonderer Art – Sie erinnern sich. Erst 1986 flog die Sache auf. So lange wurde das staatliche Attentat der Öffentlichkeit, aber auch anderen Behörden, als Anschlag von linken Terroristen verkauft. »Der Terrorist Sigurd Debus (35), der in Celle eine zwölfjährige Haftstrafe verbüßt, sollte vermutlich von Gesinnungsgenossen befreit werden«, hieß es damals in der Presse. »Der niedersächsischen Polizei gelang es jedoch, den Befreiungsversuch zu verhindern.« Die terroristischen Ministerialräte blieben lieber vornehm im Hintergrund und überließen die Lorbeeren anderen. Kurz nach dem Attentat wurden der Öffentlichkeit verschiedene V-Leute als Täter präsentiert, die mit dem Anschlag in Wirklichkeit jedoch überhaupt nichts zu tun hatten. Diese vermeintlichen Terroristen machten umgehend durch Versuche auf sich aufmerksam, andere zu strafbaren Handlungen zu animieren. Die *Frankfurter Rundschau* vom 5. März 1988 zog den Schluß, »daß alle Aktivitäten der V-Leute der Öffentlichkeit neue RAF-Terrorakte vortäuschen sollten«. Vielleicht ging es sogar darum, so Ellersiek und Becker in ihrem Buch *Das Celler Loch*, »eine eigene, terroristische Organisation aufzubauen«. Das Know-how dafür war wohl vorhanden, hatte doch bei der Sache mit dem Celler Loch womöglich wieder mal ein alter Bekannter die

Finger im Spiel – nämlich Michael Grünhagen, der »Ursachenforscher« des Terrorismus, der auch schon am Beginn der Rote Armee Fraktion zugegen war. Möglicherweise mischte Grünhagens V-Mann Christian H. bei dem staatlichen Anschlag von Celle mit.[78]

Dem schwindsüchtigen Terrorismus-Phantom wurde also mit allen Mitteln neues Leben eingehaucht, und zwar nicht nur in Niedersachsen, sondern auch anderswo. So wurde der Raum München 1983 von einer vermeintlichen Terrorwelle heimgesucht. Celle war sozusagen überall. Verschiedene Kaufhäuser, Supermärkte, aber auch eine Kreissparkasse wurden Ziele von Bombenanschlägen. Täter waren aber nicht autonome Linksradikale mit einem notorischen Haß auf den Staat, sondern schon eher Leute mit einer notorischen Abhängigkeit vom Staat. Darunter »der in autonomen und antiimperialistischen Kreisen aktive Manfred Scheffer, V-Mann des Verfassungsschutzes, der vom Amt zwischen tausend und zweitausend Mark pro Anschlag kassierte«, so der Verfassungsschutz-Experte Klaus Nordbruch.

> »Es versteht sich von selbst, daß auch die Bekennschreiben, die in RADIKAL, einem Szeneblatt des linksextremistischen Milieus veröffentlicht wurden, vom Amt formuliert worden waren. Im Juni '86 sprang Scheffer, der dem Verfassungsschutz unter dem Decknamen ›Donner‹ diente, ab und stellte sich freiwillig der Staatsanwaltschaft. Dort packte er aus. Unter Eid erklärte er, von den Verfassungsschützern aufgefordert worden zu sein, ›krumme Sachen‹ zu machen. Seine Kontaktmänner zum Amt, Josef Rauscher und Siegfried Stuck, hatten sich Scheffer zufolge geäußert, es solle mal was laufen, ›damit die Leute merken, aha, es ist nicht nur in Berlin was los, nicht nur in Hannover, in Frankfurt, auch in München haben wir Leute, die ganz spontan loslaufen mit Mollis und die irgendwo reinschmeißen‹. Sinn dieser Aktionen sei es gewesen, sich in der einschlägigen Szene zu legitimieren und mögliche Nachahmungstäter aufzuspüren.«[79]

Das war schon 1978 die Schein-Legitimation für den staatlichen Terror von Celle gewesen.

Ich hatt' einen Kameraden ...

Im Fall Grams hatte ich selbst Gelegenheit, einen etwas tieferen Einblick in die Mechanismen des Terrors zu bekommen. Grams war angeblich eine zentrale Figur der sogenannten Dritten RAF-Generation. Diese angebliche Dritte Generation entstand dadurch, daß plötzlich, 1984, wie auf Kommando verschiedene Leute aus dem linken Spektrum und dem sogenannten »Umfeld« der RAF von der Bildfläche verschwanden, darunter auch Wolfgang Grams. Durch ihr bloßes Verschwinden wurden sie von den Behörden der RAF-Kommandoebene zugerechnet – so einfach war das. Was Freunde und Lehrer über Grams aussagen, paßt jedoch überhaupt nicht in dieses Bild. »Bei jedem anderen war mehr Widerspruchsgeist vorhanden als bei Wolfgang«, urteilte zum Beispiel ein Lehrer über ihn. Andere schätzten ihn als »Mitläufer« ein. Die Tagespolitik war dem künftigen Terroristen gleichgültig: »Wenn ich Wolfgang in der Zeit nach dem amtierenden Innenminister gefragt hätte – Fehlanzeige«, erinnert sich ein Freund. Zeitung hätte Grams praktisch kaum gelesen. Zu Hause sei Grams »kein offensiver Streiter« gewesen. »Wenn es einmal lauter wird, steht er auf und verläßt, ohne ein weiteres Wort zu verlieren, den Tisch.«[80]

Die RAF (oder irgendein Verfassungsschutzamt) äußerte sich in Bekennerschreiben genauso liebevoll über den linken Softie wie seine Lebensgefährtin, die verurteilte RAF-Terroristin Birgit Hogefeld: »Vermutlich kannte ihn niemand so gut wie ich ... Wolfgang war ein sehr ruhiger, eher in sich gekehrter Mensch. Schon an seiner Art, sich zu bewegen, war ihm anzumerken, daß Hektik und jede Form von Streß seinem Naturell zuwiderlief.« Ein RAF-Terrorist, dem Hektik und jede Form von Streß gegen den Strich gingen?

Achtzehn oder neunzehn Jahre lang kannte Birgit Hogefeld Wolfgang Grams nach eigenen Angaben. Das heißt – wenn man von seinem Todesjahr 1993 ausgeht – etwa seit 1974. Kurz zuvor muß der 1953 geborene Grams sein Abitur gemacht haben. Wie man dem wenigen, was über seinen Lebenslauf bekannt ist, entnehmen kann, engagierte sich Grams von Anfang an auf der linken Seite des politischen Spektrums. Nach dem Abitur hat er als Zivildienstleistender in einem Krankenhaus gearbeitet. Aber schon vorher, gegen Ende seiner Schulzeit, soll er sich der »Sozialistischen Initiative Wiesbaden« angeschlossen haben. »Das war ein Zusammenschluß ganz unterschiedlicher Menschen aus dem linken und fortschrittlichen Spektrum. In ihr galt der Grundsatz, niemanden auszugrenzen«, berichtet Birgit Hogefeld in ihrer typisch salbungsvollen Diktion.

> »Von dieser Gruppierung gingen die verschiedensten Initiativen aus. Viele waren im Sozialbereich, also als SozialarbeiterInnen in Jugendzentren oder Obdachlosensiedlungen tätig; es gab aber auch Initiativen zur Irland-Solidarität oder eine Palästina-Gruppe, und auch der Hungerstreik der politischen Gefangenen 1974, in dem Holger Meins umgebracht worden ist, wurden von dieser Gruppierung unterstützt. Auch die ›Rote Hilfe‹ ist aus ihr hervorgegangen.
> Damals lebte Wolfgang mit Leuten aus diesem politischen Zusammenhang auch zusammen.«

Wie es scheint, begann Wolfgang Grams eine lupenreine linke oder linksradikale Karriere – jedenfalls nach der Erinnerung von Birgit Hogefeld:

> »Angesichts der Brutalität, Unmenschlichkeit und Menschenverachtung dieses Systems«, so Hogefeld phrasenhaft, »sah Wolfgang schon sehr viele Jahre, bevor er selber die Entscheidung getroffen hat, hier bewaffnet zu kämpfen, im Kampf der RAF die adäquate Antwort auf diese Verhältnisse. Er hat Kontakt zu den GenossInnen, die damals in der RAF organisiert waren, aufgenommen, denn er wollte die gemeinsame Diskussion, und er wollte sie in praktischen Dingen unterstützen.«[81]

Ich staunte nicht schlecht, als ich irgendwann Ende der neunziger Jahre einen seltsamen Anruf erhielt. Es meldete sich ein Mann, der erklärte, zur rechten Szene zu gehören. Sein Anliegen sei jedoch kein politisches, vielmehr ginge es darum, mir unentgeltlich und ohne jede weitere Verpflichtung Informationen über den angeblichen RAF-Terroristen Wolfgang Grams anzubieten. Falls ich Interesse hätte, könnten wir uns treffen, wenn nicht, wäre die Sache damit erledigt. Man würde mir diese Informationen zur freien Verwendung oder Nichtverwendung anbieten – ohne weitere Bedingungen. Wenn ich Interesse hätte, sollte ich mich melden, der Kontakt würde über die Zeitschrift *Zentralorgan* (Szenename: »Zorg«) hergestellt. Dort sei ein Artikel über Wolfgang Grams abgedruckt worden. Das *Zentralorgan* war ein Kampfblatt der Neonazi-Szene, das 2001 eingestellt wurde. Ich meldete mich dort, forderte die entsprechende Ausgabe mit dem Artikel über Grams an und bekam kurze Zeit später außerdem das folgende Fax:

(…) den 11.02.99

Sehr geehrter Herr Wisnewski,

vielen Dank für Ihre Nachricht bzgl. des Falles Grams ans »Zentralorgan«. Ich wurde von den Hamburger Kameraden gebeten, in dieser Sache Kontakt mit Ihnen aufzunehmen.

Die Ihnen jetzt bekannte Darstellung entspricht der Wahrheit. Grams ging tatsächlich im Hause Müller aus und ein. Aus einer Reihe von durchaus naheliegenden Gründen wurden im Artikel allerdings nicht alle Details der Geschichte offenbart und Frau Müller hat im Interview auch längst nicht alles gesagt, was sie hätte sagen können.

Bereits vor einigen Jahren hatte ich erstmals mit dieser Angelegenheit zu tun und bin daher mit deren Hintergründen hinreichend vertraut. Wenn Sie also Interesse haben, können wir uns gerne einmal treffen und alles ohne die üblichen lästigen »Mitleser« besprechen.

Im übrigen gibt es im Fall Grams beste Gründe, daran zu zweifeln, daß er sich tatsächlich einer Terrorgruppe angeschlossen hat, die unter der Bezeichnung »RAF« auftrat.

Rufen Sie mich einfach an, dann können wir ein Treffen vereinbaren.

Mit dem besten Gruß, (…)

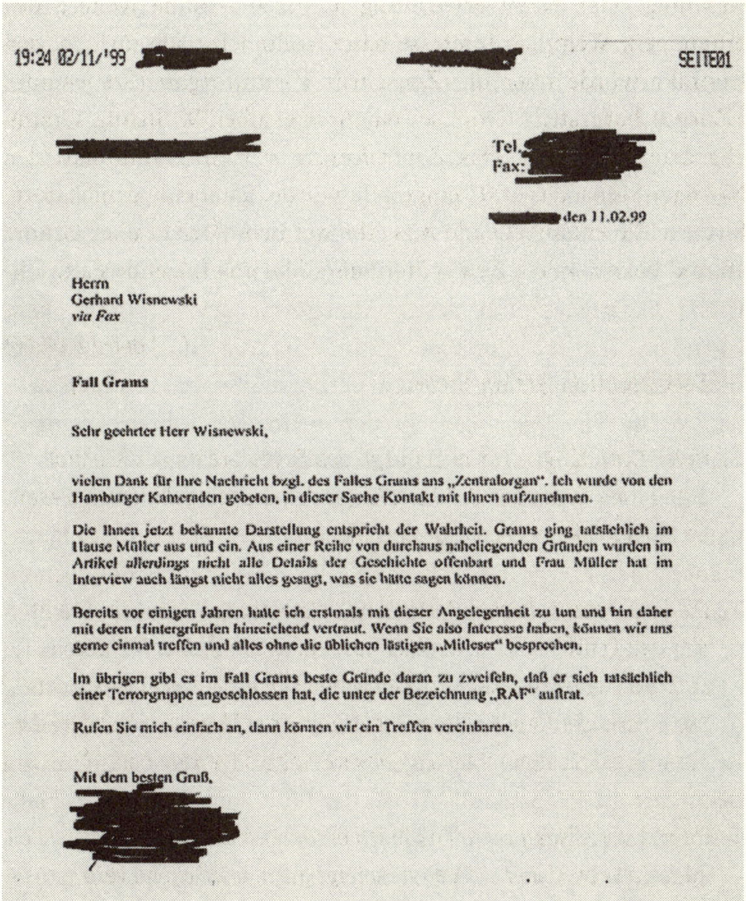

19:24 02/11/'99 [redacted] [redacted] SEITE01

[redacted]

Tel.[redacted]
Fax:[redacted]

[redacted] den 11.02.99

Herrn
Gerhard Wisnewski
via Fax

Fall Grams

Sehr geehrter Herr Wisnewski,

vielen Dank für Ihre Nachricht bzgl. des Falles Grams ans „Zentralorgan". Ich wurde von den Hamburger Kameraden gebeten, in dieser Sache Kontakt mit Ihnen aufzunehmen.

Die Ihnen jetzt bekannte Darstellung entspricht der Wahrheit. Grams ging tatsächlich im Hause Müller aus und ein. Aus einer Reihe von durchaus naheliegenden Gründen wurden im Artikel *allerdings* nicht alle Details der Geschichte offenbart und Frau Müller hat im Interview auch längst nicht alles gesagt, was sie hätte sagen können.

Bereits vor einigen Jahren hatte ich erstmals mit dieser Angelegenheit zu tun und bin daher mit deren Hintergründen hinreichend vertraut. Wenn Sie also Interesse haben, können wir uns gerne einmal treffen und alles ohne die üblichen lästigen „Mitleser" besprechen.

Im übrigen gibt es im Fall Grams beste Gründe daran zu zweifeln, daß er sich tatsächlich einer Terrorgruppe angeschlossen hat, die unter der Bezeichnung „RAF" auftrat.

Rufen Sie mich einfach an, dann können wir ein Treffen vereinbaren.

Mit dem besten Gruß,

[redacted]

Fax eines Informanten: Grams war möglicherweise nicht in der RAF.

Ich ließ mich nicht lange bitten. Mit der Ausgabe des *Zentralorgans* bewaffnet, traf ich mich mit dem Mann im Bahnhofscafé einer bayerischen Stadt. Im wesentlichen ging es mir darum, die Vertrauenswürdigkeit des Betreffenden und der *Zentralorgan*-Berichterstattung auszuloten. Im Verlauf von etwa zwei Stunden fand ich keinen Grund, an seiner bzw. der Darstellung des *Zentralorgans* zu zweifeln, weshalb ich sie jetzt auch hier wiedergebe.

Danach war Wolfgang Grams nicht ganz der linke Vorzeige-Revoluzzer, als der er sowohl von staatlichen Stellen als auch von Birgit Hogefeld dargestellt wurde. Vielmehr tauchte er in ganz merkwürdigen Zusammenhängen auf, nämlich bei der rechten Hilfsorganisation Nationaler Gefangener (HNG), die sich um Häftlinge aus der rechten Szene kümmert. Vorsitzende dieser in der Szene prominenten Organisation ist oder war eine gewisse Ursel Müller aus Mainz. Laut Landesamt für Verfassungsschutz Baden-Württemberg ist die »Hilfsorganisation für nationale politische Gefangene und deren Angehörige e.V.« (HNG) nicht irgendein Sektierergrüppchen, sondern »die mitgliederstärkste und – zumal nach den diversen Verbotsmaßnahmen gegen neonazistische Gruppierungen in den neunziger Jahren – einzige Neonazi-Vereinigung von bundesweiter Bedeutung«.[82]

Für einen wie Grams war die HNG ein, gelinde gesagt, delikater Zusammenhang: »Ob Polizistenmörder, Bombenanschlagsplaner oder Kriegsverbrecher: sie alle werden von der rechten Truppe während ihrer Haftzeit in Gefängnissen betreut«, hieß es bei spiegel.de über einen entsprechenden *Spiegel-TV*-Beitrag: »Für Neo-Nazi-Aktivisten ist der Verein eine Art Versicherung für den Ernstfall, garantiert er doch eine ideologisch korrekte Betreuung nach einer begangenen Straftat. In den Gefängnissen behindert die Propaganda-Arbeit der HNG massiv die Resozialisierung der rechtsextremistischen Täter.«[83]

Nach Grams steiler RAF-Karriere und seinem spektakulären Ende in Bad Kleinen begannen sich freilich auch die HNG-Leute zu fragen, welche Rolle Grams eigentlich wirklich gespielt hatte:

»Was für ein Mensch war dieser Wolfgang Grams?« fragte das *Zentralorgan:* »Waren das wirklich Rote Genossen einer roten Armee? Zumindest bei Wolfgang Grams und seinem persönlichen Werdegang können Zweifel aufkommen. Anti-Amerikanismus, Anti-Kapitalismus und ein sozialistisches Weltbild sind nun mal nicht ausschließlich symptomatisch für einen Linken. Diese Beweggründe aber waren ausschlaggebend für die ersten politischen Aktivitäten des Wolfgang Grams. Es wird die linken Unterstützer kaum schrecken, daß ihr Genosse ein guter ›Kamerad‹ von uns war und seine radikale politische Ausrichtung zumindest eine Zeitlang innerhalb der nationalen Opposition festigte.«[84]

Über diese Seite von Wolfgang Grams haben wir von Birgit Hogefeld, die ihn angeblich so lange kannte, nie etwas gehört. Laut *Zentralorgan* hat »Grams gerne und mit Interesse an den regelmäßigen Kameradschaftsabenden bei den Müllers in Mainz teilgenommen«. Nicht schlecht – und was tat der »sehr ruhige, eher in sich gekehrte« Grams dort? In einem Interview mit dem *Zentralorgan* sagte die HNG-Vorsitzende Müller: »Zum Thema Gewalt kann ich sagen, daß er uns immer zu Gewalttaten aufforderte und drängte.« Das ging sogar soweit, daß es selbst den Rechten zuviel wurde und sie den Kontakt zu Grams deswegen abbrachen, jedenfalls nach ihrer Darstellung. Müller: »Unser Kontakt mit ihm endete, weil wir uns mit seinen Gewaltideen nicht identifizieren konnten, jedenfalls nicht in der Tat.«[85]

Grams war kein Einzelfall. 1981 zum Beispiel »verurteilte das Oberlandesgericht Celle fünf Mitglieder der angeblich rechtsextremistischen Organisation ›Braunschweiger Gruppe‹, der mehrere Sprengstoffverbrechen und Vergehen gegen das Waffengesetz zur Last gelegt wurden«. Schlüsselfigur dieser Gruppe war laut dem Geheimdienstexperten Nordbruch jedoch ein Verfassungsschutz-Mann namens Hans-Dieter Lepzien, »der gegen Bezahlung (aus Steuergeldern) dem niedersächsischen Verfassungs-

1998 hat das ultrarechte Zentralorgan *einen echten »Enthüllungsknüller« zu bieten: »RAF-Grams einer von uns?« …*

TITELGESCHICHTE: WER WAR GRAMS?!

RAF-AKTIVIST W.GRAMS - (K)EINER VON UNS ?!

Im Juni 1993 starb der RAF-Aktivist Wolfgang Grams auf dem Bahnhof in Bad Kleinen. Bei der Aktion unter dem Decknamen "Weinlese" wurde seine Lebensgefährtin, die RAF-Aktivistin Birgit Hogefeld, verhaftet. Grams konnte zunächst flüchten. Im Zuge der Verfolgung durch GSG-9-Beamte kam es zum Feuergefecht, bei dem der Grenzschutzbeamte Michael Newrzella getötet wurde. Grams selbst wurde von mehreren Kugeln getroffen und stürzte aufs Bahngleis. Was dann geschah, ist immer noch ungeklärt, weil unmittelbar danach wichtige Beweismittel vernichtet wurden. Grams Eltern sind davon überzeugt, daß ein GSG-9-Mann wenig später dem reglos daliegenden Grams die Waffe entriß und ihn mit einem aufgesetzten Schuß in den Kopf förmlich hinrichtete. Erst unlängst, Ende September diesen Jahres, mußte das Landgericht Bonn allerdings die Zivilklage der Eltern gegen den Staat zurückweisen. Der Richter: "Wir wissen schlichtweg nicht, was genau passiert ist."

Doch was für ein Mensch war dieser Wolfgang Grams? Die Enthüllung der Kameradin Ursel Müller (Vorsitzende der HNG) zur Person des toten RAF-Aktivisten wirft ein bizarres Licht auf diese Terrortruppe, der Grams zuletzt angehörte. Waren das wirklich Rote Genossen einer roten Armee? Zumindest bei Wolfgang Grams und seinem persönlichen Werdegang können Zweifel aufkommen. Anti-Amerikanismus, Anti-Kapitalismus und ein sozialistisches Weltbild sind nun mal nicht ausschließlich symptomatisch für einen Linken. Diese Beweggründe aber waren ausschlaggebend für die ersten politischen Aktivitäten des Wolfgang Grams. Es wird die linken Unterstützer kaum schrecken, daß ihr

Genosse ein "guter Kamerad" von uns war und seine radikale politische Ausrichtung zumindest eine zeitlang innerhalb der nationalen Opposition festigte.

„Mensch, der Grams war einer von uns"..., mag manch ein Kamerad jetzt vorschnell meinen. Das stimmt so nicht. Es fehlten dem jungen Aktivisten Grams scheinbar zwei wesentliche Grundvoraussetzungen, die ihn wirklich zu einem starken Glied unser aller Bewegung hätten werden lassen können. Zum Einen der Glaube an das eigene Volk und dessen Kraft zur Befreiung. Zum Zweiten die Einsicht, daß mit Waffengewalt und Terror das deutsche Volk nicht gewonnen werden kann. Man stellt sich damit immer nur selbst außerhalb der Volksgemeinschaft und wird somit zur leichten Beute eines mörderischen Apparates. Eine Einsicht, die zwingend notwendig ist, um sich zu unserer großen Gemeinschaft zählen zu dürfen.

Von einer festen weltanschaulichen Ausrichtung scheint man bei Grams nicht ausgehen zu können, allerdings auch nicht von einem späteren Gesinnungswechsel zum ausgesprochenen Antifaschisten. Laut Kamerad Kurt Müller hatte Grams gerne und mit Interesse an den regelmäßigen Kameradschaftsabenden bei den Müllers in Mainz teilgenommen. Sein Weg war nach reiflicher Überlegung nicht der Weg seiner Kameraden und so wurde er auch keiner "von uns".

Warum Ursel Müller überzeugt ist, daß er einem staatlichen Killerkommando zum Opfer fiel, lest Ihr in dem nun folgenden Interview. „Er war zwar keiner von uns, aber er war auch nicht gegen uns. Er war gegen das System - und wer gegen das System ist, der ist uns recht", sagte Ursel Müller. Zu einem Kaffee hätte sie den „alten Kameraden" immer wieder in ihr Haus eingeladen. Also doch (k)einer von uns ?!

Seite 32 Zentralorgan 4/98

... oder, wie es im Heft heißt:
»RAF-Aktivist W. Grams – (k)einer von uns?!«

schutz Informationen lieferte und innerhalb der Gruppe die These des bewaffneten Kampfes vertrat und zu Verbrechen anstiftete«.[86]

Hatte also auch Grams braune Wurzeln? Oder war er nur die Marionette einer dritten Kraft, die mit Linken und Rechten eigennützig spielte? Oder stimmt etwa beides? Mit der Gewalt hat es bei Grams dann doch noch geklappt, und zwar bei der RAF – jedenfalls, wenn man dem offiziell verbreiteten Image von Grams glaubt. Der bundesdeutschen Öffentlichkeit wurde der ehemalige HNG-Sympathisant als ideologisch gefestigter, linker Revolutionär verkauft. Nur: Wie kann ein Mann mit einer solchen ambivalenten politischen Identität die Energie aufbringen, in der Bundesrepublik »anspruchsvollste« linksterroristische Attentate zu begehen? Andererseits waren diese Anschläge nur vordergründig links. In Wirklichkeit waren sie durch und durch reaktionär, insbesondere der auf Alfred Herrhausen.

Immer vorausgesetzt, die Schilderungen des *Zentralorgans* stimmen: Dann würde Wolfgang Grams' Verhalten sehr viel besser zu einem vielseitig verwendbaren V-Mann und Provokateur irgendeines Verfassungsschutzamtes passen als zu einem authentischen politischen Aktivisten. Das Eindringen in politische Gruppen und die »Initiativ-Einbringung« zur Begehung von Anschlägen gehören zum typischen Verhalten solcher V-Leute.

Tatsächlich waren auch die »linken Zusammenhänge«, in denen sich Grams bewegte, vom Verfassungsschutz infiltriert. Die einzelnen Mitglieder wußten schon gar nicht mehr, mit wem sie es im jeweiligen Gegenüber eigentlich zu tun hatten – zum Beispiel bei der sogenannten Roten Hilfe:

> »Immer wieder werden auch Mitglieder der Gruppe vom Verfassungsschutz angesprochen. Manchmal geschieht dies beiläufig an einer Fußgängerampel, manchmal nach einer längeren Verfolgungsjagd. Mal

laden die freundlichen Mitarbeiter des Kölner Amtes zu einer Tasse Kaffee ein, mal drohen sie unverhohlen, mal äußern sie Verständnis für die Radikalisierung und bieten einen Dialog an, um ›Schlimmeres‹ zu verhindern. Auch Straffreiheit wird als Lockmittel zur Zusammenarbeit mit dem Verfassungsschutz eingesetzt, wenn Personen aus dem RAF-Umfeld bei einem Diebstahl festgenommen werden. Ein Ziel dieser Maßnahmen ist die Verunsicherung der Gruppe. Das Kalkül scheint aufzugehen. Das wechselseitige Mißtrauen in der Roten Hilfe wächst. Wem ist überhaupt noch zu trauen? Wer hat die notwendige Härte und Konsequenz, einer Anwerbung zu widerstehen? Es reicht aus, daß einem ›Genossen‹ mangelndes politisches Bewußtsein oder fehlende Standfestigkeit nachgesagt wird. Es wird unterstellt, daß er leicht ›umgedreht‹ werden könnte. Oft reichen bereits solche Urteile aus, jemanden auszugrenzen. Die Gruppe fängt an, sich in einem präparanoiden Zustand selbst zu zersetzen.«[87]

Am 27. Juni 1993 schließlich kam es zu dem Desaster von Bad Kleinen in Mecklenburg-Vorpommern. Bei der versuchten Festnahme des angeblichen RAF-Terroristen Wolfgang Grams auf dem Bahnhof von Bad Kleinen wurden ein Polizeibeamter und Grams erschossen. Letzterer – ich habe es bereits erwähnt – durch einen Kopfschuß. Eine Zeugin, die Besitzerin eines Kiosks auf dem Bahnsteig, schwor Stein und Bein, gesehen zu haben, wie zwei Beamte neben dem auf dem Gleis liegenden Grams niederknieten und ihm einer der beiden aus nächster Nähe in den Kopf schoß.

Bundesregierung und Polizei ignorierten diese Aussage und behaupteten einen Selbstmord. Danach soll Grams bei einem Feuergefecht rückwärts ins Gleis gefallen sein und im Fallen den tödlichen Schuß in den eigenen Kopf abgegeben haben. Wie ich zusammen mit meinen Kollegen Wolfgang Landgraeber und Ekkehard Sieker in unserem Buch *Operation RAF – Was geschah wirklich in Bad Kleinen?* festgestellt habe, eine vollkommen unglaubwürdige Version.

Ob links oder rechts, darauf kommt es häufig gar nicht an – Hauptsache, der Staat sieht sich von radikalen Gruppen bedroht und hat einen Grund, durchzugreifen. Im Rahmen der Recherchen für dieses Buch habe ich im Februar 2006 meinen HNG-Informanten von damals nochmals angerufen. Er ist heute nicht mehr politisch aktiv, aber an die Sache Grams konnte er sich noch gut erinnern. Ich wollte wissen, wie er den Fall Grams mit dem inzwischen großen Abstand von mehreren Jahren sieht. Grams sei aus seiner Sicht »überaus obskur« gewesen, und Hogefeld habe über ihn »eigentlich nur Mist erzählt«, sagte er. Und: »Er sollte erst gegen Rechts zum Einsatz kommen. Er ist in einer merkwürdigen Schattenwelt herumgesprungen, und dann hat man ihn nicht mehr gebraucht.« Aus seiner heutigen Sicht »ist der Mann geschickt worden. Er ist von Anfang an Agent gewesen.«

Wie es der Zufall so will, erfreute sich der Gärtnereibetrieb von Ursel Müller übrigens der Aufmerksamkeit eines weiteren V-Mannes. 1986 soll niemand anderer als ausgerechnet Klaus Steinmetz für einen Brandanschlag auf die Mainzer Gärtnerei verantwortlich gewesen sein, der Mann, der später in ein Mainzer Autohaus einbrach und 1993 Wolfgang Grams in Bad Kleinen ans Messer lieferte.[88]

Die Dritte Generation

Was blieb überhaupt von der sogenannten »Dritten Generation«? Ihre angeblichen Mitglieder wurden als Mörder beschimpft und als Ratten. Jahrelang blickten sie in allen Postämtern und Bahnhöfen von den Fahndungsplakaten herab. Sie hatten angeblich 1986 Karl-Heinz Beckurts in die Luft gesprengt und im selben Jahr Gerold von Braunmühl erschossen. 1989 sollen sie Alfred Herrhausen umgebracht haben und 1991 Detlev Karsten Rohwedder. 1992 habe ich mit Ekkehard Sieker und Wolfgang Landgraeber ein Buch über den schattenhaften Charakter dieser Terrortruppe veröffentlicht. Darin haben wir bezweifelt, daß die

Die »Dritte Generation«: Callsen, Grams, Hogefeld, Klump, Krabbe, Barbara Meyer, Horst Ludwig Meyer, Seidler. BKA-Fahndungsplakat vom Juli 1990.

RAF-Attentate seit 1985 wirklich von dieser Gruppe und von diesen Leuten begangen worden sind. Heute, vierzehn Jahre nach Erscheinen des Buches, haben sich viele Schicksale der angeblichen RAF-Leute aufgeklärt, und wir können eine Art Bilanz dieser dritten Generation ziehen – und die Frage beantworten, ob wir mit unserem damaligen Buch recht behalten haben oder nicht. Damals wurden die Angehörigen dieser Dritten Generation mit großem Mediengetöse als die Mörder von Alfred Herrhausen, Detlev Karsten Rohwedder, Gerold von Braunmühl und anderer hingestellt. Heute ist von diesen Vorwürfen nichts übrig geblieben. Wenn wir ein Fahndungsplakat zugrunde legen, das 1991 noch in Umlauf war, dann hat sich die Rote Armee Fraktion im Laufe der folgenden Jahre exakt als das Phantom herausgestellt, als das wir sie schon 1992 beschrieben haben.

Sabine Elke Callsen verschwand 1984 und tauchte 2003 mit ihren beiden im Nahen Osten geborenen Kindern wieder auf. Callsen habe zuletzt als Englisch-Lehrerin in einem palästinensischen Flüchtlingslager südlich von Beirut gearbeitet, hieß es. Nach Überzeugung von Staatsschützern gehörte sie plötzlich »nie zum harten Kern der RAF«.[89] Der Haftbefehl aus dem Jahr 1985 wurde nach einer ausführlichen Vernehmung 2003 aufgehoben. Mit RAF-Attentaten hatte sie nie etwas zu tun.

Wolfgang Werner Grams tauchte 1984 unter. Handfeste Beweise für die Beteiligung an einem RAF-Attentat gibt es nicht. Posthum wurde Grams zum zentralen Sündenbock der Dritten Generation aufgebaut und mit folgenden ungeklärten Mord- und Todesfällen in Zusammenhang gebracht:

- Alfred Herrhausen, 30. 11. 1989 (Verdacht wird durch Medien nahegelegt, Film *Black Box BRD*)
- Detlev Karsten Rohwedder, 1. 4. 1991 (laut Behörden verdächtig wegen eines angeblichen Haarfundes)

Black Box BRD: *Der mit Preisen überhäufte Film kombiniert in irreführender Weise die beiden Biographien von Alfred Herrhausen und Wolfgang Grams, als hätten die beiden irgend etwas miteinander zu tun gehabt, und zurrt damit Grams' Täterschaft zumindest psychologisch fest. Das Filmplakat suggeriert eine Verbindung, für die es nicht die geringsten Hinweise, geschweige denn Beweise gibt.*

- Michael Newrzella, 27. 6. 1993, Bad Kleinen (laut Behörden)

Insgesamt aber gibt es in keinem einzigen Fall stichhaltige Beweise gegen Grams.

Birgit Elisabeth Hogefeld verschwand 1984. Am 27. Juni 1993 wurde Hogefeld bei der Polizeiaktion in Bad Kleinen festgenommen, bei der ihr Lebensgefährte Wolfgang Grams getötet wurde. Hogefeld wurde wegen der Beteiligung an RAF-Attentaten verurteilt, allerdings aufgrund zweifelhafter Annahmen: »Windige Schriftgutachten, erinnerungsschwache Zeugen und fragwürdige Gegenüberstellungen – der Schuldspruch des Frankfurter Staatsschutzsenats stützt sich nur auf vage Vermutungen«, schrieb am 6. 11. 1996 die *taz:*

> »Wahrheitsfindung stand nicht im Vordergrund des Prozesses. Schlüssige Indizien, die eine Beteiligung Hogefelds an der Ermordung des US-Soldaten Pimental und dem anschließenden Sprengstoffanschlag auf die Frankfurter U. S. Airbase belegen, konnten in den zwei Jahren des Gerichtsverfahrens nicht zutage gefördert werden. Die rechtsstaatlich geforderte Unschuldsvermutung wird so in ihr Gegenteil verkehrt – der Tenor des Urteils heißt: Im Zweifel gegen die Angeklagte.«

So blieb die RAF auch nach dem Hogefeld-Prozeß ein Phantom. Hogefeld befindet sich zur Zeit in Haft.

Andrea Martina Klump verschwand im Juli 1984, am 15. September 1999 wurde sie zusammen mit ihrem Begleiter Horst Ludwig Meyer in Wien gestellt und am 23. Dezember 1999 nach Deutschland ausgeliefert. Horst Meyer wurde bei der Festnahme erschossen. Der Hauptvorwurf gegen Klump (die angebliche Beteiligung am Attentat auf Alfred Herrhausen am 30.11.1989) brach mit der Ausstrahlung des ARD-Brennpunktes *Die Zerstörung der RAF-Legende* schon im Juli 1992 zusammen. In dem

Film erklärte Siegfried N., ein V-Mann des hessischen Verfassungsschutzes, zu seinen belastenden Aussagen gegen Klump vom Verfassungsschutz erpreßt worden zu sein. Aber auch »die Behauptung, die in Wien gestellten Deutschen Andrea Klump und Horst Ludwig Meyer seien aktive Mitglieder der RAF gewesen, kann durch nichts untermauert werden«, schrieb ich am 17. 9. 1999 in einer Pressemitteilung zur Festnahme der vermeintlichen RAF-Mitglieder Klump und Meyer in Wien. Klump konnten dann auch weder RAF-Anschläge noch die Mitgliedschaft in der RAF nachgewiesen werden. Verurteilt wurde sie wegen eines Anschlags auf eine Diskothek in der Nähe des NATO-Flotten- und Luftwaffenstützpunkts im spanischen Rota 1988, wegen eines Attentats auf die dortige US-Militärbasis sowie auf einen Bus mit jüdischen Auswanderern in Budapest 1991 – allesamt keine RAF-Attentate.

Friederike Krabbe verschwand 1975 und gilt als eine »Altverschwundene« der RAF. Die letzte Spur von ihr scheint bereits dreißig Jahre alt zu sein und aus dem Jahr 1977 zu stammen. Eine Zeugin namens Monika von Seckendorff hat am 26. Oktober 1997 in dem Verfahren gegen die angebliche RAF-Unterstützerin Monika Haas ausgesagt, daß sie nach der Entführung von Arbeitgeberpräsident Hanns-Martin Schleyer 1977 in einem kleinen Haus in Bagdad zusammen mit Friederike Krabbe und Elisabeth von Dyck (später erschossen) gewohnt habe. Auch Wadi Haddad habe sich ihrer Erinnerung nach in diesem Haus blicken lassen.[90] Danach scheint sich Krabbes Spur zu verlieren. Über das weitere Schicksal von Friederike Krabbe ist nichts bekannt. Sie muß daher als verschollen gelten.

Barbara Meyer verschwand 1984 und stellte sich im Mai 1999 in der Deutschen Botschaft im Libanon. Straftaten konnten ihr nicht nachgewiesen werden. Sie wurde im Oktober 1999 aus der Untersuchungshaft entlassen. Im Dezember 2000 stellte der Generalbundesanwalt sämtliche Ermittlungen gegen sie ein. Ihr früherer

Ehemann, der angebliche RAF-Terrorist Horst Ludwig Meyer, war im September 1999 in Wien von der Polizei erschossen worden.

Horst Ludwig Meyer verschwand 1984. Er wurde am 15. September 1999 in Wien unter ungeklärten Umständen von der Polizei erschossen. Lebte genau wie andere angebliche Angehörige der dritten RAF-Generation (Seidler, Klump, Barbara Meyer) seit Jahren im Libanon. Laut Verfassungsschutz zählte Meyer, der als eines der gefährlichsten Mitglieder der Kommandoebene galt, plötzlich nicht mehr »zum Kreis der Illegalen«. Die Frage ist nur: Wie und warum wurde er dann erschossen?

Christoph Eduard Seidler verschwand 1984, er stellte sich am 22. November 1996 und wurde wenige Stunden später wieder freigelassen. Die Hauptanklage gegen ihn und Andrea Klump wegen der angeblichen Beteiligung am Attentat auf Alfred Herrhausen war schon Jahre zuvor zusammengebrochen, als der ihn belastende Kronzeuge Siegfried N. seine Aussagen in einer ARD-Sendung widerrufen hatte (siehe oben).

> »Ich war nie in der RAF organisiert«, erklärte Andrea Klump nach ihrer Festnahme. »Weder in der Zeit von meinem Weggehen im Juli 1984 bis 1986 noch und erst recht nicht zu irgendeinem späteren Zeitpunkt. Die BAW [Bundesanwaltschaft; G.W.] will sich nicht damit abfinden, dass sie bis heute Anschläge der RAF aus den achtziger Jahren nicht personell zuordnen und noch offene Akten nicht schließen kann. Um diesem Ziel politisch dennoch näher zu kommen, will die BAW mich wider besseres Wissen als Mitglied der RAF verurteilt sehen.«[91]

Diese Bemühungen scheiterten auf der ganzen Linie. Die Akten Herrhausen, Rohwedder, von Braunmühl und Beckurts, allesamt Opfer der letzten, großen RAF-Anschläge, konnten nicht geschlossen werden. Das sind bemerkenswert viele offene Rechnungen. Normalerweise liegt die Aufklärungsquote bei entdeckten Mor-

Bankchef
Herrhausen
Die Mörder
Mittwoch, 22. Januar 1992 70 Pf
Bild
Kronzeuge gab sie preis. Wer kennt sie?

Die RAF-»Mörder« von Alfred Herrhausen waren gar keine: Christoph Seidler (links) stellte sich 1996 und wurde umgehend wieder freigelassen. Andrea Klump (2. von rechts) war kein Mitglied der RAF und hatte mit RAF-Anschlägen nichts zu tun. Die beiden anderen (»Peter« und »Stefan«) waren ohnehin nur der Phantasie eines »Kronzeugen« entsprungen, sind mithin Phantome.

Tochter von Rainhard Fendrich starb während Traumurlaub
Lesen Sie den Bericht auf Seite 48
Z hilft unicef
Bitte helfen Sie mit!
Alle Einzelheiten auf Seiten 4 und 5
PINI
1.- Mark
Herrhausen-Mord:
4 Millionen DM
auf seinen Kopf
Die Polizei jagt RAF-Mitglied Christoph Seidler

Verschwendung von Steuergeldern: Vier Millionen für die Ergreifung von Christoph Seidler. Als der sich am 22. November 1996 freiwillig den Behörden stellte, wurde er umgehend wieder freigelassen – eine RAF-Mitgliedschaft konnte ihm nicht nachgewiesen werden.

den bei etwa 95 Prozent. Bei den Morden und Mordversuchen der angeblichen RAF seit 1986 liegt sie bei null Prozent.

Schon 1998 hatte selbst das Bundesamt für Verfassungsschutz (BfV) den geordneten Rückzug angetreten. Nach einem Bericht der *Süddeutschen Zeitung* wurden in einer vertraulichen Analyse über die Rote Armee Fraktion (RAF) Zweifel daran geäußert, ob einige der per Haftbefehl gesuchten angeblichen RAF-Mitglieder überhaupt jemals zu der terroristischen Gruppe gehört haben. So zähle der in Wien erschossene Horst Ludwig Meyer, der als eines der gefährlichsten Mitglieder der Kommandoebene gegolten habe, möglicherweise gar nicht »zum Kreis der Illegalen«. Auch »hinsichtlich der mit Haftbefehl gesuchten mutmaßlichen RAF-Angehörigen Sabine Elke Callsen, Andrea Klump, Barbara Meyer, Horst Ludwig Meyer« hätten sich mittlerweile »Zweifel an der tatsächlichen Zugehörigkeit zum Kreis der Illegalen ergeben«.[92] Damit und mit dem späteren Auftauchen weiterer angeblicher RAF-Mitglieder, war die Theorie von der dritten RAF-Generation endgültig zusammengebrochen. Nur durch die Medien geistert immer noch die Legende, Alfred Herrhausen, Karl-Heinz Beckurts, Gerold von Braunmühl und Detlev Karsten Rohwedder seien »von der RAF« ermordet worden.

Wie man sieht, sieht auch das deutsche »Terror-Trauma« vor dem Hintergrund der Erfahrungen mit dem 11. 9. aber auch mit den Attentaten von Madrid und London plötzlich etwas anders aus. Tatsächlich scheinen geheimdienstlich inszenierte Terroranschläge und phantomartige Terroristen nicht erst seit dem 11. September 2001 »in Mode« zu sein. Und auch nicht erst seit der »Dritten Generation«, die ich früher schon einmal untersucht habe. Vielmehr scheinen Geheimdienste auch bei der frühen RAF und anderen Terrortruppen die Fäden gezogen zu haben.

Verschlußsache Terror

Zu Beginn habe ich die These aufgestellt, daß das, was wir jeden Tag in den Nachrichten über den Terrorismus erfahren, nur die

Oberfläche ist, die äußere Hülle eines Tresors, in dem sich ein brisanter Schatz verbirgt: die Verschlußsache Terror. Ich wollte versuchen, den Tresor, in dem diese Verschlußsache verborgen ist, wenigstens einen Spaltbreit zu öffnen, um den wirklichen Hintergründen des Terrorismus auf die Spur zu kommen. Zwar ist diese Spurensuche noch nicht abgeschlossen, aber dennoch möchte ich nach den vorangegangenen Kapiteln hier kurz innehalten, um eine Art Zwischenbilanz zu ziehen.

»Noch immer wissen wir nicht genau, wer es war. Wir wissen aber, warum. Und auch, daß alles nur den Sozialisten genutzt hat«, diktierte ein Vater seinem Sohn ein Jahr nach den Attentaten von Madrid vom 11. März 2004 in den Computer. Knapper und treffender kann man die Situation nach diesen Anschlägen wohl kaum zusammenfassen:

- Man weiß nicht genau, wer es war,
- man weiß aber, warum (um die Wahlen zu gewinnen),
- und vor allem kann man die Frage »cui bono« (wem nützt es?) beantworten: den Sozialisten.

Nach dem 11. September 2001 war der Fall Madrid ein weiteres Lehrstück über den modernen Terrorismus: Es zeigte, wie in einer brisanten politischen Situation eine große politische und emotionale Energie erzeugt wird, und wie anschließend ein erbitterter Kampf um die Steuerung dieser Energie ausbricht. Madrid hat eine meiner wichtigsten Thesen bestätigt: In der Welt des Terrorismus ist nichts so, wie es scheint. Hatten wir uns (und vor allem ich mich) seit dem 11. 9. in Sachen Terror bereits ausschließlich auf US-gesteuerte Bösewichte eingeschossen, konnten wir im Fall Madrid miterleben, wie ein solcher »Bösewicht«, nämlich der noch amtierende Ministerpräsident und Bush-Freund Aznar, selbst zum Spielball der emotionalen und politischen Energien wurde, die solche Attentate freisetzen. Das Attentat erwies sich lediglich als politisches Rohmaterial, das in den folgenden Tagen von den beiden großen Parteien erst noch »behauen« wurde, damit es im Hinblick auf die bevorstehenden Wahlen die gewünschte Wirkung entfaltet. Statt um die Wahrheit ging es hier, und das ist ein weiteres vorläufiges Fazit, tatsächlich nur um die eingangs beschriebenen »Auslöser«, in diesem Fall »Islamisten« oder »ETA«. Aznars Partei wurde von den Attentaten und dem anschließenden Meinungskampf kalt erwischt. Relativ hilflos ruderte er gegen die offenbar sorgfältig gelegten »islamistischen« Spuren an und kämpfte nach der zweiten oder dritten Entdeckung einer solchen Spur schließlich auf verlorenem Posten. Gegen den erbitterten Widerstand der ETA-Partei Batasuna und die normative Kraft der (scheinbaren) Fakten (nämlich der »islamistischen Spuren«) konnte sein ETA-Auslöser keine Wirkung entfalten. Mit der ETA-Version hatte Aznar auf Sand gebaut, und dieser Sand bröckelte ihm so lange unter den Füßen weg, bis seine Partei aus der Regierung gewählt wurde. Allerdings hatte auch die andere Seite statt Fakten nur Auslöser zu bieten: Für eine originär »islamistische Täterschaft« wurde nicht der geringste Beweis gefunden. Die angeblichen Spuren waren keine und erwiesen sich bei näherem Hinsehen als Schall und Rauch. Trotzdem entfaltete dieser Auslöser eine erdrutschartige Wirkung. Die Wähler liefen der Aznar-Partei in Scharen davon und zu den Sozialisten über; Nichtwähler wurden aktiviert. So kam der Saubermann »Bambi« Zapatero an die Macht. Einmal im Amt, störte es kaum, daß plötzlich immer mehr Verbindungen zwischen den mutmaßlichen Attentätern und den Sicherheitsbehörden ans Licht kamen. Und letztlich auch zwischen den mutmaßlichen Attentätern und engsten Mitarbeitern Zapateros. Die Frage nach den wirklichen Tätern verdichtete sich letztlich auf die Frage, ob der Staat für die Attentate verantwortlich war – oder aber ein Staat im Staate (sprich: sozialistische Seilschaften).

Ähnlich in London nach dem 7. Juli 2005. Hier verflüchtigte sich die offizielle Version bei näherem Hinsehen mit atemberaubender Geschwindigkeit: Bekennerbriefe und -videos erwiesen sich als äußerst fadenscheinig, der offiziell präsentierte zeitliche Ablauf brach in sich zusammen, und die wichtigsten Beweise bei Selbstmordattentaten sind zumindest umstritten, nämlich die Leichen. Während das Londoner Innenministerium behauptete, die Leichen der Selbstmordattentäter seien mittels DNA identifiziert worden, wollte ausgerechnet der Leiter der zuständigen Identifizierungskommission dies nicht bestätigen. Vielmehr sei die Identität der Leichen noch Gegenstand eines gerichtlichen Verfahrens – und das, nachdem bereits Überreste der Attentäter beerdigt wurden. Oder muß man sagen: angebliche Überreste? Der Verdacht, daß staatliche Strukturen an den Anschlägen beteiligt waren, besteht weiterhin, weil die Attentate ohne den Deckmantel der zum selben Zeitpunkt stattfindenden Katastrophenübung nicht hätten durchgeführt werden können. Nur so war es möglich, ohne eine große »Verschwörung« sämtliche Vorbereitungen offen und legal ablaufen zu lassen. Eine Verschwörung wird hauptsächlich für jenen Teil benötigt, der die Übung in eine wirkliche Katastrophe umfunktioniert, also zum Beispiel für das Legen von echten Bomben. Indizien weisen darauf hin, daß – während Tony Blair und George Bush im weit entfernten Gleneagles um die Einheit des G8-Gipfels kämpften – die schicksalhafte Katastrophenübung aus den Cabinet Office Briefing Rooms (COBR) der Regierung gesteuert wurde. Die Einheit des G8-Gipfels konnte anschließend mit Hilfe des Themas »Kampf gegen den Terrorismus« hergestellt werden.

Die weiterführenden Recherchen über die Hintergründe des 11. 9. führten mitten hinein in den Staat im Staate – und zwar zur Variante der »Regierung als Staat im Staate«. Niemand anderer als der Bruder von George W. Bush, Marvin Bush, steuerte jene Sicherheitsfirma, die Berichten zufolge im September 2001 sowohl das World Trade Center als auch den Flughafen Washington-Dulles sowie die Fluggesellschaft United Airlines »betreute«. Und George W. Bush wiederum steuerte die Ermittlungen über die Attentate des 11. 9., in deren Verlauf sich kein Mensch für die Sicherheitsfirma seines Bruders und deren Umtriebe am 11. September 2001 interessierte. Die Rolle dieser Firma bleibt vorerst Teil der Verschlußsache Terror.

Eine andere Verschlußsache haben wir in dem geöffneten Tresor entdeckt: Die Terrorübungen am 11. 9., die die Luftabwehr derart verwirrt zu haben scheinen, daß sie nicht auf die bedrohlichen Flugbewegungen am Himmel über den USA reagieren konnte – und zwar, weil sie die außer Kontrolle herumschwirrenden Flugzeuge bis zuletzt für einen Teil der Übungen hielt. Was sie – und das macht die Sache besonders perfide – zweifellos auch waren: Bis zu jenem Moment, in dem sich zwei Flugzeuge aus der Übung herauslösten und Kurs auf das World Trade Center nahmen. Erst in diesem Augenblick ließ die Verschwörung gewissermaßen die Maske fallen; für ein Eingreifen, egal von welcher Seite, dürfte es da wohl zu spät gewesen sein. Wie die Beispiele London und New York/Washington zeigen, scheinen solche Übungen ein zentraler Punkt der Verschlußsache Terror zu sein. Damit sind wir wahrscheinlich einem wesentlichen operativen Element des modernen Terrorismus auf die Spur gekommen, ohne den er sich vermutlich gar nicht umsetzen ließe. Ganz nebenbei wird dabei klar, daß »islamistische Terroristen« wohl kaum in der Lage sein dürften, ihre Anschläge unter dem Deckmantel solcher Übungen und Manöver durchzuführen, jedenfalls nicht ohne Schützenhilfe des Staates – oder eben eines Staates im Staate.

Nun können solche Recherchen nicht angestellt werden, ohne die Perspektive auf das Thema Terrorismus generell zu verändern. Schon gar nicht können solche Ergebnisse ohne Folgen für den Blickwinkel auf unsere eigene »terroristische Vergangenheit« bleiben. Diese »terroristische Vergangenheit« Deutschlands war extrem traumatisch und hat das Land politisch und psychologisch nachhaltig verändert. Man denke nur an den »Deutschen Herbst« des Jahres 1977. Es war daher ebenso logisch wie legitim, mit dem Rüstzeug der neueren Ergebnisse noch einmal den Blick darauf zu richten. Und dabei hat sich herausgestellt, daß die »terroristische Vergangenheit« Deutschlands im Lichte der neueren Fragestellungen und Erkenntnisse doch ganz anders aussieht, als man sie in Erinnerung hatte. Meine Recherchen haben eine beängstigende Nähe zwischen Staat und Terrorismus ergeben, die in den Machenschaften der die RAF umgebenden V-Männer und Verfassungsschutzbeamten zum Ausdruck kam. Vor allem anderen aber manifestierte sich diese Nähe in dem Dreigestirn, das der damalige BKA-Präsident Dickopf bis 1972/73 mit seinem Freund Genoud und dessen Freund und RAF-Förderer Wadi Haddad bildete. Hier ging der Staat in Gestalt seiner prominentesten Polizeibehörde auf Tuchfühlung mit dem Terror. Dies könnte einen gewaltigen Skandal in sich bergen, der geeignet wäre, die Grundfesten der Bundesrepublik zu erschüttern, etwas, was einst angeblich der RAF gelungen sein soll. In Wirklichkeit aber werden die Grundfesten des Staates meist von niemand anderem als dem Staat selbst erschüttert.

Schließlich habe ich Ihnen ein Dokument vorgestellt: den Anhang B des amerikanischen Militärhandbuches FM 30–31, der doch recht erstaunliche Maßnahmen zur Bekämpfung von »Aufstandsbewegungen« vorschlägt. Um die Steuerung solcher »Aufstandsbewegungen« zu übernehmen, war vorgesehen, Agenten in die Bewegungen einzuschleusen. Ja, sollten sich »die Behörden des Gastlandes« gegenüber kommunistischer Subversion nachlässig zeigen, sollten die Aufstandsbewegungen sogar »mittels Spezialagenten infiltriert« werden, um dort »besondere Einsatzgruppen« zu bilden. Deren Auftrag: unter US-Aufsicht zu gegebener Zeit gewalttätige oder nicht gewalttätige Aktionen durchführen, um die Sicherheitsbehörden wachzurütteln. Worunter nach Lage der Dinge auch Terroranschläge zu verstehen sind. Meiner Meinung nach kann man diese Pläne im realen Erscheinungsbild des deutschen Terrorismus deutlich wiedererkennen. Die RAF setzte sich ungebeten an die Spitze der Protestbewegungen und der Linken und forderte die Reaktion des Staates durch ihre Aktionen erst heraus. Der Staat rüstete auf, erließ neue Gesetze und überzog nicht nur die RAF, sondern insbesondere auch das angebliche »Umfeld« mit polizeilichen Maßnahmen. Und was das Umfeld ist, definierte der Staat selbst. Der Verdacht bleibt also bestehen, daß es sich bei dem Anhang B des FM 30–31, unterzeichnet ausgerechnet von einem ehemaligen Vietnam-General, tatsächlich um das »Gründungsdokument« der RAF und anderer militanter Gruppen handeln könnte, die anerkanntermaßen von Spitzeln und Provokateuren nur so durchsetzt waren. Auch daß es sich dabei meist um Provokateure und Spitzel des Verfassungsschutzes handelte, widerspricht dem nicht, da das *Field Manual* ausdrücklich vorschreibt, solche Agenten auch durch Unterwanderung der Behörden »des Gastlandes« zu steuern. Meiner Meinung nach gibt es unter diesem Blickwinkel noch erheblichen Forschungsbedarf in Sachen Terrorismus in Deutschland.

Teil II:

Wer die Welt mit Angst regiert

»Um die Machtausübung zu bewahren, ist es notwendig, sich zu gewissen Zeiten des Terrors zu bedienen«, befand schon der berühmte Staatsphilosoph Niccolò Machiavelli im 16. Jahrhundert.[1] Und dessen Werke sind es denn auch, die bei Politikern und »Sicherheitsexperten« überall auf der Welt im Schrank stehen, und nicht etwa das Grundgesetz oder andere Verfassungen. Die Idee, mit Hilfe des Terrors zu regieren, ist also keineswegs neu. Ein weiterer, glühender Anhänger dieser Vorstellung war der französische Revolutionär Maximilien de Robespierre, der ein regelrechtes Régime de la terreur errichtete. Mit dieser – übersetzt – »Schreckensherrschaft« sicherte sich der revolutionäre Staat seine soeben errungene Herrschaft über die Bevölkerung. Robespierres »Klub der Jakobiner« (so genannt nach dem ersten Tagungsort, dem Dominikanerkloster Saint-Jacques) regierte mit Hilfe von Einschüchterung, Verurteilung und Hinrichtung seiner wirklichen oder vermeintlichen Feinde. Bemerkenswert: Jakobiner-Chef Robespierre war der Ansicht, der Terrorismus stehe in einem engen Zusammenhang mit dem Streben nach Demokratie und einer besseren Gesellschaft. Das heißt:

1. Terrorismus war in der Geschichte der Neuzeit zunächst kein Instrument finsterer Dunkelmänner und Rebellen, sondern vor allem anderen ein Instrument des Staates. Am Anfang des Terrorismus in der Geschichte der Neuzeit stand also der Staatsterrorismus.
2. Terrorismus beschreibt zunächst keine physische, sondern eine psychologische Methode. Im Französischen steht das Wort *terreur* für »Angst« und »Schrecken«.

Der jakobinische Terrorismus wurde benutzt, um die Bevölkerung in Angst und Schrecken zu versetzen und in eine bestimmte Richtung zu manipulieren: nämlich zum angstvollen Gehorsam gegenüber der Regierung. In der Schreckensherrschaft der Jakobiner sah Robespierre nicht nur eine politische Notwendigkeit, um die extremen politischen Ziele, sondern auch, um die moralischen und sozialen Ziele der Revolution durchzusetzen. Dabei verstieg er sich zu Sätzen wie diesem: »Terror ist nichts anderes als Justiz, prompt, scharf und unbeugsam. Er ist daher ein Ausdruck der Tugend!«[2]

Kaum zu glauben. Es kommt aber noch besser: Ausgerechnet der oberste Terrorist bewirkte am 10. Juni 1794 den Erlaß eines neuen »Gesetzes zur Vereinfachung der Strafprozeßordnung«. Genau wie heute wurden schon im jakobinischen Frankreich mit »Terror-« oder »Antiterrorgesetzen« die Rechte von Bürgern und Angeklagten eingeschränkt. Mit besagtem Gesetz wurden sowohl die Voruntersuchungen als auch die Verteidigung von Angeklagten vor dem Revolutionstribunal abgeschafft und als Urteil nur die Alternativen Freispruch oder Hinrichtung zugelassen. Und genau wie heute konnten auch schon damals die selbsternannten Terrorbekämpfer, die im Falle Robespierres die eigentlichen Terroristen waren, von solchen neuen »Terrorgesetzen« den Hals gar nicht voll genug bekommen.

Spätere Beispiele für Terror-Regime sind der Stalinismus und das Dritte Reich. Genau wie Robespierre ließ der sowjetische Diktator Josef Stalin (in wechselnden und kumulierenden Ämtern an der Macht von 1927 bis 1953) Menschen bei einem bloßen Verdacht oder einer Denunziation hinrichten. Mögen Robespierres Opfer in die Zehntausende gegangen sein, so gingen die Opfer Stalins in die Millionen. Interessant daran ist, daß Stalin seine Karriere als Bankräuber, Terrorist und mutmaßlicher Agent der Geheimpolizei begann, die später sein wichtigstes Regierungsinstrument werden sollte. Rebell, Terrorist, Krimineller – diese Attribute könnten auch auf Adolf Hitler zutreffen, der sein »Régime de la terreur« ab 1933 errichtete. Die Schreckensherrschaft gründete sich auf Vandalismus ebenso wie auf Verhaftungen, Folterungen und Todesurteile. Wesentliches Element der Schreckensherrschaft war der sogenannte »Volksgerichtshof«, der vermeintliche oder wirkliche »Volksfeinde« öffentlichkeitswirksam zum Tode verurteilte.

Der große Nachteil der Angst als Herrschaftsinstrument sind jedoch die sogenannten »Rückstöße«: Das Gerücht über ein weiteres Terrorgesetz führte am 27. Juli 1794 zum Sturz und am darauffolgenden Tag zur Hinrichtung Robespierres. Adolf Hitler wurde zum Ziel von mindestens neununddreißig Attentatsversuchen[3], wobei der Anschlag vom 20. Juli 1944 nur der prominenteste war. Wie viele Attentatsversuche Stalin überlebte, wissen wir nicht, Berichten zufolge ist er aber – anders als sein zeitweiliger Verbündeter und späterer Todfeind Hitler – schließlich einem Anschlag zum Opfer gefallen. Jedenfalls, wenn man den Memoiren von Wjatscheslaw Molotow glaubt, zeitweise Regierungschef und Außenminister der Sowjetunion. Nach einem Abendessen am 1. März 1953, unter anderem mit seinem Geheimdienstchef Lawrentij Berija und Nikita Chruschtschow, klappte Stalin plötzlich zusammen. Wjatscheslaw Molotow eilte an sein Krankenbett. Offiziell erlitt Stalin einen Schlaganfall. In seinen Erinnerungen behauptete Molotow aber, Berija habe ihm anvertraut, daß er Stalin vergiftet habe. Stalin starb vier Tage später, am 5. März 1953.[4] Der ebenfalls am Abend des 1. März anwesende Chruschtschow beerbte Stalin in seinem Amt als Generalsekretär der KPdSU. Chruschtschow räumte mit dem terroristischen »Stalinismus« auf und leitete eine Periode der Lockerung und »Entstalinisierung« ein.

Der Terrorismus hatte also noch einen gewissen Schönheitsfehler, auch für den Staat, und dieser Schönheitsfehler bestand in den Mechanismen von Aktion und Reaktion. Zwar erzeugte der Terror Angst und Schrecken, er erzeugte aber auch Haß gegen den Verursacher. Das bedeutet, daß Terrorismus aus Sicht der Drahtzieher, egal, ob es sich bei ihnen nun um Regierungen, Geheimdienste, Rebellen oder sonstige Terroristen handelt, eine erwünschte und eine unerwünschte Reaktion auslöst. Während Angst und Schrecken den Feind (oder die Bevölkerung, was für manche Regierungen ein und dasselbe ist) im Zaum halten, wird der aufgestaute Haß bei nächster Gelegenheit auf die Verursacher selbst zurückschlagen. Im Prinzip ist das wie bei einer Schußwaffe: Auch da gibt es nicht nur den Schuß, sondern auch einen Rückstoß. Und dieser Rückstoß kann den Schützen auch umwerfen.

Die wichtigste »Innovation« bestand deshalb darin, den Terrorismus in seine erwünschten und unerwünschten Wirkungen aufzuspalten und damit zu »modernisieren«. Nach der Nutzung des Terrors zu Regierungszwecken war dies die zweite revolutionäre Erfindung: Nicht nur Angst und Schrecken, sondern auch der aus den Anschlägen resultierende Haß, also der Rückstoß, sollten für die Verursacher nutzbar werden. Erreicht werden konnte das nur, wenn sowohl Aktion als auch Reaktion ungehindert auf die Zielgruppen durchschlagen würden. Jawohl: *die* Zielgrupp*en*. Ein professionell organisierter Terrorakt hat heutzutage nicht eine, sondern zwei Zielgruppen: eine primäre und eine sekundäre Zielgruppe.

Die primäre Zielgruppe ist jene, auf die das Attentat offensichtlich gerichtet ist. Die sekundäre Zielgruppe ist die, die den Rückstoß abbekommt. Nehmen wir als Beispiel den Reichstagsbrand vom 27. Februar 1933 (obwohl er nicht ganz meiner Definition von Terrorismus entspricht, da er aufgrund des elitären Schauplatzes und der fehlenden Todesopfer keinen allgemeinen Schrecken verbreitete). Die primäre, offensichtliche Zielgruppe waren die Abgeordneten des Reichstages, deren Institution – das Parlament – ausgeschaltet werden sollte. Da als Täter aber ein angeblicher Kommunist festgenommen wurde, waren die sekundäre Zielgruppe die Kommunisten. Zielgruppe und nicht Tätergruppe deswegen, weil der angebliche kommunistische Brandstifter, Marinus van der Lubbe, nur einen Sündenbock darstellte. Der Mann, der sich vor Gericht als ähnlich verwirrt erwies wie viel später der Sündenbock des 11. September 2001, Zacarias Moussaoui, wäre zum Beispiel nicht in der Lage gewesen, allein die fünfzehn bis zwanzig entdeckten Brandherde im Reichstag zu entfachen – von anderen Widersprüchen ganz abgesehen. In Wirklichkeit werden deshalb von der seriösen Forschung auch die Nationalsozialisten als Drahtzieher des Brandanschlages angesehen. Mit van der Lubbes (vermutlich unfreiwilliger) Hilfe gelang es ihnen, das Staatsruder herumzureißen, den Staat mit Hilfe eines Notstandsgesetzes zu regieren und die Kommunisten zu verfolgen. An diesem Beispiel wird deutlich, daß es sich bei Terrorismus tatsächlich um ein Steuerungsinstrument handelt. Und genau wie viel später die USA bei dem undurchsichtigen und verwirrten Zacarias Moussaoui, so strebten auch die Nazis die Todesstrafe für ihren verstörten Sündenbock an. Diese war notwendig, um den Sündenbock ein für alle Mal zum Schweigen zu bringen und auch ein Wiederaufnahmeverfahren zu verhindern. Tatsächlich erreichten sie die baldige Hinrichtung, obwohl auf Brandstiftung ohne Todesopfer überhaupt nicht die Todesstrafe stand. Geholfen hat ihnen bei dieser Beseitigung des Sündenbockes ein Jurist namens Carl Schmitt, der sich für die Vergewaltigung des Rechtsgrundsatzes »Keine Strafe ohne Gesetz« *(Nulla poena sine lege)* eingesetzt hatte: »Welche Bedenken herrschen nicht bei dieser Art von Rechtsstaatlern, weil ein verwegener Brandstifter erhängt werden könnte, ohne daß die Strafe des Erhängens bereits zur Zeit seiner Tat angedroht war!«[5] Wie man an dem Beispiel Terror und Nationalsozialismus sieht, ging der Terror vor allem von denjenigen aus, die vorgaben, ihn zu bekämpfen – ein bewährtes Rezept.

Nehmen wir als weiteres Beispiel die Attentate des 11. September 2001. Die primäre Zielgruppe des Terrors waren die Bürger der Vereinigten Staaten und (über die Angstwirkung) der Welt. Und die sekundäre, vom Rückstoß betroffene Zielgruppe waren die Muslime, die offiziell als Drahtzieher der Anschläge bezeichnet wurden.

Und wie kann nun ein Terroranschlag so genial zerlegt werden, daß Aktion *und* Reaktion auf zwei Zielgruppen gelenkt werden können? Ganz einfach: indem man den Absender fälscht. Damit wird die Energie des Rückstoßes erstens von den wirklichen Verursachern abgelenkt und zweitens auf ein genehmeres Ziel gerichtet. Dies erreicht man durch eine Fälschung der Urheberschaft des Terrors, sprich: durch falsche »kriminalistoide« Spuren, Bekennerbriefe und Aussagen, die durch die Medien verbreitet werden müssen. Mit anderen Worten: Ein authentischer Terrorismus, der seine Urheberschaft offen und glaubwürdig zu erkennen gibt, ist eine »Riesendummheit«.

Auch und erst recht für eine oppositionelle Gruppe schickt sich das offene Attentat im Grunde nicht. Denn da sie sich normalerweise in der schwächeren Position befindet, kann sie die zu erwartenden militärischen, polizeilichen und psychologischen Rückstöße noch schwerer verkraften als der Staat. Sie wird deshalb alles versuchen, damit ihre Anschläge exakt jenem Feind zugeschrieben werden, den sie bekämpfen will, nämlich dem Staat – alles andere wäre heutzutage gewissermaßen vorsintflutlich. Ihre Kämpfer werden also beispielsweise, bevor sie einen Angriff verüben, Uniformen des Staates anziehen und dafür sorgen, daß ihre Leute bei dem Angriff als Staatsbedienstete identifiziert werden. Geschieht dies nicht, ist dies mindestens gefährlicher Dilettantismus, wenn nicht sogar Verrat. Ohne solche Ablenkung Terrorattentate zu begehen, heißt, den Rückstoß voll herauszufordern, und zwar im Hinblick auf sich selbst, aber auch im Hinblick auf die Bevölkerungskreise, in denen der Staat die Gruppe verortet. Das wäre in etwa so, als würde nachts mitten im Krieg ein Soldat aus der Stellung ausbrechen und ganz offen auf eine überlegene, feindliche Streitmacht feuern. Die Reaktion würde wohl nicht nur ihn treffen, sondern auch seine Kameraden, vielleicht sogar die sie schützende oder mit ihnen sympathisierende Bevölkerung. Das ist die »Riesendummheit«, die die RAF begangen hat. Ich nenne es die Rückstoßfalle. Eine Gruppe, die in dieser Falle sitzt, wird sowohl militärisch als auch psychologisch aufgerieben – und ihr Sympathisantenumfeld gleich mit. Und deshalb waren die Angehörigen der RAF entweder dumm oder hinterhältig – oder beides.

Bleiben wir bei dem Beispiel einer Regierung und einer oppositionellen Gruppe: Die Regierung schlägt sich innerhalb des Staates mit einer unliebsamen politischen (noch nicht: terroristischen) Gruppe herum, sagen wir: den Linken. Nun könnte die Regierung ja einfach die betreffende Gruppe diskriminieren, an die Wand drücken, schließlich einsperren und foltern. Diese Beispiele haben wir erlebt, etwa in Chile, Griechenland oder Argentinien. Dann säße *die Regierung* in der Rückstoßfalle. Für jeden Gefolterten würden möglicherweise drei andere aufstehen, protestieren und mahnen, bis die Regierung durch ihre eigenen Untaten destabilisiert wird. Zumindest würde ein enormer Haß gegen die Regierung geschürt, der sich bei nächster Gelegenheit entladen würde. Viel besser wäre es doch, die Regierung (oder ein eigene Interessen verfolgender »Staat im Staate«) würde *im Namen der Linken* Attentate auf die Bevölkerung begehen und einen schönen, »linken« Bekennerbrief am Tatort hinterlassen. Schon würde die Bevölkerung die Bekämpfung der Linken fordern, und die Regierung würde mit neuen Gesetzen und Maßnahmen nur dem Bevölkerungswillen Genüge tun.

Im Grunde genommen reden wir hier von einer klassischen Intrige: Da gibt es zwei Zielgruppen (zum Beispiel die Linke und die Gewerkschaften) und einen lachenden Dritten, zum Beispiel die Regierung. Die Regierung begeht im Namen einer linken Gruppe ein Attentat auf einen Gewerkschaftsführer, und fertig ist der schönste Konflikt, und zwar nicht zwischen der Regierung und den Gewerkschaften, auch nicht zwischen der Regierung und der Linken, sondern exakt zwischen jenen beiden Feinden, die die Regierung bekämpfen will. Besser geht's gar nicht. Die Regierung wird gar nicht als Angreifer erkannt, sondern »assistiert« in der Auseinandersetzung dann nur noch mit Maßnahmen und Gesetzen, die sie natürlich schon längst aus eigenem Antrieb durchsetzen wollte und die schon längst in der Schublade lagen.

Die Dialektik des Terrors

Ohne dieses Konzept der Dialektik ist der Terrorismus nicht zu verstehen. Man könnte jetzt eine Abhandlung über die Idee der Dialektik schreiben – als Methode der Wahrheitsfindung ebenso wie als Entwicklungsgesetz politisch-historischer Prozesse. Es genügt für unsere Zwecke aber, zu wissen, daß die Idee der Dialektik eigentlich immer die Idee vom Spiel der Gegensätze beinhaltet, seien diese nun intellektuell, politisch, materiell oder auch militärisch. Dazu gehört auch die Idee, daß dieses Spiel der Gegensätze und Widersprüche häufig nicht mit dem Sieg der einen oder anderen Seite endet (These oder Antithese oder auch Aktion und Reaktion), sondern mit einem häufig unerwarteten dritten Ergebnis, der sogenannten Synthese.

Horst Herold zum Beispiel, dem BKA-Präsidenten und Nachfolger von Genoud-Spezi Paul Dickopf war das nur allzu klar. »Am augenfälligsten wurde der dialektische Denkansatz Herolds in der Bekämpfung des Terrorismus deutlich«, meint der Herold-Kenner Dieter Schenk. »Bundeskanzler Schmidt und andere Angehörige des Großen und Kleinen Krisenstabs zeigten sich immer wieder beeindruckt davon, wie Herold es verstand, sich in das Denken der Terroristen hineinzuversetzen und auch ihr Handeln in verblüffender Weise vorauszusagen.«[1] Ein Schelm, wer Böses dabei denkt. Ein Staatssekretär Siegfried Fröhlich aus dem Bundesinnenministerium sagte einmal: »Herold ist keine Person, die einfach gelagert ist; er ist ein Dialektiker. Viele Leute hat er erschreckt, manchmal auch mich. Ich sage das alles, obwohl ich ihn nach wie vor sehr schätze.«[2] Ja, wodurch hat Herold denn nun all die hartgesottenen Politiker so erschreckt? Wir wissen es nicht so genau. Wer sich mit ihm beschäftigt, vermißt jedenfalls eine gewisse Distanz zu den angeblichen Staatsfeinden: »RAF und Herold waren wechselseitig ineinander vernarrt und hatten ein gegenseitiges Feindbildbedürfnis, das sich wechselseitig stabilisierte«, befand einmal der ehemalige RAF-Verteidiger Rupert von

Plottnitz. Zu Stefan Aust soll Herold gesagt haben: »Ich habe Baader geliebt.« Der Aktivist Bommi Baumann wiederum meinte, daß auch Baader Herold verehrte, zwischen echten Feinden gebe es keinen Haß. Eine etwas gewöhnungsbedürftige Theorie. Entweder ist sie richtig, oder Baader und Herold waren, da sie sich nicht haßten, überhaupt keine echten Feinde.[3]

»Für Horst Herold waren am 18. 10. 1977 zwei Menschen verstorben, die ihm etwas bedeuteten: Hanns Martin Schleyer und Andreas Baader«, meint der Ex-BKA-Mann Dieter Schenk in seinem Buch *Der Chef*.[4] »Eigentlich müssen wir der RAF tief dankbar sein, daß sie uns auf ein Veränderungspotential und auf eine Bewegungstendenz in der Gesellschaft hinweist, die uns allen gefährlich werden können. Es ist die große Chance, die die RAF uns gibt, diese Bewegung zu erkennen und die Veränderungen in einer Weise, die gesellschaftskonform ist, selbst zu Ende zu führen«, sagte Herold laut Schenk.[5] Obwohl es die RAF schon lange nicht mehr gibt, hat es der »schreckliche Herold« übrigens vorgezogen, sich in einer bayerischen Kaserne zu verschanzen – für so gefährdet hält er sich noch, durch wen auch immer. Nach seinem Ausscheiden aus dem unter seiner Führung weiter aufgeblasenen BKA kaufte er sich auf dem Kasernengelände ein Grundstück, errichtete sich darauf ein Einfamilienhaus und führt seitdem ein bizarres Einsiedlerleben auf der Flucht. Doch vor wem? So genau weiß das keiner, vielleicht nicht einmal er selbst. Angst vor der RAF brauchte er jedenfalls noch nie zu haben: »Es gab in dieser Zeit mehrere Entführungspläne, übrigens nie gegen Herold«, schreibt Schenk.[6] Horst Herold ist längst Geschichte, doch auch heute frönen die Herrschenden der Dialektik des Terrors:

- zum einen in Form einer Dialektik der permanenten Umdeutung des eigenen Terrors in »Friedensmissionen«, »Präventivschläge« und »Hilfsaktionen«;
- zum anderen in Form eines terroristischen Spiels mit Aktion und Reaktion.

Sie haben vielleicht schon einmal von der Vorstellung gehört, daß sich auch Geschichte in dialektischen Prozessen vollzieht, das heißt als Ergebnis von These und Antithese, oder besser: von Aktion und Reaktion. Betrachten wir Hitler und das Dritte Reich: Als Reaktion auf sein Modell vom Tausendjährigen Reich und auf seinen Machtanspruch auf die halbe Welt (These) formierte sich der Widerstand der Alliierten (Antithese), der schließlich zum Sieg über Hitler und zu einer neuen Weltordnung führte (Synthese). Soweit jedenfalls die herrschende Geschichtsauffassung.

Dasselbe Spiel vollzieht sich auch vor Gericht. Statt eines klaren Richterspruchs über die Ansprüche von Kläger (These) und Beklagtem (Antithese) bevorzugen Richter in Zivilverfahren häufig den Vergleich (Synthese). Auch in Strafprozessen macht sich das Gericht nur selten genau den Standpunkt von Staatsanwaltschaft oder Verteidigung zu eigen, sondern wählt meist einen dritten Weg. Auch da ist das Ergebnis Resultat eines dialektischen Prozesses.

Wenn Geschichte das Ergebnis von Spiel und Gegenspiel ist, dann greift wirklicher oder »erfolgreicher« Terrorismus in das Spiel dieser Kräfte ein. Moderner, organisierter Terrorismus versucht, nicht zum Objekt, sondern zum Subjekt dieser gesetzmäßigen Mechanismen zu werden. Moderner Terrorismus will also nicht zum Spielball dieser dialektischen Kräfte werden, sondern vielmehr mit diesen Kräften spielen und sie für seine Zwecke nutzen. Der moderne Terrorismus versucht sich über diese Mechanismen zu stellen und sie zu beherrschen, statt von ihnen beherrscht zu werden. Nun ist die Frage, auf welcher Seite moderner, organisierter Terrorismus in dieses Kräftespiel eingreift und an welcher Schraube er dreht: auf der Seite der These oder der Seite der Antithese? Die Antwort lautet: auf beiden Seiten, wobei aber häufig keine dieser beiden Seiten genau seinen wirklichen Interessen entspricht. Die Interessen des modernen Terrorismus werden vielmehr dort verwirklicht, wo der Konflikt zwischen diesen beiden Seiten in einen dritten Weg mündet – eben die Synthese. Deshalb wird moderner Terrorismus auch bestrebt sein, den Konflikt möglichst anzuheizen und auf die Spitze zu treiben, um eine möglichst deutliche Synthese »herauszubilden«. Der Unterschied zum spontanen und authentischen Terrorismus liegt darin, daß diese Art von Terrorismus selten von der These oder der Antithese, sondern »von der Synthese her« gedacht wird. Das heißt: Er zäumt das Spiel aus These, Antithese und Synthese von hinten auf und stellt es auf den Kopf. Er definiert die eigenen Ziele und betrachtet sie als gewünschte und in der Zukunft liegende Synthese (zum Beispiel den totalitären Globalstaat), dann erst »überlegt« er sich, welche Thesen und Antithesen notwendig sind, um diese Synthese zu erzeugen. Wirkliche Geschichtenlenker sind selten Partei, und wer einseitig Partei ergreift, ist selten ein wirklicher Lenker der Geschichte. Professionelle Weltenlenker in ihrer Erscheinungsform als Drahtzieher von Terroranschlägen sind wahre Meister dialektischer Prozesse, insbesondere verstehen sie es, diese Prozesse anzuschieben und zu einer gewünschten und vorabberechneten Synthese zu treiben. These und Antithese sind die zwei »Zielobjekte« eines Anschlags. Die Synthese ist das gewünschte Ergebnis aus der Sicht des wirklichen Verursachers. Professionelle Terroristen oder deren Hintermänner wollen den Feind also nicht unbedingt vordergründig bekämpfen, indem sie eindeutige Anschläge auf ihn verüben. Manchmal wäre es viel besser, im Namen des Feindes Anschläge auf die eigene Seite zu begehen. Sie bleiben im Hintergrund und steuern den sich nach einem Anschlag entfaltenden dialektischen Prozeß, um eine gewünschte Synthese zu erreichen. Fortschritt vollzieht sich aus ihrer Sicht nur in wiederkehrenden Konflikten, die schließlich in gewünschte Ergebnisse münden. Und wirkliche und erfolgreiche Terrorstrategen würden sich hüten, allzu offen als identifizierbare Konfliktpartei aufzutreten. Denn erstens drohen dann die erwähnten Rückstöße (Ausnahme: Man glaubt, die Rückstöße nicht fürchten zu müssen, weil die Gegenpartei als zu schwach eingeschätzt wird). Und zweitens erreicht in einem offenen Konflikt oft weder der eine noch der andere sein Ziel. Vielmehr wird die »Wahrheit« eher in der Mitte liegen, wie es so schön heißt. Und dort warten schon wie der Igel im Wettlauf mit dem Hasen die wirklichen Nutznießer und/oder Drahtzieher des Terrorismus.

Natürlich ist die Frage nach der gewünschten Synthese auch die Frage nach dem »cui bono« – wem nützt es? Die letztlich erreichte Synthese repräsentiert den Nutzen, und von dort aus kann man auch die Suche nach dem eigentlichen Nutznießer beginnen: dem wirklichen Drahtzieher. Die Frage dabei ist: Fiel dem Nutznießer die Synthese zufällig in den Schoß, oder hat er etwa nachgeholfen? Ist letzteres der Fall, erklärt sich auch das Motiv für eine bestimmte Vorgehensweise.

Entsprechend der oben angestellten Betrachtungen muß man dabei sorgfältig unterscheiden zwischen dem angeblichen, von der Propaganda behaupteten Nutzen und dem wirklichen Nutzen bzw. zwischen dem angeblichen und dem wirklichen Motiv. Das ist deshalb besonders interessant, weil das Motiv die einzige Spur ist, die sich nicht vernichten läßt. Während man Fingerabdrücke, Reifenspuren, Blutflecken und anderes mehr beseitigen kann, kann man das Motiv niemals beseitigen. Denn ohne das Motiv hätte es die Tat ja nicht gegeben. Dies gilt immer und für alle Taten, so »wahllos« und »willkürlich« sie auch erscheinen mögen, ein Motiv ist immer vorhanden. Man kann es höchstens durch andere, scheinbare Motive überlagern oder überdecken. Und eben das ist es, was die Motivsuche bei einem Attentat so besonders wichtig und ergiebig macht. Betrachten wir als Beispiel den 11. September 2001. Hier gab es eindeutig zwei Motive, ein falsches und ein wahres:

1. der muslimische Kampf gegen die Ungläubigen (falsches Motiv);
2. die Schaffung eines Vorwands für einen weltweiten Krieg gegen den Islam und um das Öl; Schaffung eines globalen Super-Staates (wahres Motiv).

Lassen Sie im Lichte dieser Betrachtungen einmal berühmte Terrorattentate vor Ihrem geistigen Auge Revue passieren. Wie wäre es zur Abwechslung mal mit einem Attentat in Rußland? Dort wird spätestens seit Mitte der neunziger Jahre mit Terrorattentaten gnadenlos Politik gemacht. Auch dort werden Häuser in die Luft gejagt, und viele Menschen kommen dabei um. Und interessanterweise haben die Sprengmeister auch dort im September Hochsaison: Am 4. September 1999 sprengten »Terroristen« ein fünfstöckiges Wohnhaus in Dagestan – es gab vierundsechzig Todesopfer. Wenige Tage später, also ebenfalls im September, sprengten »Terroristen« in Moskau zwei Wohnhäuser – zweihundertsechzehn Menschen starben.

Nur einige Tage später, am 16. September, explodierte ein Kleinlaster mit Sprengstoff vor einem Wohnhaus in Wolgodonsk (Südrußland). Was ist nun These, Antithese und Synthese? Wem sollten die Attentate möglicherweise nützen? Der russische Präsident Wladimir Putin witterte ein Komplott: Bei einem Treffen der GUS-Verteidigungsminister (GUS: Gemeinschaft Unabhängiger Staaten) in Moskau erklärte er, »die gesamte GUS sehe sich einer konzertierten Bedrohung durch internationale Extremisten gegenüber, welche die Kontrolle über die südlichen Randgebiete der früheren Sowjetunion an sich reißen wollten«. Rußland habe es mit »gut ausgebildeten internationalen Provokateuren zu tun, die sich hinter religiösen islamischen Schlagworten verstecken und versuchen, eine sogenannte ›neue Weltordnung‹ zu errichten«. Die Rebellen hätten »dreist und rücksichtslos das Gebiet vom Nordkaukasus bis zum Pamir zu ihrem Interessengebiet erklärt. Wir kämpfen nicht gegen Moslems, wir kämpfen gegen Terroristen«.[7] Aus Sicht Putins lautete das Fazit also: Die Täter waren

- keine Islamisten oder Muslime,
- sondern gut ausgebildete internationale Provokateure,
- die eine »neue Weltordnung« errichten wollen.

Deutlicher konnte der russische Präsident wohl kaum noch werden. Wichtige, nicht-islamische Terror-Drahtzieher, die eine neue

Weltordnung errichten wollen, sind zweifellos die USA und Großbritannien, und zuzutrauen ist ihnen eine solche Vorgehensweise auch. Diese Version ist also zweifellos nicht ganz von der Hand zu weisen.

Dennoch hat sie einen kleinen und einen großen Schönheitsfehler. Der kleine: »Keine der bekannten tschetschenischen oder ›islamistischen‹ bewaffneten Gruppen übernimmt die Verantwortung für diese sinnlosen Aktionen«, sagte Vadim Damier, wissenschaftlicher Mitarbeiter am Institut für allgemeine Geschichte in der russischen Akademie der Wissenschaften in Moskau.[8] Das heißt, daß solche Gruppen auch von niemandem als Tarnung benutzt wurden. Der große Schönheitsfehler: Am 23. September 1999 waren ausgerechnet Angehörige von Putins russischem Geheimdienst FSB dabei ertappt worden, wie sie in einem zwölfstöckigen Wohnhaus im 200 Kilometer südöstlich von Moskau gelegenen Rjazan eine Bombe legten. Umgehend erklärte FSB-Chef Nikolai Patruschew, ein guter Freund von Putin, die Bombe in Rjazan sei nur ein »Dummy« gewesen und vom FSB selbst im Rahmen eines Sicherheitstrainings gelegt worden. Das kommt uns irgendwie bekannt vor. »Im März 2000 wird dieser Vorgang von einigen Medien so interpretiert, daß der FSB selbst Urheber der Bombenattentate gewesen sei. In Rjazan sei der FSB aber an der Wachsamkeit der Hausbewohner gescheitert und habe dann eine Übung vorgeschoben«, schreibt der Internetdienst russland-analysen.de. Hat Putins befreundeter Geheimdienst FSB die verheerenden Bomben des Herbstes 1999 selbst gelegt, damit sich Putin im Vorfeld der Parlaments- und Präsidentschaftswahlen als starker Mann im Kampf gegen den Terrorismus präsentieren konnte? Der dialektische Mechanismus sähe dann so aus:

1. Bombenanschläge (Aktion/These)
2. Haß auf abtrünnige Republiken und (deren) Terroristen (Reaktion/Antithese)
3. Solidarisierung mit dem starken Mann Putin (Synthese).

Nehmen wir als weiteres Beispiel zwei Vorfälle aus dem Irak, bei denen die Beweislage eindeutiger ist. Der Irak wird uns ständig vorgeführt als chaotisches Bürgerkriegsgebiet, in dem jeder gegen jeden kämpft: Rebellen gegen Besatzer, Besatzer gegen Rebellen, vor allem aber religiöse Gruppen gegen andere religiöse Gruppen. Doch ist das wirklich so unübersichtlich? Betrachten wir einen Zwischenfall aus dem Irak von Ende September 2005. Da gerieten zwei arabisch/muslimisch aussehende Männer mit ihrem Auto in eine Verkehrskontrolle. Die Frage nach ihren Ausweisen beantworteten sie mit dem Gebrauch von Schußwaffen. Nachdem die beiden trotzdem festgenommen werden konnten, fand man in ihrem Wagen Waffen, Sprengstoff und Fernzünder, also die Ausrüstung für einen Anschlag. Das Problem war nur: Die arabische Kopfbedeckung war falsch, und die Papiere waren es auch. Die Araber waren gar keine Araber, sondern britische Geheimagenten. Die beiden müssen zu einer ziemlich heiklen Mission unterwegs gewesen sein, denn kaum daß sie eingebuchtet worden waren, wurden sie von britischen Soldaten auch schon wieder befreit. Nicht weniger als ein halbes Dutzend Panzer walzten das Gefängnis platt, wobei auch andere – irakische – Häftlinge entkommen konnten. Offenbar durften die beiden Agenten keine Minute zuviel in der Hand der irakischen Behörden bleiben. Kein Wunder, denn schließlich sah das ganz so aus, als wollten hier britische »Sicherheitskräfte« gefälschte Terroranschläge begehen, um sie anschließend einer der religiösen Gruppen im Irak in die Schuhe zu schieben. So sagte der schiitische Geistliche Abdel al Daraji dem britischen *Telegraph*, daß »die Briten versuchten, einen ethnischen Krieg zu erzeugen, indem sie Bombenanschläge auf schiitische Zivilisten verüben, um sie sunnitischen Gruppen in die Schuhe zu schieben«.[9]

Ein anderer Vorfall kann vielleicht eine Erklärung dafür liefern, wo eigentlich die vielen Selbstmordattentäter herkommen, die sich allenthalben in die Luft sprengen. Wie Sie sich erinnern werden, fiel es Wissenschaftlern gar nicht so leicht, die Sozialisierung dieser Suizidattentäter zu erklären und den entsprechenden Nährboden zu finden. Bei dem betreffenden Zwischenfall habe ein junger irakischer Polizist von seinen amerikanischen Ausbildern ein Auto und ein Handy sowie den Auftrag bekommen, in eine belebte Gegend in der Nähe einer Moschee zu fahren. Von dort aus habe er mit dem Handy eine bestimmte Nummer anrufen sollen. Das Problem sei aber gewesen, daß der Mann an dem genannten Ort keine Verbindung bekommen habe. Also sei er aus dem Wagen ausgestiegen und habe nach einem Netz für sein Handy gesucht. Kaum habe er eines gefunden, habe er die Nummer gewählt, woraufhin sein Auto in die Luft geflogen sei. Diesen Bericht gab der bekannte und renommierte Journalist des britischen *Independent*, Robert Fisk, unter Berufung auf syrische Geheimdienstquellen und irakische Zeugen. Danach würden jene mörderischen Anschläge, die für die ständigen Spannungen zwischen Schiiten und Sunniten im Irak verantwortlich sind, von »unbekannten Amerikanern« verübt beziehungsweise initiiert. Die Amerikaner, behaupten Fisks Quellen, versuchten einen Bürgerkrieg zu entfesseln, um die Kräfte der beiden religiösen Gruppen zu binden. Oder aber, um auf blutige Weise Proteste zu unterdrücken. In einem anderen Fall nämlich soll ein anderer junger Iraker den Auftrag bekommen haben, mit seinem Wagen zu einer Protestkundgebung zu fahren, um von dort per Handy zu berichten. Nachdem auch sein Mobiltelefon nicht funktioniert habe, habe er von einer nahegelegenen Telefonzelle aus angerufen. Auch sein Auto sei daraufhin explodiert.[10] Demnach hätten all diese Iraker in einem zynischen dialektischen Spiel als völlig nichtsahnende Waffen gedient.

Sollten diese Berichte stimmen, bekämen auf diese Weise weder Briten noch Amerikaner die Rückstöße ihrer blutigen Terrormaßnamen zu spüren, sondern könnten statt dessen die reife Frucht der Synthese ernten, nämlich religiöse Gruppen, die sich irgendwann ganz von selbst bekriegen.

Varianten des Terrors

Voraussetzung für die Zerlegung von derartigen Prozessen in ihre dialektischen Bestandteile ist auch die Zerlegung des terroristischen Attentats in seine technischen und propagandistischen Bestandteile. Anschläge sind immer seltener ein authentisches Ganzes. Vielmehr werden sie sozusagen in verschiedene Elemente zerlegt und im Rahmen einer Art »Frankenstein«-Technologie neu zusammengesetzt. Und genau wie bei Frankenstein und seinem Monster paßt dabei vieles nicht so genau zusammen, ein Umstand, der wiederum Chancen eröffnet, solchen künstlichen Attentaten auf die Spur zu kommen.

Im wesentlichen haben wir es heute mit drei Varianten des Terrors zu tun:

1. authentischer Terrorismus (Motiv, Technik und Propaganda stammen aus einer Hand; keine Fremdeinflüsse)
2. instrumentalisierter Terrorismus (fremde Motive, Techniken und Propaganda werden in bestehende, authentische Prozesse eingebracht; zahlreiche Fremdeinflüsse)
3. künstlicher Terrorismus (Motiv, Technik und Propaganda sind weitgehend voneinander getrennt; die Motivträger suchen sich ihre Experten zusammen).

Ist das Motiv einmal gegeben, wird in der Variante drei, um einen Anschlag und seine Wirkung optimal steuern zu können, das terroristische Attentat im wesentlichen aus zwei Bestandteilen zusammengefügt. Und zwar aus

1. der technischen Komponente und
2. der Propagandakomponente.

So zynisch es klingen mag: Die technische Ausführung und die propagandistische Einstellung und Verwertung eines Attentats sind zwei vollkommen unterschiedliche Dinge. Ein guter Sprengmeister ist noch lange kein guter Propagandist, und ein guter Propagandist hat sehr wahrscheinlich von Zeitzündern keine Ahnung. Respektlos formuliert: Nur Dilettanten basteln ihre Bomben *und* Bekennerbriefe selbst. Wobei man einräumen muß, daß es so etwas auch gibt: Terrorattentate, bei denen Motiv, Technik und Propaganda aus einer Hand stammen. Anzutreffen ist das hauptsächlich im »Amateurbereich«, also bei Terroristen, die aus einer authentischen politischen, religiösen und/oder existentiellen Betroffenheit (Motiv) heraus handeln und ihre Bomben (Technik) und Bekennerbriefe (Propaganda) im Keller selber anfertigen. Um ein Attentat aber »künstlich« aus einer technischen und propagandistischen Komponente aufzubauen, benötigt man Techniker *und* Propagandisten.

Der Sprengmeister, der die Bombe plaziert, hat weder mit Bekennerbriefen und Symbolen, noch mit den Videos oder Audios der angeblichen Attentäter etwas zu tun. Häufig sind das reine Waffenexperten, die beispielsweise eine Mine unter eine U-Bahn kleben und verschwinden. Oder, wie die GSG 9 in Celle, eine Sprengladung an einer Mauer anbringen und verschwinden. Das heißt, eigentlich ist die oben genannte Reihenfolge falsch. Am Anfang steht natürlich der Propagandist, der sich überlegt, wie die maximale psychologische Wirkung zu erzielen ist. Denn davon hängt wiederum auch die Technik ab: Flugzeugattentat oder Autobombe, Selbstmordanschlag oder Zeitzünderbombe – was erschreckt die Leute mehr? Was bringt sie am meisten auf? Womit kann ich in einer gegebenen Situation besser meine psychologischen und politischen Ziele erreichen? Der Propagandist oder professionelle Psychokrieger wird entsprechend der Ziele seiner Auftraggeber also auch Einfluß auf die Ausführung nehmen. Einmal festgelegt, wird er die Ausführung aber zweifellos entsprechenden »Experten« überlassen. Um technische Details etwa einer Sprengung muß sich der Propagandist oder Psychokrieger keine Gedanken machen. Vermutlich bekommen sich beide Gruppen nicht einmal zu Gesicht. Die Aufgabe der Propagandisten besteht darin, die offizielle »Geschichte« des gesamten Attentats zu gestalten, dazu gehört:

1. das Timing des Attentats und die Einbettung in das zeitliche und politische Umfeld (Wahlen, G8-Gipfel etc.)
2. die Art der Ausführung (Selbstmordattentat, Schußwaffenanschlag, Autobombe etc.)
3. die implizite (vermeintliche) Logik des Attentats, also wie der Anschlag spontan verstanden wird (»Klar, das waren Islamisten, *weil* Spanien den Irakkrieg mitgemacht hat ...«)
4. die explizite Logik des Anschlags in Gestalt der Forderungen und Aussagen der Attentäter (Bekennerbriefe).

All das hat unter der Prämisse zu geschehen, die höchstmögliche Angstwirkung *(terreur)* zu erzielen und damit den höchstmöglichen Einfluß auf die primäre und sekundäre Zielgruppe zu nehmen.

Der authentische Terrorist, der aus eigenem Antrieb und aus eigener politischer Überzeugung mit terroristischen Mitteln für seine Ziele kämpft, ist meiner Meinung nach also die große Ausnahme. Auch in den siebziger Jahren wurde ein hoher Aufwand betrieben, den soziologischen Wurzeln des Terrorismus auf die Spur zu kommen, sprich: jene sozialen Bedingungen auszumachen, in denen Terrorismus entsteht. Vergeblich: Die damaligen sogenannten Terroristen kamen aus allen sozialen Schichten, angefangen beim Lehrling, Handwerker und Studenten über den Rechtsanwalt und Millionärssohn bis hin zum Insassen einer psychiatrischen Klinik. Gäbe es einen authentischen, »spontanen« Terrorismus, so müßten sich dessen Entstehungsbedingungen sehr wohl identifizieren lassen. Warum aber war die Suche nach diesen Entstehungsbedingungen erfolglos? Und warum endeten auch die Bemühungen des israelischen Professors Merari, eine gemeinsame Komponente bei Selbstmordattentätern zu finden, im Nichts?

Terror und Totalitarismus

Sie kennen vielleicht den Karl Marx zugeschriebenen Satz: »Das gesellschaftliche Sein bestimmt das Bewußtsein.« Kurz: Man denkt, was man ist. Als Fußgänger schimpft man auf Radfahrer, und als Radfahrer schimpft man auf die Fußgänger. Wenn man nun aber überhaupt kein gemeinsames »Sein«, das heißt keine, wenn auch noch so kleine, gemeinsame soziale, gesellschaftliche und/oder politische Realität unter Terroristen und/oder Selbstmordattentätern findet – wie kann es dann dazu kommen, daß es Terroristen gibt? Dieter Schröder, der frühere Chefredakteur der *Süddeutschen Zeitung* und spätere Herausgeber der *Berliner Zeitung*, hatte da so eine Ahnung:

»Ist der Terrorismus ein Krebsgeschwür unserer Zeit, der die gesunden Zellen unserer Gesellschaft zerstört, oder ist er eine neue Form des Krieges, den der Totalitarismus mit Hilfe von Terroristen gegen die Demokratien führt?« Ob er das nun wollte oder nicht: Damit stellte er sämtliche gängigen Erklärungsmuster für den Terrorismus in Frage. Er zog in Erwägung, daß sich totalitäre Kräfte des Terrorismus bedienen, um die Demokratie zu zerstören – das ist exakt der Verdacht, dem ich in diesem Buch nachgehe. Und er stellte noch eine wichtige Frage: »Warum gab und gibt es Terrorismus in demokratisch, autokratisch oder autoritär regierten Staaten, nicht aber in totalitären Staaten wie der Sowjetunion oder dem nationalsozialistischen Reich?«[11] Tatsächlich: Im Nationalsozialismus gab es zwar Attentate auf den »Führer«, aber eben keine scheinbar von der Regierung unabhängigen, allgemeinen Schrecken verbreitenden Anschläge auf die Bevölkerung. Bei der Klärung der von Schröder gestellten Frage brauchen wir noch eine weitere, wichtige Unterscheidung, nämlich die, ob es um Terrorismus »von unten« oder »von oben« geht. Wenn der Totalitarismus Demokratien mit Hilfe eines Terrorismus »von unten« bekämpft, ist dieser Terrorismus natürlich in dem Moment beendet, in dem der Totalitarismus die Macht errungen hat. Wo der Totalitarismus regiert, regiert auch der Terrorismus.

Und das erkennt man nicht daran, daß der Terrorismus nun aufhört, sondern daß er nunmehr offen »von oben« kommt. Daß es unter totalitären Regimen keinen Terror gibt, wie Schröder behauptet, ist ja nicht richtig, wie die Beispiele Robespierres, des Dritten Reiches und des Stalinismus zeigen. Der Terror kommt nun lediglich »von oben«.

Und dieser offene Richtungswechsel des Terrors markiert denn auch die Machtübernahme des Totalitarismus. Wenn »Terror von unten« durch »Terror von oben« ersetzt wird, dann lebt man in einem totalitären Staat. Wenn Menschen verhaftet, gefoltert und getötet werden und die Regierung gar keinen Hehl daraus macht, daß sie selbst dahinter steckt, dann ist der Zustand des Totalitarismus erreicht. Und genau deshalb sind Guantanamo und die amerikanischen Folterskandale so interessant. Sie weisen darauf hin, daß der amerikanische Staat mit dieser offenen Verstaatlichung des Terrors bereits mit einem Bein im Totalitarismus steht. Das andere Bein hinkt noch hinterher. Es steht noch in der Welt der Demokratie, in der alles Gute angeblich von oben kommt und alles Schlechte von unten oder von außen.

Vom Millionär zum Tellerwäscher

Wie für jeden ersichtlich, läutete der 11. September 2001 eine Art von professioneller und fast schon genormter Terrorkampagne ein, die von New York über Madrid und andere Schauplätze nach London führte und von da aus möglicherweise noch weitere »Höhepunkte« erklimmen wird. Ein solcher Höhepunkt waren die Zuganschläge vom 11. Juli 2006 in Bombay, bei denen etwa 180 Menschen starben und 800 verletzt wurden. Laut der österreichischen Zeitung *Der Standard* verdächtigten die Ermittler »vor allem die von Pakistan aus agierende militante Gruppe Lashkar-e-Taiba (Armee der Reinen) und Pakistans Militärgeheimdienst ISI, die Taten geplant zu haben«.[12] Der pakistanische Geheimdienst ISI wiederum wird von den Vereinigten Staaten gesteuert und ist auch in die Anschläge vom 11. 9 verwickelt. ISI-Chef Mahmud Ahmad ließ 100 000 Dollar an den Sündenbock Mohammed Atta überweisen.[13]

In Sachen 9/11 wurde es nachgewiesen, aber auch im Fall von Madrid oder London dürfte wohl hinreichend sicher sein, daß hier der Staat oder staatliche Netzwerke die Finger im Spiel hatten. Neben den erwähnten dialektischen Prozessen erfolgte damit auch ein Paradigmenwechsel: Die herrschenden globalen und vor allem amerikanischen Eliten entschieden sich, das System der Herrschaftssicherung zu wechseln. Am 11. September 2001 schalteten sie von einer Herrschaftssicherung durch positive Anreize auf eine Herrschaftssicherung durch negative Reize um. Statt einer Herrschaft durch Hoffnung (zum Beispiel auf immer mehr Wohlstand) installierten sie eine Herrschaft des Horrors. Statt Herrschaft durch das Versprechen immer neuer Besitztümer errichteten sie eine Herrschaft des Verteidigens der Besitztümer – und zwar gegen Kollegen, Nachbarn, Ausländer, Andersdenkende, Andersgläubige und andere soziale Schichten. Statt den Menschen utopische Modelle von sozialistischen, kommunistischen oder auch kapitalistischen Überflußparadiesen (»soziale Marktwirtschaft«) unter die Nase zu halten, beschworen sie ein negatives Gespenst – das Gespenst des Terrors. Statt mit Hoffnung wollten sie fortan mit Angst regieren. Statt die Hoffnung auf den Sozialismus, den Kommunismus, den perfekten Sozialstaat und/oder die Überflußgesellschaft zu propagieren, entschieden sie sich für einen radikalen Paradigmenwechsel. Ja, sie opferten sogar den berühmten »amerikanischen Traum«, eine der erfolgreichsten Propagandaerfindungen in der Geschichte der USA, vielleicht sogar der Menschheit. Statt vom Tellerwäscher zum Millionär heißt es nun: vom Millionär zum Tellerwäscher. Oder zum Penner, zum Krüppel, zur Leiche – und zwar durch Terroranschläge, die bekanntlich (fast) jeden treffen können. »In der Vergangenheit boten uns unsere Politiker Träume von einer besseren Welt an«, heißt es auf der Website zu der BBC-Dokumentation *The Power of Nightmares* (Die Macht der Alpträume), »nun versprechen sie uns die Rettung vor Alpträumen. Der erschreckendste von allen ist die Bedrohung durch ein internationales Terror-Netzwerk. Aber ebenso wie die schönen Träume nicht wahr waren, so wenig sind diese Alpträume wahr.«[14]

Denn, so die Dokumentation, »diese Bedrohung ist zum großen Teil Phantasie, eine Übertreibung und Verdrehung von Politikern. Es ist eine dunkle Illusion, die sich unhinterfragt über die Regierungen, Sicherheitsdienste und Medien auf der ganzen Welt verbreitet hat.«[15]

Der 11. September 2001 und die folgenden »Großattentate« dienten den folgenden Zielen:

1. Eintritt in das Zeitalter des Terrors,
2. Einigung, Festigung und Verhärtung nach innen,
3. Abgrenzung und Aggression nach außen (gegen den Islam),
4. Ablösung der Aufklärung durch Glauben und Aberglauben,
5. Ablösung einer positiven Utopie durch ein Schreckgespenst.

Willkommen im Orwellstaat

Diese Ziele sollen mit Hilfe von Mechanismen umgesetzt werden, die schon einmal jemand beschrieben hat: George Orwell in seinem Buch *1984*. Bisher waren Hinweise auf »Orwellsche Zustände« nicht mehr als ein Schlagwort. Doch jetzt kann kein Zweifel mehr bestehen, daß die Bush-Regierung und die sie stützenden »Neokonservativen« (Neocons) den Orwellstaat wirklich errichten wollen. Sie lieben ihn, denn der Orwellstaat wird konstituiert und stabilisiert durch

- die Dialektik des Terrors,
- die Dialektik von Staat und Staatsfeind,
- einen immerwährenden Krieg nach außen,

- totale Kontrolle nach innen,
- Überwachung und Folter,
- Medien und Propaganda.

Wenn wir in den Spiegel von *1984* schauen, erkennen wir mit Schrecken immer mehr Aspekte unserer eigenen Wirklichkeit wieder. Dort beschreibt George Orwell eine High-Tech-Tyrannei, in der jeder Bürger von seinem eigenen Fernsehgerät bespitzelt wird. Dieser »Televisor« läßt sich niemals abschalten und überschüttet die Bürger nicht nur mit der täglichen Propaganda, sondern ist auch in der Lage, in das Wohnzimmer eines jeden Bürgers hineinzusehen. Das scheint mittlerweile möglich zu sein: Erst kürzlich hat der Computerkonzern Apple einen neuen Bildschirm patentieren lassen, der nicht nur darstellen, sondern auch sehen kann. Erreicht werden soll das durch einen Flachbildschirm, zwischen dessen Pixeln sich Kamerasensoren befinden.[16] Anders als eine separate Webcam könnte man die Kamerasensoren des Bildschirms natürlich nicht »ausstöpseln«. Wahrscheinlich kann man sie durch einen »Befehl« abschalten; ob sie wirklich aus sind und keine Bilder mehr übertragen, wird sich durch den Nutzer vermutlich nicht mehr prüfen lassen. Denkbar wäre auch das Eindringen (»Hacken«) in solche Geräte, um die Kamerafunktion von außen einzuschalten. Und wer sagt Ihnen eigentlich, daß solche Sensoren nicht irgendwann routinemäßig in jedes Handy-Display eingebaut werden?

Noch frappierender sind die Ähnlichkeiten zwischen Orwells Roman und der Wirklichkeit, wenn man die Bespitzelung des öffentlichen Raumes betrachtet. Fünfhunderttausend Kameras sollen mittlerweile allein den Großraum London beobachten, also jene Stadt, in der der Roman *1984* spielt – Orwell hatte ebenfalls eine flächendeckende Ausstattung Londons mit Kameras und Mikrophonen vorausgesagt. So soll es auch in unserer Wirklichkeit nicht mehr lange dauern, bis die installierten Kameras hören und sich die Behörden in fast jedes Privatgespräch auf dem

Marienplatz, dem Ku'damm, der Kö oder der Zeil einschalten können.

Wegen einer phantomhaften Terrortruppe namens »Die Brüderschaft«, die immer neue Anschläge auf den Staat ankündigt, ist die Bevölkerung in *1984* ständig unter Spannung. Und auch deshalb, weil nach außen ein permanenter Krieg geführt wird, von dem man weder weiß, wann er anfing, noch wann er aufhören wird. Zusätzlich erhöht der ständige Kampf ums Überleben den Existenzdruck, der nur durch windige Gewinnspiele, Lotterien und allgegenwärtige Trivialmusik etwas gedämpft wird. Zugunsten der herrschenden Partei des Großen Bruders sinkt der Lebensstandard unaufhörlich und verharrt schließlich auf einem niedrigen Niveau, auf dem es nur billige Kleidung, feuchte Wohnungen und minderwertige Nahrungsmittel gibt, die nach nichts schmekken. Um dem Volk jede Ausdrucksmöglichkeit für etwaigen Protest zu nehmen, wird die Sprache vereinfacht, verwirrt und verbogen, Begriffe werden in ihr Gegenteil verkehrt. Im Ministerium für Liebe wird gefoltert, im Ministerium für Wahrheit wird gelogen, genauso, wie es in der Bundesagentur »für« Arbeit keine Arbeit gibt, sondern nur die Arbeitslosigkeit verwaltet wird, genauso, wie die »Bundesgesundheitsministerin« mit der Gesundheit der Bürger immer weniger am Hut hat, genauso, wie man sich im »Familienministerium« den berühmten feuchten Kehricht um Familien kümmert. »Heimatschutz« heißt in Wirklichkeit das genaue Gegenteil, das Federal Bureau of Investigation (FBI) ermittelt schon lange nichts Wichtiges mehr, und »Friedensmissionen« stehen nicht für Frieden, sondern für Krieg. Wie man sieht, ist auch unsere Sprache schon verbogen. Damit die Individuen trotz all der Lügen im Alltag noch normal funktionieren, benötigt man auch hier eine ordentliche Portion »Doppeldenk«. In meinem Buch *Mythos 9/11* habe ich ausführlich beschrieben, wie es durch Propaganda möglich ist, in ein und dasselbe Gehirn einander völlig widersprechende Aussagen hineinzupressen, ohne daß sich irgend jemand darüber wundert. So gibt es am Pentagon zwar keine entsprechenden Trümmer, aber trotzdem glauben viele, dort sei ein riesiger Airliner abgestürzt. So fand man auch in Pennsylvania keine Boeing-Trümmer, aber Millionen gehen davon aus, dort sei Flug United Airlines 93 heruntergekommen. So brach noch nie ein Stahlhochhaus nach einem kurzen Feuer zusammen, trotzdem glauben genügend Menschen, daß dies am 11. 9. gleich zweimal geschehen sei. So haben schon viele Menschen im Fernsehen Dokumentationen über die Sprengung von Hochhäusern gesehen, aber als sie am 11. 9. dann drei weitere Sprengungen sahen (WTC 1, 2 und 7), wurde ihnen gesagt, dies sei eine Folge von Flugzeugabstürzen – was auch prompt geglaubt wurde. Und und und: Die Liste ließe sich beliebig verlängern. Die offizielle Version des 11. 9. und des Terrors generell kann nur mit Hilfe des »Doppeldenk« funktionieren. Wenn alle Menschen ihre alltägliche Vernunft, mit der sie ihrer Arbeit nachgehen und Autos und Häuser bauen, Flugzeuge, Schiffe und anderes mehr konstruieren sowie Brot und Kuchen backen, auf CNN und die Tagesschau anwenden würden, wäre es vorbei mit der Lügenherrschaft.

Der Staat in George Orwells *1984* und der geplante globale Superstaat unter amerikanischer Führung werden mit denselben Mitteln geschaffen und regiert, primär mit

- ewigem Krieg
- ewigem Terror
- ewiger Überwachung
- ewiger Propaganda
- ewiger Spannung

und sekundär mit

- einer Verschärfung des Existenzkampfes
- sozialer Verarmung
- einem Ausbau des Lotteriewesens (als Pseudoausweg)
- Neusprech (Begriffskontrolle und -verdrehung)

- Doppeldenk (Gedankenkontrolle und -spaltung)
- einer Trivialisierung von Kunst, Kultur und Nahrung.

Diese Werkzeuge ergeben zusammengefaßt die Stäbe eines sicheren Käfigs, aus dem die Bevölkerung nie wieder herauskommt. Schon gar nicht angesichts der im Vergleich zur Zeit der Niederschrift des Romans *1984* heute weit überlegenen technischen Mittel.

Die Herrschaft des Horrors

Die Frage aller Fragen lautet aber: Wer sind diese »Eliten«, die die Welt unter ein Regime des Terrors zwingen wollen? Ihr geistiger Vater ist ein Mann, der bis 1973 lebte und nichts so sehr liebte, wie das Fernsehen – insbesondere Filmchen mit schlichten, allzu schlichten Inhalten, wie beispielsweise die US-Western-Trivialserie *Gunsmoke*. Kaum war gegen 17.30 Uhr am Nachmittag sein Seminar zu Ende, rannte er nach Hause und schlang das Abendessen herunter, nur um pünktlich zu Beginn von *Gunsmoke* vor dem Fernseher zu sitzen. Sie mögen das vielleicht bizarr finden, aber es war und ist der geistige Vater der sogenannten Neokonservativen (»Neocons«), die heute die Regierung der Vereinigten Staaten stellen. Ihr Altvorderer war ein rechter Politikprofessor. Und ein rechter Kindskopf. Die Seifenoper *Gunsmoke* schlürfte er wie Manna, das vom Himmel fällt. Sein Name: Leo Strauss. »Er glaubte«, erinnert sich ein ehemaliger Schüler, »daß diese Sendung gut war. Sie hatte einen heilsamen Effekt auf die amerikanische Öffentlichkeit, weil sie den Konflikt zwischen Gut und Böse auf eine Weise zeigte, die sofort für jeden verständlich war. (...) Der Held hat einen weißen Hut, er zieht schneller als der böse Mann; der Gute gewinnt. Aber es ist nicht nur, daß der Gute gewinnt, sondern auch, daß die Werte klar sind. Das ist Amerika! Wir werden über die Bösen triumphieren, die uns und die Tugenden der westlichen Welt zerstören wollen.«[17]

Kommt Ihnen das irgendwie bekannt vor? Sind das nicht exakt dieselben Phrasen, die heute aus dem Munde des großen Bruders G. W. B. zu uns dringen? Kein Wunder, denn einige der berühmtesten Strauss-Schüler fanden sich später im »neokonservativen« *Project For a New American Century* (PNAC) wieder, das bald darauf »unter« Bush selbst an die Macht kam. Aber wie konnte es so viel Naivität überhaupt schaffen, an die Spitze der Vereinigten Staaten zu gelangen? Nun, weil die Naivität und Primitivität nur für das Volk bestimmt sind; für seine eigenen Zirkel bezog Strauss seine Philosophie von berühmten Philosophen – und aus einer anderen Fernsehserie: *Perry Mason*. Das war ebenfalls eine amerikanische TV-Institution, eine Serie über einen ausgeschlafenen Rechtsanwalt, der es immer wieder schaffte, seine Mandanten mit einer Mischung aus Genialität und Durchtriebenheit aus den schlimmsten Situationen herauszuhauen. Die Serie begann meist mit der Verdächtigung einer unschuldigen Person – oft eine Frau –, die Mason aus einer schier ausweglosen Lage zu befreien suchte. Oft kam der Höhepunkt dann im Gerichtssaal, wenn Mason noch einen Überraschungszeugen präsentierte und der wirklich Schuldige an Ort und Stelle weinend zusammenbrach. Damit wäre ein Teil des geistigen Rüstzeugs der amerikanischen Neocons schon beschrieben. Eine weitere Zutat ist ein verklemmter Haß auf alles Liberale – schon wieder etwas, was die Vereinigten Staaten heute auf andere projizieren, insbesondere auf die Religion des Islam. Die liberalen Freiheiten der amerikanischen Demokratie denunzierte Strauss als das eigentliche Übel. Der westliche Liberalismus, hetzte Strauss, führe zum Nihilismus. Dies sei eine Entwicklung, »die alles Wertvolle und Bewundernswerte aus den Menschen entferne und uns in Wichte verwandele«, so der Strauss-Kenner Professor Harvey Mansfield: Eine Entwicklung, »die uns in Herdentiere verwandelt – kleine, kranke Wichte, die mit einem gefährlichen Leben zufrieden sind, in dem nichts wahr und alles erlaubt ist«.

»Der liberale Relativismus hat seine Wurzeln in der Naturrechts-Tradition der Toleranz oder in dem Standpunkt, daß jedermann ein natürliches Recht hat, sein Glück zu machen, so wie er es versteht; aber für sich genommen ist er eine Schule der Intoleranz«, schrieb Strauss.[18]

»Strauss glaubte, daß die liberale Idee der individuellen Freiheit die Leute dazu brachte, alles in Frage zu stellen – alle Werte, alle moralischen Wahrheiten«, so Mansfield. »Statt dessen wurden die Leute von ihren eigenen selbstsüchtigen Wünschen geleitet. Und dies drohte, die gemeinsamen Werte auseinanderzureißen, die die Gesellschaft zusammenhielten.«[19]

Gibt es denn gar kein Gegenmittel, so unsere Frage, um die »moralischen Werte« zu retten? Doch. Und zwar Lügen. Das heißt: Strauss würde es nicht direkt Lügen nennen, sondern »Mythen«. Und diese Mythen sollten dem amerikanischen Publikum verabreicht werden wie das berühmte Opium dem Volk: »Sie mögen nicht wahr sein, aber sie wären notwendige Illusionen. Einer davon war die Religion, ein anderer der Mythos von der Nation.«[20] Natürlich – jeder macht die Propaganda, die er am meisten braucht. Denn eine Nation war das von sozialen, politischen und ethnischen Konflikten geschüttelte Amerika schließlich noch nie. Woher auch der Haß und die Zerstörungswut auf andere Nationen rühren mögen: Die zahllosen Kriege, die die USA im Laufe ihrer kurzen Geschichte gegen andere Länder geführt haben, sind dafür ein beredtes Beispiel. Neben materiellen Interessen zeugen sie von einem Haß auf alles, was eine Geschichte und eine Identität besitzt. In ihrem Wahn, den eigenen nationalen Minderwertigkeitskomplex zu überwinden, erschaffen sich die USA immer wieder selbst als eine Art Übernation – und versuchen, andere Nationen einzuschmelzen. Der Mythos von der Nation, »das war in Amerika die Idee, daß das Land die einmalige Bestimmung hat, überall auf der Welt die Kräfte des Bösen zu bekämpfen. Dieser Mythos, erzählte Strauss seinen Studenten, fand seine Verkörperung in seinem Lieblingsprogramm:

Gunsmoke«, so die BBC-Dokumentation über die Wiege der Neocons.[21]

Nun sind Mythen bzw. Lügen ein ziemlich gewöhnungsbedürftiges Gegenmittel gegen den Verfall der moralischen Werte. Ist das nicht ein Widerspruch? Natürlich ist das ein Widerspruch, aber das ist nun mal das Wesen der neokonservativen Doppelmoral. Denn durch und durch verlogen war das geistige System der »Neocons« schon immer, nicht erst, seit George W. Bush die Massenvernichtungswaffen des Irak erfand und sein Außenminister Colin Powell dem Weltsicherheitsrat irgendwelche Mickymaus-Zeichnungen als Beweis präsentierte.

Doch was Kritiker schon als krankhaft ansehen, hat in Wirklichkeit System. Denn Leo Strauss sah sich als Angehörigen einer elitären Kaste von Philosophen. Niemand anderer als er selbst und seine Kollegen seien zur Herrschaft über die Welt ausersehen, meinte er – doch die hatte das nur noch nicht kapiert. Damit knüpfte er an die ähnlich egozentrische Staats-Philosophie Platons an, der auch schon den eigenen Berufsstand als herrschende Klasse forderte. Mit Demokratie hat das freilich nichts zu tun, und auch nicht mit politischer Romantik, also einer Herrschaft der Guten zum Wohle des Ganzen, sondern mit dem Gegenteil dessen – der Diktatur der Mächtigen. Und mit jeder Menge Lügen. Denn diese Philosophen wären nach Strauss' Ansicht alles andere als Gentlemen. Vielmehr hatte Strauss eine eher machiavellistische Sicht auf diese herrschende Elite – nach dem Motto: Erlaubt ist, was die Macht erhält. Während Wahrheiten wie

- es gibt keinen Gott (Strauss war auch ein Nietzsche-Fan);
- das Universum kümmert sich nicht um die Menschheit, die nur ein Stäubchen im Kosmos ist;
- es gibt kein Leben nach dem Tod

nur für die »Philosophen« da sind, sind die Lügen und Mythen ein notwendiges Betäubungsmittel fürs Volk: vor allem Moral,

Religion, das Gute, das Böse, Gerechtigkeit, Ritterlichkeit, Menschlichkeit – alles in allem: Werte. Aber Werte sind es doch, die Bush, pardon: Strauss und die Seinen dauernd im Munde führen, werden Sie jetzt einwenden. Und diese Werte wollen sie doch gegen den schädlichen Liberalismus und Islamismus verteidigen! Nicht doch: Das Geschwafel von den Werten ist nur Opium fürs Volk, ein Mittel zur Herrschaftssicherung. Wie sagte doch die Neocon-Kritikerin Shadia B. Drury über die Neocons: »Sie haben wirklich keine Verwendung für Liberalismus und Demokratie, aber sie erobern die Welt im Namen von Liberalismus und Demokratie!«[22] So schön hat noch niemand das Neocon-Regime auf den Punkt gebracht.

Moralische Tugenden seien nur für den vulgären, populären Konsum gedacht, meinen Kritiker über die Philosophie von Strauss. Es gebe weder Moral noch irgendein Gut und Böse. Dies seien relative Werte, Strauss aber habe jeden Relativismus gehaßt. Die große Mehrheit der Leute habe so viel Angst vor der Wahrheit, sie seien mühelos zu Untertanen zu machen – als »Herde« und »Sklaven«.

Die Top-Ten-Gang des Jahrtausends

Strauss wollte seine Herrschaft nicht mit irgendwelchen Philosophen errichten – viel besser wäre es, sie selbst auszubilden. Während er selbst abtauchte und weder Interviews gab, noch im Radio zu hören war oder irgendwelche Essays schrieb, widmete er sich der Ausbildung seiner Eleven, die dereinst den Globus beherrschen sollten. Dagegen wird häufig eingeworfen, hierbei handele es sich um Legendenbildung oder gar »Verschwörungstheorien«. Aber eine eigene philosophische »Schule« zu begründen, konnte in seinem Falle eigentlich nur heißen, eine eigene herrschende Gruppe zu schaffen. Das ist dieser Theorie implizit. Denn Herrschaft sollte seiner Meinung nach eben von Philosophen ausgeübt werden. Philosophen auszubilden, bedeutete demnach im Idealfall, zukünftige Herrscher zu erziehen. Demnach war Strauss eben kein eigenbrötlerischer Theoretiker, wie manche heute glauben machen wollen, sondern er dachte auch an die praktischen Aspekte seiner »Philosophie«. Und so leisteten seine Schüler und geistigen Nachfolger auch ganze Arbeit und formten »eine der Top-Ten-Gangs des Jahrtausends«, wie die Zeitschrift *The New Republic* meinte.[1]

Diese Gruppe nennt sich zwar nicht *Top-Ten-Gang des Jahrtausends,* aber immerhin so ähnlich: das erwähnte *Project For a New American Century* (PNAC; sprich: Pi-Näck).

Die Gründungserklärung unterzeichneten 1997 der spätere Vizepräsident Dick Cheney, der spätere Stabschef des Vizepräsidenten, Lewis Libby, der spätere Verteidigungsminister Donald Rumsfeld, der spätere Vizeverteidigungsminister Paul Wolfowitz, der spätere Nationale Sicherheitsberater Elliot Abrams, der spätere Sonderbeauftragte für Afghanistan, Zalmay Khalilzad, ein Autor und Redenschreiber von George W. Bush, William J. Bennett, der Gründer des »Komitees für die Befreiung des Irak« und das spätere Mitglied des Pentagon Think-Tanks *Defense Policy Board*, Eliot A. Cohen, die spätere Under Secretary im Außenministerium, Paula Dobriansky, und andere mehr.

Leo Strauss: der Gottvater der amerikanischen Neokonservativen und geistige Vordenker des Project For a New American Century.

Darin heißt es: »Die amerikanische Außen- und Verteidigungspolitik ist vom Kurs abgekommen. Kürzungen in der Außenpolitik und im Verteidigungsetat, Unaufmerksamkeit gegenüber den Werkzeugen der Staatskunst und unbeständige Führung machen es zunehmend schwierig, Amerikas Einfluß in der Welt aufrechtzuerhalten. Das Versprechen kurzfristiger Handelsvorteile droht strategische Überlegungen zu dominieren. Die Konsequenz besteht darin, daß wir die Fähigkeit der Nation gefährden, vorhandenen Bedrohungen zu begegnen und mit potentiell noch größeren Herausforderungen umzugehen, die vor uns liegen. Es sieht so aus, als hätten wir die essentiellen Elemente des Erfolgs der Reagan-Administration vergessen: ein Militär, das stark und bereit ist, gegenwärtigen und zukünftigen Herausforderungen zu begegnen; eine Außenpolitik, die amerikanische Prinzipien im Ausland mutig und absichtsvoll vorantreibt; und eine nationale Führung, die die globalen Verantwortlichkeiten der Vereinigten Staaten akzeptiert.«[2]

Wenn Sie jetzt das Gefühl haben, das PNAC sei nichts anderes als eine Schattenregierung im Wartestand gewesen, dann liegen Sie richtig. Fast alles, was in der Regierung Bush Rang und Namen haben sollte, war und ist hier vertreten – bis auf eine prominente Ausnahme, nämlich »Präsident« George W. Bush selbst. Ausgerechnet der spätere Chef der Neocon-Regierung taucht nirgendwo als Autor oder Unterzeichner eines der zahlreichen PNAC-Papiere auf, nur sein Bruder Jeb, Gouverneur von Florida, also jenes Bundesstaates, mit dessen Hilfe George W. später an die Macht kam. Er selbst nahm an der geistig-politischen Willensbildung der PNAC-Neocons offenbar nicht teil – was prädestinierte ihn trotzdem, Präsident der späteren Neocon-Regierung zu werden? Denn daß »ausgerechnet George Bush eine Art Philosophenkönig im Sinne Platons sein soll, scheint auf den ersten Blick etwas merkwürdig«, schreibt die Zeitung *Der Freitag*.[3]

Das ist sehr höflich formuliert. Schon eher brachten ihn die Macht seiner Familie und deren Erfahrung als Steigbügelhalter des Faschismus an die Macht. George W.s Großvater Prescott Bush war mit den Nazis geschäftlich eng verbunden. Die Zusammenarbeit ging so weit, daß seine Geschäfte teilweise von der US-Regierung beschlagnahmt wurden. Unter anderem habe Bush zusammen mit seinem Schwiegervater Firmen wie die Schlesisch-Amerikanische Gesellschaft (SAC) geführt: »Prescott Bush gehörte nicht nur zu einer Gruppe von Hitler-Finanziers, er profitierte als Miteigentümer einer Stahlgesellschaft während des Zweiten Weltkriegs auch von der Sklavenarbeit in Auschwitz«, behauptet der Düsseldorfer Rechtsanwalt Peter Wolz, der die US-Regierung bereits vor dem Bundesgericht in Washington verklagte.[4] Laut dem ehemaligen Staatsanwalt und jetzigen Holocaust-Forscher John Loftus stammt der Reichtum der Bushs aus

Nazi-Deutschland: »Dort kam der Reichtum der Familie Bush her: Er kam aus dem Dritten Reich.«[5] Und schließlich repräsentierte der heutige George W. Bush als sogenannter »wiedererweckter Christ« eine unverzichtbare Zutat des Strauss'schen Herrschaftssystems: die Religion. Die Installation dieses bigotten Präsidenten ist ein weiteres Indiz dafür, daß in der Bush-Administration tatsächlich die Strauss'sche »Philosophen«-Herrschaft umgesetzt wurde, betrachtete er Religion doch als wichtigstes »Opium fürs Volk«. Die wirkliche Weisheit war für die Philosophen da, die Religion lieferte die billigen Mythen für die Massen. Insofern repräsentiert Bush mit seinem zur Schau getragenen Glauben und seinen vielfältigen Beziehungen zur christlichen Szene Amerikas ein unverzichtbares Herrschaftselement im Gedankengebäude von Leo Strauss.

Es gab nur noch ein Problem: die Rückstöße. Die Herde würde an den Philosophen Rache nehmen, sollte die Wahrheit jemals herauskommen. Wie Sokrates liefen die Neocons Gefahr, daß die Herde sie dann zwingen würde, den Giftbecher zu trinken.

Von diesen Rückstößen war ja schon die Rede. Damit sie ihre Wirkung nicht entfalten können, bedarf es eines Gegenmittels, nämlich der Angst. Die Angst lähmt den Widerstand, indem sie etwas schafft, was jeden Widerstand konterkariert; nämlich den Bedarf nach einer starken Führung. Je mehr Angst herrscht, desto mehr brauchen wir all die vermeintlich starken Männer, die sich in die Brust werfen und bei internationalen Konferenzen über den Terrorismus entschlossen die Hände schütteln. Und die Angst kann man mit Hilfe des Terrors erzeugen. Denken Sie nur an einen Kinofilm über Dinosaurier, wie zum Beispiel *Jurassic Park*. Wer das Publikum so richtig in Atem halten will, hat im Prinzip zwei Möglichkeiten:

1. Er zeigt den Dino.
2. Er läßt nur die Blätter rascheln.

Den furchtbarsten aller Dinos haben wir am 11. September 2001 gesehen, in kleinerer Ausführung am 11. März 2004 in Madrid und am 7. Juli 2005 in London. Da man den Dino aus vielerlei Gründen nicht dauernd zeigen kann (zum Beispiel wegen des Aufwands, aber auch wegen der Abstumpfung des Publikums), läßt man zwischendurch lediglich die Blätter rascheln:

- In Funk und Fernsehen ist der Terrorismus Dauerthema.
- Man setzt die Terrorwarnstufe herauf und herunter. Wichtig ist allein das Auf und Ab der Terrorwarnungen. Besonders gern wird die Terrorwarnstufe vor Feiertagen oder Sommerferien erhöht, um Entspannung zu erschweren – vor einem echten Anschlag aber gesenkt. Das war zum Beispiel vor den Anschlägen des 7. Juli in London der Fall. Bei herabgesetzten Terrorwarnstufen ist also besondere Vorsicht geboten.
- Man veröffentlicht wüste Drohaufrufe fanatischer Islamisten.
- Man »findet« und »vereitelt« angebliche Attentatsplanungen, wie beispielsweise am 10. August 2006, als die britische Polizei den Londoner Flughafen Heathrow lahmlegte – angeblich um geplante Selbstmordattentate auf Flugzeuge zu verhindern. In diesem Fall ließ man nicht nur die Blätter rascheln. Vielmehr wackelte der ganze Baum, als würde sich ein gewaltiger Dino dahinter verbergen. Bis zu zwanzig Flugzeuge hätten fanatische Islamisten sprengen wollen, so hieß es. Tagelang besetzten britische »Anti-Terror«-Kräfte den Londoner Airport. Doch wenn man einen Blick hinter den Baum warf, fand sich dort gar kein Dino. Harte Fakten gab es nicht einmal für Interpol: »Alle Länder haben die Pflicht, sämtliche Informationen zu teilen, die anderen Polizeibehörden in der Welt helfen könnten, unschuldige Leben zu schützen, ohne die laufenden Ermittlungen zu gefährden«, ermahnte Interpol-Generalsekretär Ronald Noble die britischen Behörden.[6]

Der »terroristische Wetterbericht«: Die Terrorwarnstufe auf der Webseite des Ministeriums für Homeland Security in den USA (Juni 2006).

In Deutschland werden immer wieder »gern« verdächtige Koffer auf Bahnhöfen und in Zügen gefunden. Um das Publikum unter Spannung zu halten und gefügig zu machen, reicht das allemal.

Sofort wurden die Funde von dem CSU-Bundestagsabgeordneten Norbert Geis auch zur Propagierung der abstrusesten Orwellschen Pläne benutzt, beispielsweise für den Vorschlag, an Bahnhöfen dieselben Sicherheitskontrollen einzurichten wie an Flughäfen. Angesichts von täglich elf Millionen Besuchern und Reisenden in den 5400 Bahnhöfen[7] in Deutschland ist dies wahrhaftig ein Irrsinn, der seinesgleichen sucht.

Leo Strauss war als Jude selbst gefährdet. Nach einem längeren Auslandsaufenthalt nahm er seinen dauerhaften Wohnsitz nicht wieder in Deutschland, sondern ging 1937 in die USA. Aber immerhin hatte der geistige Vater der Neocons unter den Nazis gute Freunde und Vorbilder, und zwar nicht irgendwelche. Da wäre zum Beispiel ein gewisser Carl Schmitt. Jener Carl Schmitt, der nach dem Reichstagsbrand die Todesstrafe für den Sündenbock Marinus van der Lubbe fordern und später den »Führer« zur Quelle des Rechts schlechthin erklären sollte. Auch diese Tendenzen sieht man heute bereits in den USA, und zwar im Zusammenhang mit der sogenannten NSA-Affäre 2006. Dabei hatte der Präsident persönlich gesetzwidrige Spitzelaktionen genehmigt – ohne dafür zur Verantwortung gezogen zu werden. Das präsidentielle oder »Führer-Recht« beginnt also bereits, das geschriebene Recht zu brechen, ohne daß der »Führer« dafür geradestehen muß.

Genau wie der 11. September 2001 wurde auch der Reichstagsbrand benutzt, um ein politisches System umzuwälzen und in einen totalitären Staat umzuwandeln, wie ihn sich Juristen wie Carl Schmitt vorstellten. Carl Schmitt, der Mann mit dem Verständnis für gefakte Anschläge und spätere »Kronjurist« der Nazis wiederum wurde Mentor und großes Vorbild für Leo Strauss, den späteren Vater der »Neocons«, die ebenfalls nach einem inszenierten Anschlag ein politisches System umwälzten, nämlich das der USA.

Und so sehen manche nicht nur Leo Strauss, sondern auch den Nazi-Rechtsphilosophen Carl Schmitt als geistigen Vater der heutigen Republikaner und Neocons: »Um zu verstehen, was die heutige Republikanische Partei so auszeichnet, muß man zunächst etwas über einen obskuren und äußerst konservativen deutschen Philosophen wissen«, meint beispielsweise der Politikprofessor Alan Wolfe in seinem Artikel *Ein faschistischer Philosoph hilft, die gegenwärtige Politik zu verstehen*: »Sein Name lautet nicht etwa Leo Strauss, der häufig als der intellektuelle Guru der Bush-Administration bezeichnet wird. Statt dessen handelt es sich um einen weniger bekannten, aber in vielerlei Hinsicht wichtigeren Denker namens Carl

Schmitt.«[8] In den Augen mancher Neocon-Kritiker wird der Nazi-Denker Carl Schmitt durch Leo Strauss also lediglich vermittelt.

»Das alles legt nahe, daß Strauss in den dreißiger Jahren nicht etwa ein ›Anti-Liberaler‹ war, wie wir das heute verstehen, sondern ein *Anti-Demokrat* in einem fundamentalen Sinne, ein wirklicher Reaktionär«, schreibt der Politikprofessor Nicholas Xenos von der Universität von Massachussetts in Amherst. »Strauss war jemand, der zurückkehren wollte zu einer früheren, vorliberalen, vorbürgerlichen Ära von Herz und Blut, von imperialer Dominanz, autoritärer Herrschaft und purem Faschismus. Was Strauss wie Schmitt unter anderem am Liberalismus haßte, war seine Unfähigkeit, absolute Entscheidungen zu treffen und Maßnahmen zu ergreifen. Und wie Schmitt suchte er einen Ausweg in Form einer vorliberalen Entschlossenheit. Ich meine, daß diese Beschreibung faschistischer, autoritärer und imperialer Prinzipien das derzeitige imperiale Projekt der Vereinigten Staaten exakt beschreibt.«[9]

Eine weitere Zutat der Strauss'schen und Schmitt'schen Geisteswelt war ein striktes Freund-Feind-Denken in der Politik, ein Motiv, das wir ebenfalls in der heutigen amerikanischen Außenpolitik entdecken, die inzwischen eigentlich als »Feind-Politik« zu bezeichnen ist. Außer sich selbst, Großbritannien und Israel sehen die Vereinigten Staaten heutzutage fast alles und jeden als Feind oder potentiellen Feind. »Wer nicht für uns ist, der ist gegen uns« – dieses Denken hatte im 20. Jahrhundert in Leo Strauss und Carl Schmitt prominente Anhänger. »Die eigentlich politische Unterscheidung ist die Unterscheidung von Freund und Feind«, schrieb einst Carl Schmitt. Und daß es dabei nicht etwa um Feindschaft in einem übertragenen, abstrakten Sinne geht, sondern um physischen Kampf und Auslöschung, kann man ebenfalls bereits bei Carl Schmitt nachlesen: »Die Begriffe Freund, Feind und Kampf erhalten ihren realen Sinn dadurch, daß sie insbesondere auf die reale Möglichkeit der physischen Tötung Bezug haben und behalten«, so Schmitt in seinem Buch *Der Begriff des Politischen* (1932).[10] Afghanistan und der Irak lassen grüßen. Ja, nach Schmitt und Strauss brauchen Staaten geradezu Feinde, um sich selbst zu definieren und um im Inneren Angst und Loyalität gegenüber dem Staat zu schaffen. Und auch darin ähnelt ihr Modell übrigens der Dystopie von George Orwell. Insbesondere für die Vereinigten Staaten hatten Feindschaft und Krieg von Anfang an konstituierende Bedeutung: die Vereinigten Staaten entstanden erst im Unabhängigkeitskrieg gegen Großbritannien. Erst gemeinsame Kriegsanstrengungen machten einen Zusammenschluß der damals dreizehn Staaten Amerikas notwendig. Diese Lektion haben die USA nie vergessen. Wie stark die konstituierende Wirkung eines Feindes ist, zeigt auch das Beispiel der NATO. Nachdem diese 1949 als Verteidigungsbündnis gegen den kommunistischen Osten gegründet worden war, wurde sie nach der Auflösung der Sowjetunion und des Warschauer Paktes als solches überflüssig. Das mächtigste militärische Werkzeug des US-Imperiums war damit dem Tod geweiht. Gerettet wurde es nur durch den 11. September 2001. Danach bestand eine der ersten Amtshandlungen des Außenministers der Neocon-Regierung, Colin Powell, darin, der NATO in Brüssel einen schneidigen Besuch abzustatten und sie auf die neue Aufgabe einzuschwören: die Bekämpfung des Terrorismus. Man kann darüber spekulieren, ob es die NATO ohne den 11. September 2001 heute noch geben würde.

Alarm – der Feind ist weg

Die eigentliche Bedrohung für die Straussianer ist demnach nicht der Feind, sondern der fehlende Feind – wie nach dem Zusammenbruch der Sowjetunion: Ein neuer Feind mußte also her, und zwar dringend. Da hatte schon 1993 ein Politikwissenschaftler eine zündende Idee und verbreitete eine für damalige Verhältnisse reichlich abenteuerliche These. Just nach dem Zusammenbruch der Sowjetunion, der sozusagen auch für einen weiteren Erfolg der Aufklärung und der Herrschaft der Vernunft stand, verkündete der Mann ein mittelalterliches Konzept. Er sagte nämlich voraus, daß es nach dem Ende des politischen Block-Konflikts zu einem religiösen Konflikt zwischen Christentum und Islam kommen werde. Nachdem er diese damals bizarr anmutenden Thesen in der Zeitschrift *Foreign Affairs* veröffentlicht hatte, publizierte er sie Mitte der neunziger Jahre auch als Buch. Dieses Buch nannte er *Clash of Civilizations* – »Kampf der Kulturen«. Der Name des Autors: Samuel P. Huntington. Was der Mann da schrieb, paßte nahtlos in das Neocon-Konzept: »Ohne wahre Feinde keine wahren Freunde!« zitiert er beispielsweise den nationalistischen venezianischen Demagogen in Michael Dibdins Roman *Dead Lagoon:* »Wenn wir nicht hassen, was wir nicht sind, können wir nicht lieben, was wir sind. Das sind die alten Wahrheiten, die wir heute, nach dem sentimentalen Gesülze von hundert Jahren unter Schmerzen wiederentdecken. Wer diese Wahrheiten leugnet, der verleugnet seine Familie, sein Erbe, seine Kultur, sein Geburtsrecht, sein ganzes Ich!«[11] Um das Eigene zu lieben, muß man das Fremde also hassen. An dieser »betrüblichen Wahrheit« könnten »Staatsmänner und Wissenschaftler nicht vorbeigehen«, meint Huntington. Für Menschen, die ihre Identität suchten, seien Feinde »unabdingbar«. Und das Überleben des Westens hänge davon ab, »daß die Amerikaner ihre westliche Identität bekräftigen ...«, was in dieser Logik ja wohl nur durch Feindschaft geht. Darüber hinaus müßten sich die Westler »einigen, um diese Kultur zu erneuern und vor der Herausforderung durch nichtwestliche Gesellschaften zu schützen«. Von da zu George W. Bushs Präventivkriegen ist es wirklich nur noch ein Katzensprung. Aber wo er zu deutlich wird, scheint Huntington seine Pfote umgehend wieder zurückzuziehen: »Ein weltweiter Kampf der Kulturen kann nur vermieden werden, wenn die Mächtigen dieser Welt eine globale Politik akzeptieren und aufrechterhalten, die unterschiedliche kulturelle Wertvorstellungen berücksichtigt.«[12]

Was für ein Zufall – just als die Neocons und damit auch die Vereinigten Staaten einen neuen Feind suchten, zauberte dieser Mann einen aus dem Hut und erklärte, Religionen, die seit langer Zeit eher friedlich zusammenlebten, würden sich demnächst bekämpfen, und dieser Konflikt werde den Ost-West-Konflikt ablösen. Und das würde gleichzeitig die Auflösung (der den USA ohnehin verhaßten) Nationalstaaten zugunsten »kultureller Koalitionen« gegen den neuen Feind bedeuten. Doch dies war nicht der einzige Zufall. Ein weiterer bestand darin, daß das Buch *Clash of Civilizations* ausgerechnet von der Olin Foundation herausgebracht wurde – einer der vielen »Denkfabriken« der »Straussianer«. In der Tat zählen Kritiker Huntington zu den älteren »Strauss-Alliierten«.[13] Man muß gar nicht besonders lange suchen, um den direkten Einfluß von Huntingtons Thesen auf die US-Regierung bestätigt zu bekommen: Laut Klappentext seines Buches arbeitet Huntington »als Berater des US-Außenministeriums«.[14] Da ist es doch sehr interessant, daß die Thesen des Autors eigentlich erst durch den 11. September 2001 »bestätigt« wurden.

Ein erstaunlicher Erfolg für ein Werk, dessen Qualität bei näherer Betrachtung dubios erscheint. Aufgrund der Widersprüchlichkeit vieler seiner Ausführungen »stellt sich die Frage, inwieweit seine Schlußfolgerungen oftmals politisch gewollt sind und gezielt konstruiert wurden«, schreibt beispielsweise die Politikwissenschaftlerin Khadija Katja Wöhler-Khalfallah. »Denn bei Huntington ist besonders auffällig, daß er alle unlogischen, plakativen Folgerungen, die er stets besonders deutlich hervorhebt, so daß sie dem Leser im Gedächtnis haften bleiben, an anderer Stelle in deutlich weniger spektakulärer Weise wieder sehr einschränkt, so daß er wissenschaftlich kaum anfechtbar ist. Zudem erstaunt er vielerorts mit einer tiefgehenden Detailkenntnis des Orients, die vermuten läßt, daß er seine Argumentation oft bewußt unter Vernachlässigung von Umständen und Tatsachen, die ihm bekannt gewesen sein müssen, also nicht immer nach bestem Wissen, vorgenommen hat.«[15] Tatsächlich: Nach seinem Gerede über Identität und »unabdingbare Feinde« macht sich Huntington plötzlich wieder aus dem Staub: Dieses (also sein) Bild der Weltpolitik nach dem Kalten Krieg sei »stark vereinfacht«, schreibt er: »Es unterschlägt vieles, verzerrt manches und verdunkelt einiges.«[16] Ein Satz, der fast schon klingt wie eine kritische Rezension des eigenen Buches. Ja, ist es dann überhaupt noch etwas wert? Huntington ist wohl davon überzeugt, denn er setzt dieses ambivalente Spielchen noch über weitere fünfhundertfünfzig Seiten fort, so daß sich jeder heraussuchen kann, wen er für nützlich hält: Huntington, den »Falken«, oder Huntington, die »Taube«. Das heißt: Als Steilvorlage für rechte Politik und Medien hat Huntington sein Buch mit plumpen Thesen vollgepackt – und um seinen wissenschaftlichen Ruf nicht völlig zu ruinieren, hat er sie an anderer Stelle wieder relativiert. Zudem hat er Dinge geschrieben, die er eigentlich besser wissen müßte. Hat Straussianer-Freund Huntington den Krieg der Kulturen erst herbeigeredet? Dies legen Peter Imbusch und Ralf Zoll in ihrem Buch *Friedens- und Konfliktforschung* nahe. Huntington habe neue Feindbilder verstärkt, »die wenig mit realen Bedrohungen zu tun haben«, meinen sie.[17]

Der mexikanische Schriftsteller Carlos Fuentes nannte Huntington »abgrundtief rassistisch und abgrundtief dumm« und beschuldigte ihn, die beliebte faschistische Taktik der Angsterzeugung vor »dem anderen« zu übernehmen. Der Journalist und Pulitzerpreisträger Andrés Oppenheimer nannte Huntingtons Werk »pseudoakademischen und xenophoben Müll«.[18]

Und, so muß man hinzufügen: Ohne die Anschläge des 11. September 2001 wäre das Huntington-Buch der wissenschaftliche Blödsinn geblieben, der es nun einmal ist. Nur: Wenn es tatsächlich wissenschaftlicher Blödsinn ist – wie konnte Huntington die Ereignisse dann derart paßgenau voraussagen? Wie konnte diese schlechte wissenschaftliche Arbeit die Realität, das heißt: den entstehenden Krieg der Kulturen so genau beschreiben? Lag dies vielleicht daran, daß es sich um eine »selffulfilling prophecy« handelte, eine sich selbst erfüllende Prophezeiung? Oder sorgten gar Huntingtons Freunde in der großen Politik für das Eintreffen dieser Prognose?

Viele Jahre nach Strauss scharrten seine und die geistigen Erben von Carl Schmitt in ihrer PNAC- und Neocon-Schattenregierung ganz gewaltig mit den Hufen. Was sie wollten, war ein Platz an der Sonne, und zwar schnell. Den Wahlsieg des Demokraten Bill Clinton 1992 betrachteten sie als einen Betriebsunfall der Geschichte, eine lästige Unterbrechung ihrer Herrschaft, die zuletzt mit der Regierung von George H. W. Bush (senior) einen Höhepunkt erreicht hatte. Schon damals waren führende Neocons dabei: Donald Rumsfeld, Dick Cheney, Dan Quayle und andere. Während der Clinton-Administration betrachteten sie sich als eine Art zu unrecht suspendierte Regierung, verpuppten sich im *Project For a New American Century* und wurden zu der erwähnten Schattenregierung. Fast vom Beginn von Clintons Präsidentschaft an hetzten sie ihm einen »Sonderermittler« namens Kenneth Starr auf den Hals, der nichts anderes zu tun hatte, als dem Präsidenten ein »Gate«[19] nach dem anderen anzuhängen:

- *Whitewatergate*, 1992: angebliche Verwicklung in unsaubere Immobiliengeschäfte, drei verschiedene Untersuchungen erbrachten keine Beweise für wissentlich kriminelle Praktiken der Clintons;
- *Travelgate*, 1993: Unregelmäßigkeiten und Entlassungen im »Reisebüro« des Weißen Hauses; Untersuchungen von Starr ergaben keine Verfehlungen der Clintons;
- *Filegate*, 1996: unberechtigter Zugriff der Sicherheitstruppe des Weißen Hauses auf FBI-Akten von früheren Mitarbeitern des Weißen Hauses; keine Beweise für eine Verwicklung der Clintons;

- *Monicagate*, 1998: Clinton leugnet wahrheitswidrig frühere sexuelle Beziehung zu der WH-Praktikantin Monica Lewinsky; sämtliche rechtlichen und politischen Schritte (Amtsenthebungsverfahren) gegen Clinton scheitern; Hillary Clinton sprach von einer »breiten rechten Verschwörung« gegen ihren Mann. Und tatsächlich war der vom republikanischen Kongreß gegen Clinton in Stellung gebrachte Starr laut BBC Mitglied einer rechtslastigen Gruppe von Anwälten »mit finanziellen und ideologischen Verbindungen zu den Neokonservativen«.[20]

Doch statt Präsident Clinton zu stürzen, fiel die Rechte selbst Starrs »friendly fire« zum Opfer. Im Zuge der Whitewater-Ermittlungen stolperte nicht Clinton, sondern der ultrarechte Sprecher des Repräsentantenhauses, Newt Gingrich, über finanzielle Unregelmäßigkeiten. 1998 trat er von allen Ämtern seiner Partei zurück, nachdem die Popularitätswerte Clintons auch noch stiegen, statt zu fallen, und die Republikaner wichtige Wahlen verloren, weil immer mehr Amerikaner in der gnadenlosen Hatz auf Clinton wegen seiner Affäre mit einer Praktikantin im Weißen Haus eine Art »sexuellen McCarthyismus« sahen. Weil Clinton über seine Beziehung mit Lewinsky gelogen hatte, strengten die Republikaner ein Amtsenthebungsverfahren (Impeachment) an – das bis dahin lächerlichste Impeachment in der amerikanischen Geschichte, das auch prompt scheiterte. So waren am Ende nicht die Clintons, sondern die Republikaner und vor allem die Neokonservativen moralisch und politisch am Ende. (Dies hat seine Ursache in der Primitiv-Philosophie von Leo Strauss, die die Wirklichkeit nicht ausreichend beschreibt.) Auch deshalb bleibt der »Wahlsieg« George W. Bushs im Jahr 2000 seltsam. Er gelang gegen die herrschende politische Stimmung. Während Starr auf Clinton feuerte, was das Zeug hielt, entwickelten die Neocons in ihrem PNAC mit demselben Präsidenten eine regelrechte Brieffreundschaft, wenn auch möglicherweise eine einseitige. Konsultiert man ihre Webseite, schrieben sich die Neocons die Finger wund, um den bereits unter Druck stehenden Präsidenten zu bestimmten Maßnahmen zu drängen, die sie dringend herbeisehnten:

- ein Ende der Haushaltskürzungen im Außen- und Verteidigungshaushalt,
- die Erhöhung des Verteidigungshaushalts und ein starkes Militär,
- eine starke Außenpolitik,
- die Stärkung der Bindungen zu Verbündeten und eine Herausforderung »feindlicher« Regime,
- die Förderung der »politischen und ökonomischen Freiheit im Ausland«,
- eine starke Führerschaft,
- einen Krieg gegen den Irak und die Entfernung von Saddam Hussein aus dem Amt.[21]

Außerdem drängten die Neocons auf eine Kündigung des ABM-Vertrages mit der Sowjetunion. Darüber hinaus waren sie der Meinung, daß nach einem Versagen von Diplomatie und Sanktionen in internationalen Konfliktfällen militärische Maßnahmen möglich sein müssten. Dies war tatsächlich eine »Umwertung aller Werte«, bedeutete es doch eine Lizenz zum Angriffskrieg. Das alles, wie gesagt, verlangten die Neocons vor dem 11. September 2001.

Ihren Brief an Clinton in Sachen Irak schrieben sie exakt eine Woche, nachdem der Lewinsky-Skandal hochgekocht war und der Präsident erheblich unter Druck stand. Merkwürdig ist natürlich nicht, daß diese Maßnahmen von Clinton nicht umgesetzt wurden. Merkwürdig ist vielmehr, daß diese Maßnahmen auch dann noch nicht umgesetzt wurden, als die Stand-by-Regierung der Neocons »endlich« in das Weiße Haus einzog. Statt die obengenannten Punkte nun hurtig anzugehen, geschah erst einmal nichts. Vielmehr schickten die Neocons ihren George W. erst mal in Urlaub, und zwar für 40 Prozent seiner Amtszeit vor dem 11. September 2001. Zumindest verbrachte er so viel Zeit auf seinen Feriensitzen.[22]

Nur Terroranschläge und Kriege verschafften einem an sich erledigten Präsidenten Zustimmung.

Kaum an der Macht, brannte den Neocons die zuvor händeringend angestrebte neue Militärpolitik plötzlich gar nicht mehr auf den Nägeln. Denn trotz ihrer erneuten Machtergreifung war die Zeit dafür noch nicht reif. Militärisch gesehen steckte der »Präsident« lediglich einen Zeh ins Wasser, um ihn vor Schreck ob der eisigen Kälte wieder zurückzuziehen. Als Bush am 16. Februar 2001 mit der Bombardierung einiger Ziele südlich von Bagdad den ersten Versuchsballon startete, reagierte die internationale Öffentlichkeit mit eisiger Ablehnung. An einen Krieg gegen den

Irak war überhaupt nicht zu denken. Wie hatten die Neocons doch in ihrem Strategiepapier *Rebuilding America's Defenses* im September 2000 geschrieben? Ein Wiederaufbau der amerikanischen Verteidigung und die gewünschte Umwälzung in der US-Politik könne lange dauern, wenn nicht »ein katastrophales und katalysatorisches Ereignis eintritt – wie ein neues Pearl Harbor«. Eine seltsame Formulierung, denn zunächst einmal ist ein Katalysator ja etwas Positives: ein hilfreiches Werkzeug zur Beschleunigung und Erleichterung von Prozessen. Noch erstaunlicher ist aber, daß die Neocons ihren Katalysator bekamen, und zwar am 11. September 2001, dem sechzigsten Jahrestag der Grundsteinlegung des Pentagon. Erst an diesem Tag schienen Bush und seinen Neocons auch ihre alten Pläne wieder einzufallen. Nun aber schnell: Hoch mit den Rüstungsausgaben, ab nach Afghanistan und ab in den Irak. Tatsächlich wurden die seit Jahren von den Neocons herbeigesehnten Prozesse mit einem Schlag erheblich erleichtert und beschleunigt: »Die Neokonservativen hatten sich, bereits bevor Bush Präsident wurde, entschlossen, Saddam zu stürzen. Sie verursachten einige Aufregung, als sie Anfang 1998 zwei offene Briefe an Clinton veröffentlichten, in denen sie die Entfernung von Saddam aus dem Amt verlangten«, schrieben die beiden renommierten Politologen Professor Stephen Walt und Professor John Mearsheimer in einem aufsehenerregenden Papier über den Einfluß der israelischen Lobby auf die US-Regierung im März 2006. »Die Unterzeichner, von denen viele enge Verbindungen zu proisraelischen Gruppen (…) hatten und zu denen Elliot Abrams, John Bolton, Douglas Feith, William Kristol, Bernard Lewis, Donald Rumsfeld, Richard Perle und Paul Wolfowitz gehörten, hatten keine Schwierigkeiten, die Clinton-Administration auf das generelle Ziel festzulegen, Saddam aus dem Amt zu entfernen. Aber sie waren nicht in der Lage, zu diesem Zweck einen Krieg an den Mann zu bringen. Auch in den ersten Monaten der Bush-Administration waren sie nicht fähig, Begeisterung für eine Invasion des Irak zu wecken. Um dieses Ziel zu erreichen, brauchten sie Hilfe. Diese Hilfe kam mit dem 11. 9.« (Mearsheimer, John; Walt, Stephen: The Israel Lobby, London Review of Books, Vol. 28, No. 6, 23 March 2006)

Das Kriegsziel Irak sei keineswegs in amerikanischem, sondern in israelischem Interesse gewesen.

Die Wargames des Dick C.

Ich hatte Ihnen ja eine Antwort auf die Frage versprochen, in wessen Hände eigentlich jene Manöver gelegt worden waren, die die Durchführung der Attentate vom 11. September 2001 möglicherweise erleichterten. Nach Meinung von Kritikern sorgten just am 11. 9. mehrere Manöver mit entführten Flugzeugen dafür, daß die Abwehrsysteme nicht wie üblich reagierten – weil die Verantwortlichen der Meinung waren, bei den vom Kurs abgewichenen Maschinen habe es sich lediglich um einen Teil einer Übung gehandelt – vermutlich, bis es zu spät war. Jagdflieger, die dazu da waren, abweichende Maschinen abzufangen, sollten an diesem Tag im Rahmen einer Übung von der Ostküste nach Alaska und Kanada verlegt werden. Die Manöver boten auch einen optimalen Deckmantel, um die Verkehrsmaschinen am Himmel gegen andere Flugzeuge auszutauschen. Warum sollte man das so gemacht haben? Ganz einfach: Weil Kamikazepiloten noch nie zuverlässige Flugzeugführer waren, wie das japanische Beispiel im Zweiten Weltkrieg gezeigt hat. Schon damals drehten Piloten kurz vor dem Ziel ab oder verfehlten es aufgrund der psychischen Ausnahmesituation, in der sie sich befanden. Hat man mehrere Tausend Flugzeuge für einige Dutzend Ziele, ist das zwar weniger schlimm. Hat man aber – wie am 11. 9. – nur ein Flugzeug und eine Chance für ein Ziel, kommt ein menschlicher Pilot an Bord nicht in Frage – ob »Hijacker« oder nicht. Deshalb mußten die Originalmaschinen durch ähnlich aussehende, ferngelenkte Drohnen ersetzt werden, die man durch Fernbedienung und/oder Programmierung sowie mit Hilfe von elektronischen Leitsystemen zielgenau in das World Trade Center führen konnte. Und solche »Drohnen« wären als Übungs-Dummys natürlich auch im Rahmen eines Manövers nicht aufgefallen, denn da kommt die Drohne ja schließlich her. Die ersten Drohnen wurden als unbemannte, fliegende Zielscheiben eingesetzt. Die Antwort auf die Frage, wer für all das verantwortlich gemacht wird und wer diese

Richard Cheney soll jene Antiterrormanöver gesteuert haben, die die Durchführung der Attentate vom 11. September 2001 erst ermöglicht haben sollen.

Übungen koordiniert haben soll, lautet: Vizepräsident Richard »Dick« Cheney.

Richard Cheney ist ein Neocon der ersten Stunde. Zusammen mit Donald Rumsfeld soll er Mitbegründer des PNAC gewesen sein. Er unterschrieb zahlreiche Briefe und Papiere des PNAC, zum Beispiel das »Statement of Principles« vom 3. Juni 1997. Darin forderten die PNAC-Leute eine Erhöhung der Rüstungsausgaben, Anstrengungen für politische und ökonomische Freiheit im Ausland sowie die Herausforderung von feindlichen Regimen. Mit Cheney wechselte fast das gesamte PNAC-Schattenkabinett auf einen Platz an der Sonne beziehungsweise in der Regierung von George W. Bush.

»Ich habe nicht den geringsten Zweifel, daß Richard Cheney am 11. September die volle Kontrolle über ein reibungslos funktionierendes und paralleles Kommando- und Kommunikationssystem hatte ... Ich bin ebenfalls sicher, daß er vollen Zugriff auf jeden gewünschten Bereich der amerikanischen Verteidigung, der Strafverfolgung und des Geheimdienstsystems hatte«, meint zum Beispiel der ehemalige Polizeibeamte und 9/11-Forscher Michael Ruppert in seinem Buch *Crossing the Rubicon.*[1]

Erst kürzlich erhielt er hochkarätige Schützenhilfe, und zwar von Dr. Robert Bowman, dem ehemaligen Direktor der Raketenabwehrforschung in den USA. Als ausgewiesener Luft- und Raumfahrtexperte sowie als ehemaliger Kampfpilot kann Bowman in Sachen 9/11 ein Wörtchen mitreden. Im Vietnamkrieg saß er über hundert Mal bei Kampfeinsätzen im Cockpit einer F4-Phantom. Später führte der promovierte Luftfahrt- und Nuklearingenieur das *Air Force Institute of Technology* in Dayton, Ohio. Zwischen 1976 und 1978 leitete er die Raumforschungsprogramme der Luftwaffe und der DARPA *(Defense Advanced Research Projects Agency)*. Für Bowman ist klar: Der Hauptverdächtige in Sachen 9/11 ist Vizepräsident Dick Cheney: »Die Übungen, die an diesem Morgen durchgeführt wurden, simulierten exakt das, was schließlich passierte, und verwirrten die Leute von der *FAA* und *NORAD* derart, daß sie nicht mehr wußten, was echt und was Teil der Übung war«, so der hochdekorierte Bowman in einem Interview mit der *Alex-Jones-Show*, in der sich Anfang 2006 auch der Hollywood-Schauspieler Charlie Sheen kritisch zum 11. 9. geäußert hatte. »Ich glaube, die Leute, die diese Übungen (am 11. 9.; G. W.) planten und durchführten, sind diejenigen, gegen die ermittelt werden sollte. (...) Wenn ich es auf eine Person zuspitzen soll – ich glaube, mein Hauptverdächtiger wäre Dick Cheney.«[2]

Seit kurzem gibt es ein Dokument, das diese Auffassung auf spektakuläre Weise stützt. Darin äußert sich ein lang herbeigesehnter »whistleblower« (zu deutsch etwa: »Enthüller«) aus dem Innersten der amerikanischen Militärmaschine. In einem Leserbrief an die *Cincinnati Post*, der auf der Veteranen-Seite www.v911t.org (Veterans for 9/11 Truth) veröffentlicht wurde, stellt sich ein gewisser Lauro Chavez als ehemaliger Angehöriger des Zentralkommandos US-CENTCOM vor und schildert, was er am 11. September 2001 auf der MacDill Airforce Base, dem Sitz des CENTCOM, erlebt und wahrgenommen hat (siehe Anhang).

»Als die Anschläge des 9/11 geschahen, war ich im Dienst. In den Tagen vor den Anschlägen waren wir an vielen [Militär-] Übungen beteiligt. Einige dieser Übungen hatten den Absturz von entführten Flugzeugen auf unseren Stützpunkt, das World Trade Center, das Weiße Haus, den Sears Tower [in Chicago] und das Pentagon zum Inhalt. Diese Manöver, oder Übungen, wie wir sie nannten, wurden als STRENG GEHEIM klassifiziert. Obwohl ich eine Genehmigung hatte, an Operationen dieser Geheimhaltungsstufe teilzunehmen, war ich verblüfft, daß solche Manöver als STRENG GEHEIM eingestuft wurden, eine Stufe über GEHEIM. In den acht Jahren meiner Dienstzeit in der Armee habe ich an zahlreichen Manövern in der ganzen Welt teilgenommen, wovon keines höher als GEHEIM eingestuft worden war.«

Nicht lange vor den Manövern des 11. September habe Präsident Bush Vizepräsident Cheney das Oberkommando über solche Übungen übertragen.

»Nachdem das erste Flugzeug eingeschlagen war, konnte es niemand von uns glauben. Nachdem der erste Schock vorüber war, fragten wir uns, was schiefgelaufen war, daß so etwas während eines Manövers mit genau demselben Inhalt tatsächlich hatte passieren können. Wir alle waren mit unserer Weisheit am Ende. Dann, um noch eins draufzusetzen, gab Cheney den Befehl an NORAD, keine Düsenjäger loszuschicken, um die Angriffe abzuwehren.«

Während Chavez den Zusammenbruch der Türme am Fernseher verfolgt habe, habe einer seiner besten Freunde – ein Sprengstoffexperte und »ehemaliger Kommandeur des Ingenieurscorps der Armee« – gesagt, »daß Stahlgebäude nicht auf diese Weise zusammenfallen«, selbst wenn sie von Objekten getroffen würden. Er führte weiter aus, daß theoretisch, wenn die oberen zehn Stockwerke getroffen würden, möglicherweise dieser Teil der Gebäude abkippen könnte, aber der Rest des Gebäudes wäre stehen geblieben. Kurz nach dem Zusammenbruch des World Trade Centers habe er, Chavez, im Pentagon auch »einen guten Freund angerufen, mit dem ich in der Grundausbildung zusammen war«. »Er hat nicht geantwortet, aber stattdessen einer seiner Soldaten. Ich fragte, ob Sgt. Worthington in Ordnung sei, und er sagte ja. Ich fragte, ob das Flugzeug ernsthafte Schäden angerichtet hatte, und er sagte, er habe kein Flugzeug gesehen.« Auf den Videoaufnahmen vom Pentagoneinschlag sehe man »nirgends« ein Flugzeug, »welches das Pentagon trifft«, so Chavez: »Weil es kein Flugzeug war. Ich kann Ihnen nicht exakt sagen, was das Pentagon getroffen hat. Aber es ist absolut sicher, es war kein Flugzeug. Ich kann Ihnen versichern, es gibt mehr als nur eine Überwachungskamera in der Nähe des Pentagons.«

Mit seinen Ausführungen bestätigte der ehemalige CENTCOM-Mann Chavez im wesentlichen alle Recherchen der 9/11-

Bewegung, einschließlich meiner. Sofort kam der Verdacht auf, der Brief könne eine Fälschung und eine Falle für die 9/11-Gemeinde sein, um sie gehörig zu blamieren. Auch ich hatte Bedenken. Aber immerhin war das Schreiben mit vollem Namen und der aktuellen Geschäftsadresse von Mr. Chavez unterzeichnet: Lauro »LJ« Chavez, Director of Information Security, Domin-8 Enterprise Solutions. Die Firma existiert wirklich (zumindest eine Website), und da auf v911t.org zunächst auch noch Chavez' Telefonnummer genannt war, rief ich ihn an. Tatsächlich meldete sich unter der angegebenen Nummer ein Lauro Chavez, der mir die Echtheit des auf v911t.org geposteten Schreibens bestätigte. Kaum aufgelegt, konnte ich Chavez als Gast der *Alex Jones Show* hören, und auch da machte er einen glaubwürdigen Eindruck. Schließlich stellte er auch seine militärische Entlassungsurkunde ins Internet. Das Dokument lautet auf einen »Chavez, Lauro Jones«, geboren am 29. September 1976. Danach hat er seinen Dienst bei der US-Armee am 6. September 1995 angetreten und am 19. Juli 2002 quittiert. Letztes Kommando: Headquarter, Central Command, MacDill Airforce Base, Florida. Auszeichnungen: National Defense Service Medal, Army Service Ribbon, Defense Meritious Service Medal und andere mehr. Auch die *Alex Jones Show* ließ sich durch dieses Dokument überzeugen: »Trotz früher (und vernünftiger) Vermutungen, das Ganze könnte eine Fälschung sein, um der 9/11-Wahrheitsbewegung zu schaden, hat uns Sergeant Chavez nun seine Zeugnisse zur Verfügung gestellt, seine ehrenhaften Entlassungsdokumente, die die militärischen Einrichtungen auflisten, in denen er stationiert war«, hieß es auf der Website von Alex Jones. »Die letzte Position, die er innehatte, befand sich innerhalb des United States Central Command in Tampa.« Also am Ort der MacDill Airforce Base. Die erste Feuertaufe als Kronzeuge der 9/11-Bewegung überstand Chavez überzeugend. Verbliebene Fragen und Zweifel räumte er schriftlich im Internet aus, und wem das noch nicht genügte, der ließ sich möglicherweise dadurch überzeugen, daß

Chavez mitten in dem Wirbel um seine Person nach gutem »demokratischem Brauch« von seiner Firma gefeuert wurde – eine typische Karriere von Leuten, die die Wahrheit sagen.

Nach den Aussagen von Chavez war es also Vizepräsident Dick Cheney, der an diesem Tag das Kommando über die Luftabwehrzentrale NORAD hatte und der dafür sorgte, daß die Terrormaschinen nicht von Abfangjägern behindert wurden. Das Dokument könnte ein wichtiger Nagel zum Sarg des Cheney-Bush-Regimes werden. Denn wenn das stimmt, stünde einem Hochverratsprozeß gegen Dick Cheney und einem Amtsenthebungsverfahren gegen Bush eigentlich nichts mehr im Wege.

Aber woher sollte ein Vizepräsident den Sachverstand nehmen, militärische Manöver zu leiten und den Luftabwehrapparat zu manipulieren? Nun, vielleicht aus seiner Erfahrung als Verteidigungsminister der ersten Bush-Administration (1989–1993). Damals hatte er den Überfall auf Panama (Operation Just Cause) geleitet, ebenso den ersten US-Krieg gegen den Irak, der in vielerlei Hinsicht das Vorbild für den zweiten Irakkrieg 2003 bildete. Mit dabei war schon damals Colin Powell als Generalstabschef. Auch damals führten die USA bereits eine internationale Kriegskoalition aus dreißig Staaten an. Bemerkenswert: Während Saddam Husseins Panzer am 2. August 1990 die irakisch-kuwaitische Grenze nach Kuwait überquerten, wurde exakt dieser Fall im Central Command des US-Militärs im Rahmen einer Übung durchgespielt. Ihr Name: Internal Look. Der angeblich überraschende Überfall Saddam Husseins auf Kuwait ist eine Legende. Für das US-Militär kam er keineswegs überraschend: »Im Hauptquartier des US-Central Command (CENTCOM) in Tampa, Florida, bereiteten sich führende Offiziere bereits auf einen Krieg mit dem Irak vor. Im selben Moment, in dem sich irakische Panzer in der Wüste nahe Kuwait sammelten, erprobte leitendes CENTCOM-Personal seine Schlachtpläne in einer wochenlangen simulierten Schlacht mit dem Codenamen ›Internal Look 90‹ zwischen amerikanischen und irakischen Streitkräften«, heißt es etwa in

Michael Klares Buch *Roge States and Nuclear Outlaws* (deutsch etwa: Schurkenstaaten und nukleare Banditen). Und wie später die Manöver mit entführten Flugzeugen am 11. September 2001 oder mit U-Bahn-Bomben am 7. Juli 2005 grenzten auch diese Manöver bereits an Hellseherei. Schon im März 1990, also Monate vor dem Angriff Saddam Husseins auf Kuwait am 2. August 1990, »begann ein Team von fünfhundert Militärspezialisten von CENTCOM und anderen US-Kommandos in Fort McPherson, Georgia, mit der Ausarbeitung einer detaillierten Blaupause für einen Krieg zwischen den USA und dem Irak im Gebiet von Kuwait und Saudi-Arabien«, so Klare. Nicht nur, daß ein Krieg mit dem Irak stattfinden würde, war also mehr oder weniger klar, sondern auch, wo sich dieser Krieg abspielen würde. »Das Ergebnis war Operations Plan (OPLAN) 1002–90, dem Vernehmen nach ein Dokument im Format eines dicken Branchenbuchs, das jeden Aspekt eines zukünftigen Konflikts berücksichtigte. Der Plan nannte die US-Divisionen, die nach Saudi-Arabien gehen würden, welche Funkfrequenzen sie benutzen würden, wo sie ihr Wasser herbekommen würden, wie sie ihre Verletzten behandeln würden und wie sie mit der Presse umgehen würden.«[3]

In Auftrag gegeben hatte die prophetischen und detailgenauen »Wargames« der damalige Verteidigungsminister Dick Cheney. Der Krieg wurde aus heutiger Sicht wohl unter anderem deshalb angezettelt, um direkt nach dem Zerfall der Sowjetunion eine Art Beschäftigungstherapie zu betreiben und die Notwendigkeit eines schlagkräftigen US-Militärs zu demonstrieren. Das behaupte nicht etwa ich, sondern das geht aus einer Äußerung Cheneys 1992 vor einem Ausschuß des Repräsentantenhauses hervor. Da bekannte er freimütig, »daß die Vorbereitungen für einen solchen Krieg 1989 als Reaktion auf Entwicklungen in Osteuropa begonnen hatten, und nicht Mitte 1990 als Reaktion auf Entwicklungen im Golf«. Das Ganze einmal langsam zum Mitschreiben: Als Reaktion auf die Entwicklungen in Osteuropa wurde ein Krieg im Irak vorbereitet. Und wenn ich das richtig verstanden habe, dann hat auch nicht Saddam Hussein zuerst diesen Krieg vorbereitet, sondern die Vereinigten Staaten, und zwar bereits 1989. Das würde natürlich auch erklären, warum sich die USA angesichts der später offensichtlichen Mobilmachung des Irak zunächst neutral verhielten – denn sie *wollten*, daß Saddam Hussein in Kuwait einmarschiert.

Die sogenannten »Wargames« des 11. September, die ich vorhin geschildert habe, sind also keine Ausnahme. Vielmehr schien und scheinen (US-)Militär und Geheimdienste ihre Schlachten häufiger möglichst weitgehend zu inszenieren, ob sie nun (zunächst) verlorengehen oder auch nicht – vielleicht sogar unter Einbeziehung des »Feindes«. Natürlich ist es auch besser, wenn man dem Feind seine Aktionen selbst vorschreibt oder ihn zumindest in eine vorherbestimmte Lage hineinmanövriert. Geht man in der Geschichte ein Stück weiter zurück, landet man beim 7. Dezember 1941 und dem »Überraschungsangriff« der Japaner auf Pearl Harbor, den die USA ebenfalls seit Monaten vorausgesehen hatten. Auch da spielten die Japaner genau die ihnen zugewiesene Rolle, ob sie nun wollten oder nicht.

Die beliebte Frage, wie man denn so eine Riesenverschwörung hätte geheimhalten sollen, erübrigt sich damit. Denn es gab keine »Riesenverschwörung«. Das ganze Manöver war hochoffiziell. Die Verschwörung bezog sich nur auf den winzigen Unterschied zwischen Manöver und Ernstfall. Nur der kleine Schritt, der das Manöver in den Ernstfall verwandelte, mußte Gegenstand einer Verschwörung sein. Dieser Schritt kann wirklich sehr klein sein, wie das Beispiel London zeigt. Der einzige Unterschied zwischen der dortigen »Anti-Terror-Übung« und der Wirklichkeit scheinen die echten Bomben gewesen zu sein, die unter den Zügen hochgingen. Selbst die sogenannten Rucksackbomber könnten ganz offiziell zu der Übung gehört haben. Auch am 11. September 2001 konnte alles ganz offiziell ablaufen: Meldungen von entführten Flugzeugen, irrlichternde Radarechos auf den Bildschirmen, die die Transponder mal ein- und mal ausschalteten, vom Kurs abweichende Flugzeuge, um die sich kein Kampfjet kümmern würde, vielleicht sogar simulierte Handyanrufe – denn schließlich soll ja alles möglichst echt aussehen. Denken Sie an eine Feuerwehrübung: Da ruft jemand in der Notrufzentrale an und meldet einen Brand. Die Feuerwehr fährt zu einem Gebäude, in dem freilich nur ein paar Rauchbomben gezündet wurden. Aber an den Fenstern rufen Menschen um Hilfe. Die Feuerwehr fährt die Leiter aus, um sie zu bergen, und vom Sanitäter bekommen »die Verletzten« dann auch einen schönen Verband verpaßt.

Da Vizepräsident Cheney im Grunde seines Herzens eine ehrliche Haut zu sein scheint, dachte ich mir, ich frage ihn einfach, ob er am 11.9. die Finger im Spiel hatte. Am 23. April 2006 schickte ich dem Weißen Haus daher folgende E-Mail:

»Sehr geehrter Herr Vizepräsident Cheney,

es gibt zahlreiche Berichte, daß Sie am 11. September 2001 verschiedene Manöver leiteten, die angeblich auch Flugzeugentführungen und vom Kurs abgekommene Flugzeuge beinhalteten. Berichten zufolge wurde das Luftverteidigungssystem durch diese Manöver so verwirrt, daß es die USA nicht gegen die Angriffe des 11. September 2001 schützen konnte. Bitte gestatten Sie mir dazu einige Fragen:

- Haben Sie am 11. September 2001 wirklich solche Manöver geleitet?
- Waren Sie auf die eine oder andere Weise in solche Manöver involviert? Wenn ja, auf welche Weise?
- Was empfinden Sie hinsichtlich der Tatsache oder der Möglichkeit, daß diese Manöver die Angriffe des 11. September mehr oder weniger exakt beschrieben oder vorwegnahmen?
- Sind Sie mit den öffentlichen Behauptungen von Dr. Robert Bowman vertraut, Lt. Col. USAF, Träger von zahlreichen Orden

und Auszeichnungen und früherer Direktor der Entwicklung für fortgeschrittene Raumprogramme bei der Air-Force-Raumfahrtabteilung, daß Sie sein Hauptverdächtiger im Hinblick auf die Durchführung dieser Manöver seien, die die militärische Reaktion der USA auf die Angriffe des 11. September angeblich behindert haben?

Was meinen Sie dazu?
Für Ihre Antwort bis zum 10. Mai 2006 wäre ich dankbar.
Vielen Dank im voraus.

Mit freundlichen Grüßen
Gerhard Wisnewski«

Eine Antwort traf nicht ein.

Ich fasse zusammen:

- Terrorattentate wurden nur von oberflächlich linken oder später »islamistischen« Gruppen verübt, in Wirklichkeit dienten sie einer antidemokratischen Agenda und einem schleichenden Putsch gegen die Demokratie. Und zwar nicht nur in Deutschland, sondern auch in vielen anderen NATO-Staaten, wie beispielsweise Italien.
- Terrorgruppen wie die PFLP oder die RAF wurden letztlich von braunen Drahtziehern wie François Genoud gesteuert und von bundesdeutschen und amerikanischen Diensten unterwandert.
- Die jetzige US-Regierung baut Bürgerrechte ab und betreibt »Konzentrationslager« (Guantanamo).
- Staaten, die ihrem Herrschaftsinstrument im Wege sind, werden bedroht und überfallen.
- Terrorismus ist das Instrument einer Verschwörung zum Aufbau einer globalen Diktatur.

»Faschismus ist Faschismus, Terrorismus ist Terrorismus und Unterdrückung ist Unterdrückung«, sagte im Januar 2006 der US-Entertainer und Altstar Harry Belafonte und spielte damit auf die Bush-Administration an. Die Bush-Administration spucke auf die Demokratie und führe das Land einen Weg entlang, der an »Nazi-Germany« erinnere, sagte Major Owens, Mitglied des US-Repräsentantenhauses, gemäß CNSNews.com im September 2004: »In Washington bin ich mittendrin, und ich sage Ihnen, unser Land wird sich entweder vorwärtsbewegen oder den Ausguß hinunter in eine Schlangengrube des Faschismus.« Auf die Frage, wen er für Amerikas Weg in den Faschismus verantwortlich mache, nannte Owens unter anderem George Bush, John Ashcroft (den damaligen Justizminister) und Dick Cheney.

Was die Anschläge des 11. September 2001 betrifft, sprechen die bis jetzt erhobenen Tatsachen dafür, daß der gesamte 11.9. eine einzige militärische Übung gewesen sein könnte:

- mit »entführten« Flugzeugen,
- mit Funksprüchen von »Bomben an Bord«,
- mit verzweifelten Handyanrufen von »Passagieren«,
- mit (teilweise) falschen Passagierlisten,
- mit (teilweise) künstlichen Identitäten von Passagieren,
- mit künstlichen Identitäten von neunzehn Hijackern,
- mit ferngelenkten Drohnen, die ganz offiziell am Himmel kurvten und »entführte Flugzeuge« mimten,
- mit simulierten Flugzeugabstürzen in Pennsylvania und am Pentagon,
- mit der Versorgung von »Opfern« (z. B. am Pentagon)
- mit einer »Identifizierungsoperation«, die ebenfalls vom Militär durchgeführt wurde, und zwar vom Armed Forces Institute of Pathology (AFIP).

Das würde heißen, daß die Verschwörer der Öffentlichkeit eine Übung als Ernstfall verkaufen würden und daß man als Regisseur der Attentate fast ausnahmslos offiziell vorgehen könnte. Und es würde heißen, daß die eigentlich eingeweihte Gruppe, die die Übung in einen Ernstfall verwandeln würde, sehr klein sein könnte – vor allem im militärischen Bereich. Denn hier könnte, wie gesagt, fast alles offiziell vor sich gehen, es ist ja eine Übung. Dies ist für mich das bisher plausibelste Erklärungsmodell. Ein Hauptteil der Verschwörung könnte im privaten Sektor abgewickelt werden, nämlich:

- der Zugang zu Flughäfen (Washington Dulles),
- der Zugang zu Gebäuden (World Trade Center),
- die Präparierung von Gebäuden (Sprengstoff und Flugzeug-Leitsysteme im oder am WTC),
- die Sprengung von Gebäuden (World Trade Center),
- die Beeinflussung der Medien.

Der gesamte Militärapparat kann ganz offiziell seine Übung abwickeln – mit Tausenden von Beteiligten. Verschwörer braucht man im Militär nur sehr wenige, vor allem zwei Piloten, die plötzlich »ausflippen« und ihre Drohnen in das World Trade Center fliegen lassen. Für neunundneunzig Prozent der Beteiligten wäre das ganz sicherlich ein Alptraum – nur: Was tun? Glauben Sie, daß es die amerikanische Öffentlichkeit für eine gute Nachricht halten würde, wenn zwei »Trottel« aus dem Militär bei einer Übung zwei Maschinen ins World Trade Center fliegen lassen würden? Nein, das würde sie nicht – die Regierung wäre weg vom Fenster und mit ihr ein guter Teil der militärischen Führung. Der Regierungs- und Verwaltungsapparat der Vereinigten Staaten und des Pentagon würden ein Waterloo erleben. Wahrscheinlich würde ein großer Teil des Personals versetzt, ausgewechselt, gefeuert, angeklagt – was auch immer. Und natürlich würden dabei nicht nur Verschwörer unter die Räder kommen, sondern größtenteils völlig Unbeteiligte. Mitgefangen, mitgehangen.

Und wenn man jetzt gute Miene zum bösen Spiel machte? Dann wäre das Militär plötzlich wieder die wichtigste Institution in Amerika, und nicht nur das: Der Präsident würde dem Pentagon einen Scheck ausstellen, der sich gewaschen hat. (Tatsächlich überwies er via Kongreß gleich dreiundvierzig zusätzliche Milliarden Dollar.) Wofür entscheidet man sich also: Für das private und politische Desaster oder für eine Zukunft als wohl ausgestatteter Held? Denn die Rüstungsmilliarden bringen neue Jobs, neue Beförderungen, neue Sterne und neue Orden auf der Uniform. Ein ganzes Ministerium für Homeland Security wird aus dem Boden gestampft, und auch die bestehenden Dienste werden nicht leer ausgehen. Da bleibt nur eins: Mitmachen – und kassieren, versteht sich: Jawohl, die Vereinigten Staaten wurden von neunzehn arabischen Hijackern angegriffen.

Und das ist nicht mal ganz falsch, denn die USA wurden tatsächlich von Hijackern angegriffen, aber die kaperten nicht nur ein paar Flugzeuge, sondern gleich die ganzen Vereinigten Staaten – und letztlich die Welt. Nur Araber waren es nicht.

Dank an ...

... Andrea Wisnewski, Willy Brunner und Markus Fertig fürs Lesen, für Ratschläge und Diskussionen.

... Jürgen Bolz für sein wachsames Auge.

... alle 9/11-Skeptiker, die mich mit ihren Ideen, ihrem Rat und ihren Recherchen unterstützt und inspiriert haben, vor allem: Webster Griffin Tarpley, Dr. Nick Kollerstrom, Nico Haupt, Phillip J. Berg, Mathias Bröckers, Andreas von Bülow, Prof. Steven E. Jones und viele andere mehr.

Anhang

GOVERNMENT
EXHIBIT
P200056T
01-455-A (ID)

United Airlines Flight #93 Cockpit Voice Recorder Transcript

Key:
Bolded text = English translation from Arabic

Time (EDT)	Transcript
09:31:57	*Ladies and Gentlemen: Here the captain, please sit down keep remaining seating. We have a bomb on board. So sit.*
09:32:09	*Er, uh . . . Calling Cleveland Center . . . You're unreadable. Say again slowly.*
09:32:10	*Don't move. Shut up.*
09:32:13	*Come on, come.*
09:32:16	*Shut up.*
09:32:17	*Don't move.*
09:32:18	*Stop.*
09:32:34	*Sit, sit, sit down.*
09:32:39	*Sit down.*
09:32:41	Unintelligible . . . **the brother.**
09:32:54	*Stop.*
09:33:09	*No more. Sit down.*
09:33:10	**That's it, that's it, that's it,** *down, down.*
09:33:14	*Shut up.*
09:33:20	Unintelligible.
09:33:20	*We just, we didn't get it clear . . . Is that United Ninety Three calling?*
09:33:30	**Jassim.**
09:33:34	**In the name of Allah, the Most Merciful, the Most Compassionate.**
09:33:41	Unintelligible.
09:33:43	*Finish, no more. No more.*
09:33:49	*No. No, no, no, no.*
09:33:53	*No, no, no, no.*

1

09:34:00	*Go ahead, lie down. Lie down. Down, down, down.*
09:34:06	**There is someone... Huh?**
09:34:12	*Down, down, down. Sit down. Come on, sit down. No, no, no, no, no. No.*
09:34:16	*Down, down, down.*
09:34:21	*Down.*
09:34:25	*No more.*
09:34:26	*No more. Down.*
09:34:27	*Please, please, please . . .*
09:34:28	*Down.*
09:34:29	*Please, please, don't hurt me . . .*
09:34:30	*Down. No more.*
09:34:31	*Oh God.*
09:34:32	*Down, down, down.*
09:34:33	*Sit down.*
09:34:34	*Shut up.*
09:34:42	*No more.*
09:34:46	**This?**
09:34:47	*Yes.*
09:34:47	Unintelligible.
09:34:57	**One moment, one moment.**
09:34:59	Unintelligible.
09:35:03	*No more.*
09:35:06	*Down, down, down, down.*
09:35:09	*No, no, no, no, no, no . . .*
09:35:10	Unintelligible . . .
09:35:15	*Sit down, sit down, sit down.*

2

09:35:17	*Down.*
09:35:18	**What's this?**
09:35:19	*Sit down. Sit down. You know, sit down.*
09:35:24	*No, no, no.*
09:35:30	*Down, down, down, down.*
09:35:32	*Are you talking to me?*
09:35:33	*No, no, no.* Unintelligible.
09:35:35	*Down in the airport.*
09:35:39	*Down, down.*
09:35:40	*I don't want to die.*
09:35:41	*No, no. Down, down.*
09:35:42	*I don't want to die. I don't want to die.*
09:35:44	*No, no. Down, down, down, down, down, down.*
09:35:47	*No, no, please.*
09:35:57	*No.*
09:37:06	**That's it. go back.**
09:37:06	**That's it.** *Sit down.*
09:37:36	**Everything is fine. I finished.**
09:38:36	**Yes.**
09:39:11	*Ah. Here's the captain; I would like to tell you all to remain seated. We have a bomb aboard, and we are going back to the airport, and we have our demands. So, please remain quiet.*
09:39:21	*Okay. That's ninety three calling?*
09:39:24	**One moment.**
09:39:34	*United ninety three. I understand you have a bomb on board. Go ahead.*
09:39:42	*And center exec jet nine fifty six. That was the transmission.*
09:39:47	*Okay. Ah. Who called Cleveland?*

3

09:39:52	*Executive jet nine fifty six, did you understand that transmission?*
09:39:56	*Affirmative. He said that there was a bomb on board.*
09:39:58	*That was all that you got out of it also?*
09:40:01	*Affirmative.*
09:40:03	*Roger.*
09:40:03	*United ninety three. Go ahead.*
09:40:14	*United ninety three. Go ahead.*
09:40:17	*Ahhh.*
09:40:52	**This green knob?**
09:40:54	**Yes, that's the one.**
09:41:05	*United ninety three, do you hear the Cleveland center?*
09:41:14	**One moment. One moment.**
09:41:15	Unintelligible.
09:41:56	*Oh man.*
09:44:18	**This does not work now.**
09:45:13	*Turn it off.*
09:45:16	**. . . Seven thousand . . .**
09:45:19	**How about we let them in? We let the guys in now.**
09:45:23	**Okay.**
09:45:24	**Should we let the guys in?**
09:45:25	**Inform them, and tell him to talk to the pilot. Bring the pilot back.**
09:45:57	**In the name of Allah. In the name of Allah. I bear witness that there is no other God, but Allah.**
09:47:31	Unintelligible.
09:47:40	**Allah knows.**
09:48:15	Unintelligible.
09:48:38	*Set course.*

4

09:49:37	Unintelligible.
09:51:27	Unintelligible.
09:51:35	Unintelligible.
09:52.02	Unintelligible.
09:52:31	Unintelligible.
09:53:20	**The best thing: The guys will go in, lift up the . . .** Unintelligible . . . **and they put the axe into it. So, everyone will be scared.**
09:53:27	**Yes.**
09:53:28	**The axe.**
09:53:28	Unintelligible.
09:53:29	**No, not the**
09:53:35	**Let him look through the window. Let him look through the window.**
09:53.52	Unintelligible.
09:54:09	**Open.**
09:54:11	Unintelligible.
09:55:06	*You are . . . One . . .*
09:56:15	Unintelligible.
09:57:55	**Is there something?**
09:57:57	**A fight?**
09:57:59	**Yeah?**
09:58:33	Unintelligible. **Let's go guys. Allah is Greatest. Allah is Greatest. Oh guys. Allah is Greatest.**
09:58:41	*Ugh.*
09:58:43	*Ugh.*
09:58:44	**Oh Allah. Oh Allah. Oh the most Gracious.**
09:58:47	*Ugh. Ugh.*
09:58:52	*Stay back.*

5

09:58:55	*In the cockpit.*
09:58:57	*In the cockpit.*
09:58:57	**They want to get in there. Hold, hold from the inside. Hold from the inside. Hold.**
09:59:04	*Hold the door.*
09:59:09	*Stop him.*
09:59:11	*Sit down.*
09:59:13	*Sit down.*
09:59:15	*Sit down.*
09:59:16	Unintelligible.
09:59:17	**What?**
09:59:18	**There are some guys. All those guys.**
09:59:20	*Let's get them.*
09:59:25	*Sit down.*
09:59:29	**What?**
09:59:30	**What.**
09:59:31	**What?**
09:59:36	Unintelligible.
09:59:37	**What?**
09:59:39	Unintelligible.
09:59:41	Unintelligible.
09:59:42	**Trust in Allah, and in him.**
09:59:45	*Sit down.*
09:59:47	Unintelligible.
09:59:53	*Ahh.*
09:59:55	Unintelligible.
09:59:58	*Ahh.*

6

10:00:06	**There is nothing.**
10:00:07	**Is that it? Shall we finish it off?**
10:00:08	**No. Not yet.**
10:00:09	**When they all come, we finish it off.**
10:00:11	**There is nothing.**
10:00:13	Unintelligible.
10:00:14	*Ahh.*
10:00:15	*I'm injured.*
10:00:16	Unintelligible.
10:00:21	*Ahh.*
10:00:22	**Oh Allah. Oh Allah. Oh Gracious.**
10:00:25	*In the cockpit. If we don't, we'll die.*
10:00:29	**Up, down. Up, down, in the** *cockpit.*
10:00:33	**The** *cockpit.*
10:00:37	**Up, down. Saeed, up, down.**
10:00:42	*Roll it.*
10:00:55	Unintelligible.
10:00:59	**Allah is the Greatest. Allah is the Greatest.**
10:01:01	Unintelligible.
10:01:08	**Is that it? I mean, shall we pull it down?**
10:01:09	**Yes, put it in it, and pull it down.**
10:01:10	Unintelligible.
10:01:11	**Saeed.**
10:01:12	*. . . engine . . .*
10:01:13	Unintelligible.
10:01:16	**Cut off the oxygen.**

7

10:01:18	**Cut off the oxygen. Cut off the oxygen. Cut off the oxygen.**
10:01:34	Unintelligible.
10:01:37	Unintelligible.
10:01:41	**Up, down. Up, down.**
10:01:41	**What?**
10:01:42	**Up, down.**
10:01:42	*Ahh.*
10:01:53	*Ahh.*
10:01:54	Unintelligible.
10:01:55	*Ahh.*
10:01:59	*Shut them off.*
10:02:03	*Shut them off.*
10:02:14	*Go.*
10:02:14	*Go.*
10:02:15	*Move.*
10:02:16	*Move.*
10:02:17	*Turn it up.*
10:02:18	**Down, down.**
10:02:23	**Pull it down. Pull it down.**
10:02:25	*Down. Push, push, push, push, push.*
10:02:33	**Hey. Hey. Give it to me. Give it to me.**
10:02:35	**Give it to me. Give it to me. Give it to me.**
10:02:37	**Give it to me. Give it to me. Give it to me.**
10:02:40	Unintelligible.
10:03:02	**Allah is the Greatest.**
10:03:03	**Allah is the Greatest.**

8

10:03:04	**Allah is the Greatest.**
10:03:06	**Allah is the Greatest.**
10:03:06	**Allah is the Greatest.**
10:03:07	*No.*
10:03:09	**Allah is the Greatest. Allah is the Greatest.**
10:03:09	**Allah is the Greatest. Allah is the Greatest.**

9

Docket No. **SA-522**

Exhibit No. **12A**

NATIONAL TRANSPORTATION SAFETY BOARD

WASHINGTON, D.C.

COCKPIT VOICE RECORDER TRANSCRIPT
American Airlines Flight 587
DCA02MA001

Belle Harbor, NY
November 12, 2001

NATIONAL TRANSPORTATION SAFETY BOARD
Vehicle Recorders Division
Washington, D.C. 20594

SPECIALIST'S FACTUAL REPORT OF INVESTIGATION

DCA02MA001

by

Albert G. Reitan
Transportation Safety Specialist

Warning

The reader of this report is cautioned that the transcription of a CVR tape is not a precise science but is the best product possible from an NTSB group investigative effort. The transcript, or parts thereof, if taken out of context, could be misleading. The attached CVR transcript should be viewed as an accident investigation tool to be used in conjunction with other evidence gathered during the investigation. Conclusions or interpretations should not be made using the transcript as the sole source of information.

NATIONAL TRANSPORTATION SAFETY BOARD
Vehicle Recorders Division
Washington, D.C. 20594

October 2, 2002

Cockpit Voice Recorder - 12

Group Chairman's Factual Report
by Albert G. Reitan

A. ACCIDENT

Location:	Belle Harbor, New York
Date:	November 12, 2001
Time:	0917 eastern standard time (EST)
Aircraft:	American Airlines, flight 587, Airbus A-300-605R, N14053
NTSB Number:	DCA02MA001

B. GROUP

Chairman:	Albert G. Reitan Transportation Safety Specialist (CVR) National Transportation Safety Board
Member:	Tony James Air Safety Investigator Federal Aviation Administration
Member:	David Sebastian Investigator - Engineering Department Bureau Enquetes - Accidents (BEA)
Member:	Rudy Canto Director, Flight Operations Technical Airbus
Member:	Captain Ray Hayes A-300 Check Airman American Airlines
Member:	Captain Charles Hepp National Training & Safety Committee Allied Pilots Association - American Airlines

C. SUMMARY

A Fairchild model A-100A cockpit voice recorder (CVR), s/n (unknown), was brought to the audio laboratory of the National Transportation Safety Board on November 12, 2001. The Cockpit Voice Recorder committee convened on November 14, 2001. A transcript was prepared of the entire 30:39 minute recording and is attached to this report.

D. DETAILS OF INVESTIGATION

The exterior of the CVR showed evidence of significant structural damage. The front panel of the recorder, including the underwater locator beacon, was missing. The outer metal enclosure was heavily covered with soot and dented so it was necessary to cut it away to gain access to the tape reel. The exterior of the crash case was not damaged. The tape sustained no apparent heat damage but several inner windings were slightly crinkled, possibly due to impact forces. This portion of the recording contained the oldest data which covered the events before the flight left the gate.

The recording consisted of four channels of excellent to poor quality audio information. One channel contained the cockpit area microphone audio information. Two other channels contained the Captain and First Officer audio panel information. All three of these channels were of excellent quality. The flight crewmembers were wearing hot boom microphones and their individual voices were recorded on their respective channels. The fourth contained a high frequency squeal and was mostly unreadable.

Correlation of the CVR recording to eastern standard time (EST) was established using information from the aircraft digital flight data recorder (DFDR) and the Air Traffic Control (ATC) transcript developed by the FAA. These data were then correlated to microphone keying and other events that were common to the CVR and FDR. A detailed explanation of the time correlation procedure is available in the Aircraft Performance Group Chairman's factual report.

The transcript started at 0845:35 EST as the crewmembers were finishing their preflight preparation and waiting for pushback clearance. The transcript continued as the flight

DCA02MA001

departed the gate and taxied to runway one three left. The transcript contained the taxi, takeoff, and initial departure portion of the flight. The transcript continued uninterrupted until 0916:14.8 EST when electrical power was removed from the CVR.

(original document signed)

Albert G. Reitan
Transportation Safety Specialist (CVR)

Attachment:

DCA02MA001

Transcript of a Fairchild A-100A cockpit voice recorder (CVR), s/n (missing), installed on an Airbus A-300-605R, N14053, which was involved in a collision with terrain shortly after departing the John F. Kennedy International Airport (JFK), New York, on November 12, 2001.

LEGEND

HOT	Crewmember hot microphone voice or sound source
RDO	Radio transmission from accident aircraft
CAM	Cockpit area microphone voice or sound source
RMP	Radio transmission from local ramp control
PA	Voice transmitted over aircraft public address system
INT	Voice transmitted over aircraft interphone system
GND	Radio transmission from JFK ground control
TWR	Radio transmission from JFK control tower
JAL47	Radio transmission from Japan Airlines flight 47
PD14	Radio transmission from police department flight 14
DEP	Radio transmission from New York departure control
-1	Voice identified as Pilot-in-Command (PIC)
-2	Voice identified as Co-Pilot (SIC)
-3	Voice identified as pushback crewman
-?	Voice unidentified
*	Unintelligible word
@	Non-pertinent word
#	Expletive
---	Break in continuity
( )	Questionable insertion
[ ]	Editorial insertion
...	Pause

Note 1: Times are expressed in eastern standard time (EST).

Note 2: For ATC transmissions, generally, only radio transmissions to and from the accident aircraft were transcribed.

DCA02MA001

CVR Quality Rating Scale

The levels of recording quality are characterized by the following traits of the cockpit voice recorder information:

Excellent Quality Virtually all of the crew conversations could be accurately and easily understood. The transcript that was developed may indicate only one or two words that were not intelligible. Any loss in the transcript is usually attributed to simultaneous cockpit/radio transmissions that obscure each other.

Good Quality Most of the crew conversations could be accurately and easily understood. The transcript that was developed may indicate several words or phrases that were not intelligible. Any loss in the transcript can be attributed to minor technical deficiencies or momentary dropouts in the recording system or to a large number of simultaneous cockpit/radio transmissions that obscure each other.

Fair Quality The majority of the crew conversations were intelligible. The transcript that was developed may indicate passages where conversations were unintelligible or fragmented. This type of recording is usually caused by cockpit noise that obscures portions of the voice signals or by a minor electrical or mechanical failure of the CVR system that distorts or obscures the audio information.

Poor Quality Extraordinary means had to be used to make some of the crew conversations intelligible. The transcript that was developed may indicate fragmented phrases and conversations and may indicate extensive passages where conversations were missing or unintelligible. This type of recording is usually caused by a combination of a high cockpit noise level with a low voice signal (poor signal-to-noise ratio) or by a mechanical or electrical failure of the CVR system that severely distorts or obscures the audio information.

Unusable Crew conversations may be discerned, but neither ordinary nor extraordinary means made it possible to develop a meaningful transcript of the conversations. This type of recording is usually caused by an almost total mechanical or electrical failure of the CVR system.

DCA02MA001

INTRA-COCKPIT COMMUNICATION		AIR-GROUND COMMUNICATION	
TIME & SOURCE	CONTENT	TIME & SOURCE	CONTENT
0845:35 **START of RECORDING START of TRANSCRIPT**			
0845:50 **CAM**	[sound similar to paper rustling]		
0846:04 **CAM-1**	[unintelligible comment]		
0846:05 **HOT-2**	now what?		
0846:08 **HOT-2**	it's part of the job. quick nap. [sound of yawn]		
0846:44 **CAM-1**	** seagulls getting in *. why are they flying around that construction site?		
0846:50 **CAM-1**	oh, coffee truck.		
0846:51 **HOT-2**	[sound of chuckle] flying around 'cause it looks like a dump. that's why. they don't know any better.		
0847:02 **HOT-2**	good question.		
0847:10 **HOT-2**	this thing's going triple the speed it was.		
0847:18 **HOT-2**	did you see that thing the union passed just before they approved the whole thing they changed some something with the list or something.		

DCA02MA001

INTRA-COCKPIT COMMUNICATION		AIR-GROUND COMMUNICATION	
TIME & SOURCE	CONTENT	TIME & SOURCE	CONTENT
0847:24 **CAM-1**	St. Louis thing.		
0847:26 **HOT-2**	what did they do?		
0847:28 **CAM-1**	aah, you know.... we were talking about this last time, I guess you know. @@ was (always saying) how I, I was getting the, the information, and um, I guess there were some uh, holes in the previous document, where the pilots of TWA guys in St. Louis given a certain scenario could cross through the fence and come out of the AA system as Captains.		
0848:00 **HOT-2**	eeewh.		
0848:03 **CAM-1**	beyond that I, I don't, I can't really explain it. * uh, but my understanding is, they, they plugged those holes in the fence.		
0848:13 **HOT-2**	'kay.		
0848:20 **CAM-1**	sit there and read this, this the legalese stuff * . I mean you really have to sit down and study this to get it.		
0848:25 **HOT-2**	really hard. oh yeah.		
0848:32 **HOT-2**	and it's also a "mute" point seeing how it's passed now.		
0848:35 **CAM-1**	yeah.		

DCA02MA001

INTRA-COCKPIT COMMUNICATION		AIR-GROUND COMMUNICATION	
TIME & SOURCE	CONTENT	TIME & SOURCE	CONTENT
0848:39 **HOT-2**	which is good which means @ @ was causing trouble and he.... plugged the hole.		
0848:44 **CAM-1**	you know he's a force now. he outta run for aaaah, union job.		
0848:58 **CAM-1**	boy, he's a New Yorker with an attitude.		
0849:02 **HOT-2**	we need a new @.		
0849:04 **CAM-1**	yeah.		
0849:06 **CAM-1**	well, @. irreplaceable. what was he saying to you this morning, anything?		
0849:11 **HOT-2**	nothing.		
0849:12 **CAM-1**	'cause he's still on the inside, isn't he?		
0849:14 **HOT-2**	oh yeah.		
0849:15 **CAM-1**	huh?		

DCA02MA001

INTRA-COCKPIT COMMUNICATION		AIR-GROUND COMMUNICATION	
TIME & SOURCE	CONTENT	TIME & SOURCE	CONTENT
0849:16 **HOT-2**	he's a @.... he's on the inside, very much so.... he still goes down, you know, DDR, doing you know.... whatever.... he's very much on the inside. trust me, when friggin has a problem he goes.... this guy did this or whatever. call @ man. @ got a friggin wealth of knowledge sitting there. it's like @.... except that there's a wealth of knowledge on how to give things back which we shouldn't have been tapping.		
0849:54 **CAM-1**	what?		
0849:57 **HOT-2**	@ was calling up @. you know we were paying @? this # union didn't even tell us way back then.		
0850:02 **CAM-1**	is that right?		
0850:03 **HOT-2**	oh yeah. @ was hired as a consultant. and taken off flight.... no one told us about that.		
0850:15 **CAM-1**	I didn't know that.		
0850:16 **HOT-2**	yeah.		
0850:17 **CAM-1**	so they, they really didn't tell us.		
0850:18 **HOT-2**	oh no.		
0850:19 **CAM-1**	they still haven't told us. we just found out.		

DCA02MA001

INTRA-COCKPIT COMMUNICATION		AIR-GROUND COMMUNICATION	
TIME & SOURCE	CONTENT	TIME & SOURCE	CONTENT
0850:21 **HOT-2**	[sound of hiccup and cough] excuse me, I was just reading uh, aaaah I think I found it out in the accounting thing. I was scouring through um, APA's accounting. all the people that got flight time pay and how much it was. you know and that's where I found it, that @ got removed from, trip pay. paid by APA, which could only be one, I mean, what else is he doing?		
0850:50 **CAM-1**	yeah.		
0851:03 **HOT-2**	[sound similar to yawn]		
0851:11 **HOT-2**	[sound of singing]		
0851:24 **HOT-2**	I think across from it, it said consulting. [sound of chuckle]		
0851:27 **CAM-1**	said what?		
0851:28 **HOT-2**	said removed from trip. it said like reason or whatever. it said consulting or something.		
0851:32 **CAM-1**	*.		
0851:33 **HOT-2**	consultant, yeah.		
0851:56 **HOT-2**	well we're getting paid, that's nice. thank you very much. can't beat that.		
0852:17 **CAM-1**	***.		

DCA02MA001

INTRA-COCKPIT COMMUNICATION		AIR-GROUND COMMUNICATION	
TIME & SOURCE	**CONTENT**	**TIME & SOURCE**	**CONTENT**
0852:18 **CAM**	[sound of clunk]		
0852:44 **HOT-1**	the door is closed.		
0852:46 **HOT-2**	*.		
0852:50 **HOT-?**	before *.		
0852:52 **HOT-2**	*.		
		0852:53 **INT-3**	ground to cockpit?
		0852:54 **INT-1**	hello.
		0852:55 **INT-3**	hello cockpit. we just locked up and we're all secure below, standing by.
		0852:58 **RDO-2**	American five eighty eight, ready to do push-back.
		0853:01 **INT-1**	okay, brakes released. standby for the clearance.
		0853:03 **RMP**	five eighty seven, stand by. you're gonna be number two to push. I'll give you a call.
		0853:06 **RDO-2**	stand by, American five eighty seven.

DCA02MA001

INTRA-COCKPIT COMMUNICATION		AIR-GROUND COMMUNICATION	
TIME & SOURCE	**CONTENT**	**TIME & SOURCE**	**CONTENT**
0853:08 **HOT-2**	uuuuh, probe heat.		
0853:11 **HOT-1**	on.		
0853:11 **HOT-2**	ECAM doors display, slides?		
0853:12 **HOT-1**	green and armed.		
0853:13 **HOT-2**	beacon, nav lights?		
0853:14 **HOT-1**	on, on.		
0853:15 **HOT-2**	cabin ready?		
0853:15 **HOT-1**	received.		
0853:18 **HOT-2**	checklist is done. we're not cleared.		
0853:21 **HOT-1**	okay.		
0853:24 **HOT-2**	number two.		
0853:26 **HOT-1**	three four and all right five thousand pounds heavy?		
0853:47 **HOT-1**	hmmmm.		

DCA02MA001

INTRA-COCKPIT COMMUNICATION		AIR-GROUND COMMUNICATION	
TIME & SOURCE	CONTENT	TIME & SOURCE	CONTENT
		0853:55 **INT-1**	I guess there's traffic out there somewhere.
0853:58 **HOT-1**	where's the TPS?		
		0854:05 **INT-3**	oh yeah, it's just pulling up now.
0854:18 **HOT-1**	two.... three.... oh, two three nine, okay.		
0855:23 **HOT-2**	[sound of humming]		
0855:27 **HOT-1**	what's the temperature?		
0855:57 **PA-1**	well ladies and gentlemen, Captain States again. we're all buttoned up ready to go. we're just waiting for an airplane behind us uuuh, to move on out of our way, and then we will be pushing back.		
0856:07 **CAM**	[sound of hi-lo chime]		
0856:08 **PA-4**	[sound of male flight attendant beginning passenger announcement in Spanish]		
		0856:08 **RMP**	American five eighty seven....
		0856:09 **RDO-2**	yes.

DCA02MA001

INTRA-COCKPIT COMMUNICATION		AIR-GROUND COMMUNICATION	
TIME & SOURCE	CONTENT	TIME & SOURCE	CONTENT
		0856:11 **RMP**	five eight seven, do you still have a ground crew there?
		0856:12 **RDO-2**	I believe we have ground crew.
0856:14 **HOT-2**	yes, we have ground crews still?		
		0856:15 **RMP**	American five eighty seven, (have your ground crew to reference the company seven thirty seven departing the alley), you're cleared to push.
0856:16 **HOT-1**	huh? what?		
		0856:20 **RDO-2**	reference the seven three, we're cleared to push, American five eighty seven heavy.
		0856:30 **INT-1**	evidently there's a seven thirty seven back there uh, once you see him, we're cleared to push.
		0856:31 **INT-3**	okay cockpit um, they just disconnected and, should be another couple of minutes.
		0856:37 **INT-1**	okay, whatever you like.
0856:49 **HOT-2**	I can't believe how much money GE makes just renting little shacks to construction people. you know if GE's in uh, it's huge money. I mean they don't, they don't....		

DCA02MA001

INTRA-COCKPIT COMMUNICATION		AIR-GROUND COMMUNICATION	
TIME & SOURCE	**CONTENT**	**TIME & SOURCE**	**CONTENT**
0856:56 **HOT-1**	they're, they're, you know if you looked into it, you could probably find GE in virtually, everything.		
0857:02 **HOT-2**	GE is actually like one of the largest banks in the world. it's like the largest bank in the world.		
0857:05 **HOT-1**	yeah.		
0857:07 **HOT-2**	they have more flexibility because they don't have the restrictions of a bank. banks have certain restrictions as to what they can and can't do as far as, their hands tied. ah,ah, it's unbelievable.		
0857:22 **HOT-2**	they, they own more aircraft than American Airlines.		
0857:25 **HOT-1**	GE does?		
0857:32 **HOT-2**	I'm not gonna say size wise but a lot of those corporate jets and all that other stuff....		
0857:35 **HOT-1**	yeah.		
0857:36 **HOT-2**	...more aircraft.		
0857:37 **HOT-1**	just numbers, yeah.		
		0858:00 **INT-3**	hey cockpit, that aircraft is clear, we'll start our pushback.

DCA02MA001

INTRA-COCKPIT COMMUNICATION		AIR-GROUND COMMUNICATION	
TIME & SOURCE	**CONTENT**	**TIME & SOURCE**	**CONTENT**
		0858:04 **INT-1**	brakes released, cleared to push.
0858:10 **HOT-1**	three sixty nine, what were we threeeee.... forty nine.		
0858:17 **HOT-2**	what do you need?		
0858:32 **HOT-1**	fifty one, fifty one, one fifty six, twenty one one. * change, forty two C.		
		0859:27 **INT-3**	ground to cockpit, you're cleared to start.
		0859:29 **INT-1**	cleared to start.
0859:34 **HOT-1**	starting two.		
0859:37 **HOT-1**	valves open.		
0859:37 **CAM**	[sound similar to ECAM chime]		
		0859:53 **INT-3**	parking brakes park.
		0859:55 **INT-1**	brakes are parked, cleared to disconnect, see you out front.
		0859:58 **INT-3**	ground to cockpit, disconnecting, see ya out front.

DCA02MA001

INTRA-COCKPIT COMMUNICATION		AIR-GROUND COMMUNICATION	
TIME & SOURCE	**CONTENT**	**TIME & SOURCE**	**CONTENT**
		0900:00 **INT-1**	so long.
		0900:02 **INT-3**	so long.
0900:15 **HOT-2**	forty five N two.		
0900:17 **HOT-1**	the valve is closed.		
0900:21 **HOT-1**	starting one.		
0900:25 **HOT-1**	valve's open.		
0900:47 **HOT-1**	see ya salute, four guys going away.		
0901:03 **HOT-2**	forty five N two.		
0901:05 **CAM**	[sound similar to Selcal buzzer]		
0901:07 **HOT-2**	APU?		
0901:07 **HOT-1**	valves closed, done.		
0901:13 **HOT-2**	you got your four guys, all set?		
0901:13 **HOT-1**	yep, dos, tres.		

DCA02MA001

INTRA-COCKPIT COMMUNICATION		AIR-GROUND COMMUNICATION	
TIME & SOURCE	**CONTENT**	**TIME & SOURCE**	**CONTENT**
		0901:14 **RDO-2**	American five eighty seven, we're gonna be going over to ground. we'll talk to you later.
		0901:15 **RMP**	five eighty seven, cleared to contact ground, have a good flight.
		0901:20 **RDO-2**	good day.
		0901:24 **RDO-2**	morning ground, it's American five eighty seven heavy with the information Delta coming out of uh, Tango Alpha.
0901:30 **HOT-2**	clear right.		
0901:31 **HOT-1**	clear left. fifteen when you're ready.		
0901:32 **CAM**	[sound of several clicks]		
		0901:33 **GND**	American five eighty seven heavy Kennedy ground, runway three one left for departure. taxi left on Bravo. hold short of Juliet.
		0901:39 **RDO-2**	left Bravo, short of Juliet, American five eighty seven heavy.
0901:55 **HOT-2**	come back.		
0902:05 **HOT-1**	your leg, you check the rudders.		

DCA02MA001

INTRA-COCKPIT COMMUNICATION		AIR-GROUND COMMUNICATION	
TIME & SOURCE	CONTENT	TIME & SOURCE	CONTENT
0902:23 **HOT-2**	rudders check.		
0902:26 **HOT-1**	okay.		
0902:40 **HOT-2**	taxi checklist is complete.		
0902:59 **HOT-2**	takeoff checklist, anti-ice?		
0903:01 **HOT-1**	off.		
0903:02 **HOT-2**	auto-brakes.		
0903:03 **HOT-1**	max.		
0903:38 **HOT-2**	okay, the box is updated. we have, stand alone sheet, for.... runway thirty one left. flaps fifteen, bleeds on. assumed temperature is supposed to be forty two. we have forty two set. weight was three forty nine point three. and your stand alone sheet's for three forty nine three. weights check, temperature check. and I'm gonna double check the winds here. forty two degrees is supposed to give us one oh one point one. we got one oh one point one. numbers are one fifty, fifty four and fifty six.... three thirty at eleven. winds checked. takeoff data and TRP for thirty one left.		
0904:28 **HOT-1**	two hundred forty six people, crew of nine, two hundred fifty five SOBs. takeoff data, set and cross-checked, flex power. three one left, Kennedy.		

DCA02MA001

INTRA-COCKPIT COMMUNICATION		AIR-GROUND COMMUNICATION	
TIME & SOURCE	CONTENT	TIME & SOURCE	CONTENT
0904:36 **HOT-2**	set and cross-checked. takeoff data and TRP.		
0904:39 **HOT-2**	AFS panel and radios?		
0904:41 **HOT-1**	aah, fifty six is preset, two forty two, everything else remains the same, set checked.		
0904:45 **HOT-2**	gotcha.		
0904:47 **HOT-2**	flaps fifteen, stab trim is nose up point seven.... stab trim?		
0904:53 **HOT-1**	uuuuh, point seven nose up set.		
0904:56 **HOT-2**	slats and flaps?		
0904:57 **HOT-1**	calls for fifteen, fifteen, set at fifteen, fifteen, fifteen. fifteen, uploaded.		
0905:01 **HOT-2**	verified fifteen, fifteen.		
0905:05 **HOT-2**	ECAM?		
0905:06 **HOT-1**	checked.		
0905:08 **HOT-2**	takeoff config?		

DCA02MA001

INTRA-COCKPIT COMMUNICATION		AIR-GROUND COMMUNICATION	
TIME & SOURCE	**CONTENT**	**TIME & SOURCE**	**CONTENT**
0905:09 **HOT-1**	norm f' takeoff.		
0905:11 **HOT-2**	takeoff briefing?		
0905:12 **HOT-1**	all right, you start out. if something happens prior to V one, call what you see, I'll decide whether or not to abort. uuh, unless it an engine failure or an inability to fly, we'll plan on continuing the takeoff. uh, it's a hundred feet and then uh, a left turn to what?		
0905:40 **HOT-1**	uh, runway heading to three hundred feet, that's a heading to two one zero to a thousand feet and then it's the uh, engine uh, clean-up or the airplane clean-up stuff.... after the immediate action items you have the airplane, the radio we'll plan on left hand traffic to come back to uh, either one of the three ones.... highest min safe altitude on runway heading is twenty eight hundred foot, and once you make a left turn over water it's eighteen hundred feet. the terrain is flat with towers. otherwise you plan on about a heading two two zero, five thousand feet. questions?		
0906:15 **HOT-2**	no.		
0906:16 **HOT-1**	briefing complete.... the Concorde returns.		
		0906:53 **GND**	Japan Air forty seven, continue via Bravo, turn right at Juliet, cross runway four left.
		0907:00 **JAL47**	Japan Air forty seven, on Bravo, Juliet cross runway two two uh, four left.

DCA02MA001

INTRA-COCKPIT COMMUNICATION		AIR-GROUND COMMUNICATION	
TIME & SOURCE	CONTENT	TIME & SOURCE	CONTENT
		0907:07 **GND**	Japan Air four seven, that's correct, thanks.
0907:55 **HOT-2**	I was flying in here about three nights ago, comin' innnn, 'bout ten o'clock, doing that twelve, twelve, thirty departure turn, Dingo turn. so I don't know comin' in here, not ten o'clock somewhere there, nine o'clock, somewhere, and uh....		
		0908:01 **GND**	Japan Air forty seven heavy, monitor the tower one one niner point one. so long.
		0908:05 **JAL47**	one one nine one, Japan Air forty seven, so long.
0908:12 **HOT-2**	Egypt Air, was told to do. they were rocketing off towards the city and they were told to....		
0908:17 **HOT-1**	Egypt Air was told to do what?		
0908:19 **HOT-2**	turn thirty degrees, somewhere you know, like, you know, it was thirty degrees off their course. they were turn told to pick up a heading, and he said "roger" and he didn't turn. and the controller said, "pick up this heading." and he didn't turn. he says, "you need to turn immediately now Egypt Air, and I wanna know why you're not turning." finally he turned he says, "Egypt Air, we need to discuss on the ground why it took you fifteen miles to make a heading change when I asked you and you responded." they were really....		
0908:47 **HOT-1**	pissed.		

DCA02MA001

INTRA-COCKPIT COMMUNICATION		AIR-GROUND COMMUNICATION	
TIME & SOURCE	CONTENT	TIME & SOURCE	CONTENT
0908:48 **HOT-2**	...pissed, and uh I think they were like ready to....		
0908:51 **HOT-1**	launch the fleet.		
0908:52 **HOT-2**	oh yeah, 'cause he was heading towards the city. he was....		
0908:54 **HOT-1**	oh really.		
0908:56 **HOT-2**	oh yeah, that's why he's ticked, that's why he's so ticked.		
		0908:58 **GND**	American five eighty seven heavy, follow the Japan Air heavy Boeing seven forty seven ahead. monitor the tower one one niner point one. so long.
		0909:03 **RDO-2**	follow Japan Air over to tower nineteen one, American Five Eighty seven heavy.
0909:09 **HOT-2**	really ticked.		
0909:13 **HOT-1**	follow JAL.		
0909:17 **HOT-2**	these guys just uh, merged. with Japan and another j.... what's the other Japan company?		
0909:20 **HOT-1**	All Nippon?		

DCA02MA001

INTRA-COCKPIT COMMUNICATION		AIR-GROUND COMMUNICATION	
TIME & SOURCE	CONTENT	TIME & SOURCE	CONTENT
0909:21 **HOT-2**	no, not Nippon, there's another one I think. they merged this morning.		
0909:27 **HOT-1**	really.		
0909:27 **HOT-2**	[sound of yawn] yeah. the big news, Japan and what other Japanese airline is .... I *, I don't think it was All Nippon it was uh....		
0910:15 **HOT-1**	crossing two two right. clear on the left.		
0910:20 **HOT-2**	on the right.		
		0910:27 **TWR**	Japan Airlines forty seven heavy, Kennedy tower, runway three one left, taxi into position and hold.
		0910:32 **JAL47**	runway three one left, taxi into position and hold.
		0910:34 **TWR**	PD fourteen uh, caution wake turbulence, there'll be uh, several heavy jets departures over Canarsie momentarily.
		0910:41 **PD14**	roger that PD fourteen, we'll be looking.
0910:44 **CAM**	[sound of clunk]		
0910:51 **PA-1**	well ladies and gentlemen, at long last, we are number two for takeoff. uuh, toward the northwest today. immediately after takeoff we'll be in a left hand turn heading for the shoreline		

DCA02MA001

INTRA-COCKPIT COMMUNICATION		AIR-GROUND COMMUNICATION	
TIME & SOURCE	**CONTENT**	**TIME & SOURCE**	**CONTENT**
	and uh, getting ourselves pointed southbound. 'bout another two or three minutes it'll be our turn to go. flight attendants, prepare for takeoff please.		
		0911:08 **TWR**	Japan Airlines forty seven heavy, wind three zero zero at one zero runway three one left, cleared for takeoff.
		0911:12 **JAL47**	runway three one left, cleared for takeoff, Japan Air forty seven heavy.
0911:27 **HOT-1**	yeah, I guess that controller was bent outta shape, huh?		
0911:29 **HOT-2**	ticked.		
0911:33 **HOT-1**	can't hardly blame him.		
0911:35 **HOT-2**	ah, I'm sure.		
		0911:36 **TWR**	American five eighty seven heavy Kennedy tower, caution wake turbulence runway three one left, taxi into position and hold.
		0911:41 **RDO-2**	position and hold three one left, American five eighty seven heavy.
0911:44 **HOT-1**	position and hold. I see traffic out there. hopefully he's going to the right side.		

DCA02MA001

INTRA-COCKPIT COMMUNICATION		AIR-GROUND COMMUNICATION	
TIME & SOURCE	CONTENT	TIME & SOURCE	CONTENT
0911:55 **HOT-2**	takeoff briefing we got, PA?		
0911:57 **HOT-1**	[sound of single chime]		
0911:58 **HOT-1**	complete.		
0912:00 **HOT-2**	ignition.		
0912:05 **HOT-1**	Reach? ignition's off.		
0912:07 **HOT-2**	bleeds?		
0912:09 **HOT-1**	bleeds are on.		
0912:12 **HOT-1**	he say Reach?		
0912:13 **HOT-2**	Reach four oh one or something like that yeah.		
0912:16 **HOT-1**	Air Force is coming to Kennedy.		
0912:19 **HOT-2**	is that a Reach, that's the Air Force?		
0912:20 **HOT-1**	yeah, that's the....		
0912:20 **HOT-2**	transponder?		

DCA02MA001

INTRA-COCKPIT COMMUNICATION		AIR-GROUND COMMUNICATION	
TIME & SOURCE	CONTENT	TIME & SOURCE	CONTENT
0912:21 **HOT-1**	TARA.		
0912:22 **HOT-1**	it's a tanker.		
0912:24 **HOT-1**	the call sign. that looks like a seven four out there though.		
0912:30 **HOT-1**	all right, position and hold on the uh, left side.		
0912:36 **HOT-1**	final appears clear, transponder is TARA....		
0912:38 **HOT-2**	brake.... thank you. brake fans?		
0912:39 **HOT-1**	fans are off.		
0912:40 **HOT-2**	lights to go. I'm gonna make... left turn two twenty. go out the Bridge five thousand feet's the top. if we have a problem, I'll clean it up at six.... ten.... left traffic for this runway....		
		0913:05 **TWR**	Japan Air forty seven heavy, fly the Bridge Cimb, contact New York departure, good morning.
		0913:10 **JAL47**	Bridge Climb, switch to departure, Japan Air four seven, good morning.
0913:21 **HOT-1**	you have the airplane.		

DCA02MA001

INTRA-COCKPIT COMMUNICATION		AIR-GROUND COMMUNICATION	
TIME & SOURCE	**CONTENT**	**TIME & SOURCE**	**CONTENT**
0913:21 **HOT-2**	I got the brakes.		
0913:22 **HOT-1**	I have the radios.		
		0913:27.6 **TWR**	American five eight seven heavy, wind three zero zero at niner, runway three one left, cleared for takeoff.
		0913:31.7 **RDO-1**	cleared for takeoff, American ah, five eight seven heavy.
0913:35.3 **HOT-2**	you happy with that distance?		
0913:38.5 **HOT-1**	aah, he's.... we'll be all right once we get rollin'. he's supposed to be five miles by the time we're airborne, that's the idea.		
0913:45.5 **HOT-2**	so you're happy. lights?		
0913:47.1 **HOT-1**	yeah, lights are on.		
0913:47.8 **HOT-2**	takeoff check's complete, I'm on the roll. thank you sir.		
0913:53.5 **HOT-1**	thrust SRS, runway.		
0913:54.7 **CAM**	[sound similar to increase in engine RPM]		
0914:03.8 **HOT-2**	you got throttles.		

DCA02MA001

Lauro J. Chavez: Brief an den Herausgeber der Cincinnati Post*

»Mr. White,

ich fand es notwendig, auf einen kürzlich in der Cincinnati Post veröffentlichten Artikel zu reagieren. Es ging darum, dass einer von drei [Amerikanern] bezüglich des 11. September 2001 (9/11) an eine Verschwörung glaubt. Ich muss zugeben, dass ich zunächst hocherfreut war, dass unsere Lokalzeitung begann, echten Journalismus zu betreiben, und nunmehr über wahre Begebenheiten berichtet. Dann las ich den Artikel. Es war eine totale Bloßstellung, die darin bestand, Menschen auf der ganzen Welt wie überreagierende Verschwörungstheoretiker aussehen zu lassen, die glauben, dass mit 9/11 etwas nicht stimmen kann.

Ich bin völlig aus der Fassung. Meine neunjährige Tochter hätte mehr herausgefunden, statt einfach die Ideen und Gefühle der Öffentlichkeit zu verletzen, wie Sie es getan haben. Ist es nicht angeblich Aufgabe des Journalismus, sich mit wirklichen Fragen zu befassen? Es gab viele, viele Umfragen in einigen großen Städten, in denen die Leute gefragt wurden, was sie über die Tragödie von 9/11 denken. Eine dieser Umfragen war die Zogby-Umfrage, die in New York City durchgeführt wurde.

Ehrlich gesagt ist es mir egal, was mit diesem Brief geschieht, aber ich denke, ich muss Ihnen einige Dinge schreiben, die ich noch nicht vielen Leuten erzählt habe.

Von 1995 bis 2002 war ich Sergeant in der US-Armee. Nicht nur das, sondern ich war stationiert beim amerikanischen Oberkommando, dem United States Central Command (USCENTCOM) innerhalb der MacDill Luftwaffenbasis in Tampa/Florida. Als die Anschläge des 9/11 geschahen, war ich im Dienst. In den Tagen vor den Anschlägen waren wir an vielen [Militär-]Übungen beteiligt. Einige dieser Übungen hatten den Absturz von entführten Flugzeugen in unseren Stützpunkt, in das World

* mit freundlicher Erlaubnis der Übersetzer G. Skupin und R. Renshaw

Trade Center, das Weiße Haus, den Sears Tower [in Chicago] und das Pentagon zum Inhalt. Diese Manöver, oder Übungen, wie wir sie nannten, wurden als STRENG GEHEIM klassifiziert. Obwohl ich eine Genehmigung hatte, an Operationen dieser Geheimhaltungsstufe teilzunehmen, war ich verblüfft, dass solche Manöver als STRENG GEHEIM eingestuft wurden, eine Stufe über GEHEIM. In den acht Jahren meiner Dienstzeit in der Armee habe ich an zahlreichen Manövern in der ganzen Welt teilgenommen, wovon keines höher als GEHEIM eingestuft worden war.

Ich beginne mit der Aussage, dass einige Monate vorher von Präsident Bush verkündet wurde, dass Dick Cheney NORAD- [Nordamerikanische Luftraumüberwachung] Operationen leiten würde. Ich war geschockt, ebenso wie viele meiner Kameraden.

Über die Jahre – Sie können das recherchieren – stand NORAD stets unter dem Kommando eines militärischen Befehlshabers. Das war so, weil die Verteidigung dieses Landes immer in den Händen des Militärs lag. Monate vor 9/11 wurde dies plötzlich geändert. Wie ich schon sagte, wenn Sie NORADs Kommandostrukturen recherchieren, werden Sie herausfinden, dass seit langem festgelegt ist, dass das Militär die Befehlsgewalt über die Entsendung von Abfangjägern haben soll, um den amerikanischen Luftraum zu verteidigen. Aus irgendeinem seltsamen Grund hat Bush dies geändert und diese Macht an einen Zivilisten übertragen, der zu seinem Mitarbeiterstab gehört – ja, ich weiß, das ist sehr interessant.

Zurück zum Morgen des 11. September 2001. Die Befehlshaber waren mit dem Manöver beschäftigt. Wir wurden angewiesen, uns als Teil der Übung für eine Scheinverlegung in den Mittleren Osten auszurüsten. Am Morgen des 11. 9. war ich auf dem Stützpunkt, ausgerüstet und bereit zum Abmarsch ab etwa vier Uhr morgens. Während ich an diesem Morgen auf dem Stützpunkt war, stellten wir um den Befehlsstand herum Barrikaden auf und installierten bewaffnete Abwehrstellungen auf den Dächern. Als ich einen Sicherheitsoffizier nach den Maschinengewehren und den Panzerfäusten auf dem Dach befragte, erhielt ich als Antwort, es seien Vorsichtsmaßnahmen für ein Flugzeug, das beabsichtigen könnte, in das Gebäude zu stürzen.

Ich stand also in der unterirdischen Leitstelle, einem speziell geschützten Bunker (Secure Compartmented Information Facility, SCIF) des USCENTCOM, als das erste Flugzeug [in das World Trade Center] einschlug. Wir beobachteten die Flugrouten aller Flugzeuge auf dem Schirm der Luftüberwachung. Dies umfasste nicht nur alle kommerziellen Flüge zu diesem Zeitpunkt, sondern auch alle Militärmaschinen sowie die falschen, feindlichen Flugzeuge, die dort vermutlich im Rahmen der Übung platziert worden waren. Viele der Abfangjäger, die zur Bekämpfung der falschen Radarechos entsendet wurden, kamen von Andrews Airforce Base, einem Luftwaffenstützpunkt, der zuständig für die Ostküste war. Sie wurden quer über die Vereinigten Staaten geschickt und ließen sehr wenige Flugzeuge für die Verteidigung der Hauptstadt zurück. Nachdem das erste Flugzeug eingeschlagen war, konnte es niemand von uns glauben. Nachdem der erste Schock vorüber war, fragten wir uns, was schiefgelaufen war, dass so etwas während eines Manövers mit genau demselben Inhalt tatsächlich hatte passieren können. Wir alle waren mit unserer Weisheit am Ende. Dann, um noch eins draufzusetzen, gab Cheney den Befehl an NORAD, keine Düsenjäger loszuschicken, um die Angriffe abzuwehren. Wenige Momente später wurde Turm 2 getroffen. Erst nachdem das Pentagon getroffen worden war, gab er den Befehl, das Flugzeug abzufangen, das auf dem Weg zum Weißen Haus war.
Dies ist alles sehr aufschlussreich für mich, es machte mich so krank, dass ich die Armee nach einem achtmonatigen Einsatz in Afghanistan verließ. Es gab einfach zu viele Fragen, die niemand beantworten konnte, zu viele Dinge machten keinen Sinn. Wie ist es möglich, ein Manöver abzuhalten, dessen Inhalt es ist, dass Flugzeuge ins World Trade Center krachen, und dann stürzen tatsächlich Flugzeuge ins World Trade Center? Solche Dinge passieren nicht einfach so, es sei denn, es ist vorher geplant. Aus welchem Grund sollte man ein solches Manöver an diesem Morgen abhalten? Ich sage Ihnen, wenn Sie falsche Radarechos von falschen Flugzeugen über dem gesamten nordamerikanischen Luftraum verteilen, ist es unmöglich festzustellen, welche Flugzeuge echt und welche falsch sind. Um den Schlamassel noch zu

vergrößern, bestimmen sie einen Zivilisten zum Befehlshaber von NORAD, wodurch das Militär nicht autorisiert ist, einen Abfangbefehl zu erteilen. Wenn das Militär die Befehlsgewalt über NORAD gehabt hätte, wären Abfangjäger aufgestiegen, weil sie einfach den Vorschriften entsprochen hätten, die seit vielen Jahren für solche Situationen vorgesehen waren.

Um noch etwas tiefer zu schürfen: Wie ich dort die Türme zusammenbrechen sehe, steht einer meiner besten Freunde neben mir, ein ehemaliger Kommandeur des Ingenieurscorps der Armee. Er ist ein Sprengstoffexperte. Er war noch überraschter als ich. Während die Türme fielen, sagte er immer wieder, da stimmt etwas nicht, da stimmt etwas nicht. Als ich ihn fragte, was er damit meine, sagte er, dass Stahlgebäude nicht auf diese Weise zusammenfallen, selbst wenn sie von Objekten getroffen würden. Er führte weiter aus, dass theoretisch, wenn die oberen zehn Stockwerke getroffen würden, möglicherweise dieser Teil der Gebäude abkippen könnte, aber der Rest des Gebäudes würde stehen bleiben. Ich verstand die Hinweise nicht, die auf Sprengung hindeuteten, und fragte nach, woraufhin er erklärte, es sehe so aus, als wären sie durch kontrollierte Sprengungen zum Einsturz gebracht worden. Ich war komplett überrascht, aber nachdem er es so gesagt hatte, schien es mir auch wahrscheinlich.

Ich sage euch, was die ganze Sache verriet, nämlich Gebäude Nummer sieben. Wenn sie dieses Gebäude nicht zum Einsturz gebracht hätten, dann wären sie womöglich mit der ganzen Sache durchgekommen. Es war eines der erstaunlichsten Dinge, die ich je gesehen habe. Es war nicht nur erstaunlich, es bewies auch, dass hier etwas nicht stimmen konnte. Nun werde ich euch erzählen, was ich alles herausgefunden habe, und ermutige jeden, sich einfach eine Stunde Zeit zu nehmen, im Internet über diese Geschehnisse zu lesen und die Tatsachen kennenzulernen. Es gibt zahlreiche Gelehrte und eine Vielzahl von Physikern, die diese Sache immer wieder analysiert haben. Und sie kommen alle zum selben Ergebnis. Etwas passt hier nicht zusammen. Gebäude Nummer sieben wurde nicht direkt von einem Flugzeug getroffen. Nun wurde behauptet, dass ein Teil eines Turms auf Gebäude sieben gefallen sei und ein Stockwerk in

Brand gesetzt habe. Einige Augenblicke später durften wir alle Zeugen einer der am perfektesten kontrollierten Sprengung sein, die jemals von einer Kamera festgehalten wurde. Dass Gebäude sieben wegen Feuer einstürzte, konnte nicht bewiesen werden. Mein Freund und ich standen in der SCIF und schauten mit all den anderen Armeeangehörigen mit ungläubigem Staunen zu, wie Gebäude sieben auf seinem eigenen Grundriss zusammenfiel. Wundervoll gemacht, wie mein Freund bemerkte.

Da wussten wir Bescheid. Wir alle erkannten, dass dies nicht von irgendeiner Gruppe unorganisierter Höhlenbewohner in Afghanistan orchestriert worden war, die einen perfekten Anschlag auf amerikanischem Boden organisiert hatte. Das war unmöglich. Kurz nachdem das Pentagon getroffen worden war, habe ich einen guten Freund angerufen, mit dem ich in der Grundausbildung zusammen war. Alle zivilen Telefonverbindungen waren unterbrochen, und ich musste ihn über eine geschützte Verbindung anrufen, eine STU, ein spezielles militärisches Telefonnetz. Er hat nicht geantwortet, aber stattdessen einer seiner Soldaten. Ich fragte, ob Sgt. Worthington in Ordnung sei, und er sagte ja. Ich fragte, ob das Flugzeug ernsthafte Schäden angerichtet hatte, und er sagte, er habe kein Flugzeug gesehen. Dann konnte ich endlich meinen Freund sprechen, und der fing an, sich sehr merkwürdig zu verhalten. Er meinte, er könne auf dieser Leitung nicht über die Sache sprechen. Ein paar Wochen später wurde er nach Übersee versetzt, und ich hatte bis heute keine Möglichkeit, noch mal mit ihm zu reden.

Nach fast fünf Jahren wurde vor einigen Monaten das Video vom Pentagoneinschlag veröffentlicht. Sie müssen sich diese Aufnahmen anschauen. Nirgends sieht man ein Flugzeug, welches das Pentagon trifft. Weil es kein Flugzeug war. Ich kann Ihnen nicht exakt sagen, was das Pentagon getroffen hat. Aber es ist absolut sicher, es war kein Flugzeug. Ich kann Ihnen versichern, es gibt mehr als nur eine Überwachungskamera in der Nähe des Pentagons. Am 25. September, vier Tage vor meinem 25. Geburtstag, wurde ich nach Afghanistan versetzt. Während meiner acht Monate dort sah ich keinen einzigen intelligenten afghanischen Soldaten. Sie waren alle abgerissen und hager und kaum in der Lage, mit ihren Waffen geradeaus zu schießen. Dies bedeutet nicht, dass es keine Männer gab, die ein Flugzeug hätten fliegen können, aber danach zu urteilen, was ich gesehen habe, ist es wenig glaubhaft, dass man ihnen hätte beibringen können, ein hochentwickeltes Cockpit zu kontrollieren.

Was ich sagen möchte, Mr. Editor, ist Folgendes: Ich verbrachte acht Monate im Kampf, wo ich zusehen durfte, wie meine Kameraden im Namen der Freiheit starben. Ich tötete im Namen der Freiheit. Und bis zum heutigen Tag werden meine Kameraden für diesen trügerischen Krieg getötet, den wir ›war on terror‹ nennen. Dabei hat der Feind kein Gesicht, und wir haben kein klares Ziel. In diesem Krieg kann jeder, der unfreundliche Gedanken gegenüber unserem Land hat, zum Terroristen erklärt werden. Also nehme ich an, dass ich dadurch selbst zu dieser Gruppe gezählt werden kann, wie auch alle anderen, die die Geschehnisse von 9/11 hinterfragen, da wir alle solche Gedanken gegenüber der Führung dieses Landes haben, und ich sage, die wahren Terroristen dieser Welt sitzen im Herzen der Hauptstadt dieses Landes.

Ich habe Blut verloren für dieses Land und würde es sofort wieder tun, aber nur, um seine Bevölkerung zu schützen, die wahren Amerikaner, die hier leben. Nie wieder würde ich mein Leben riskieren unter der Herrschaft derer, deren wahren Ziele Öl und Geld sind. Dieselben, die die größten betrügerischen Akte in unserer Geschichte als Vorwand für einen Krieg gegen den Terror inszenierten, der nie enden soll. Ihr Ziel war es, die amerikanische Bevölkerung so zu verängstigen, dass sie sich unterwirft, um es den Weltmächten einfacher zu machen, ihre bösartigen Machenschaften durchzuführen, ohne dabei erwischt zu werden.

Nun, das klingt wahrscheinlich nach einem typischen Verschwörungstheoretiker, aber mit wie vielen von diesen reden Sie tatsächlich? Ich sage hier nicht, dass Außerirdische mit Laserwaffen kamen, um die Türme zu sprengen oder um die Flugzeuge unter ihre Kontrolle zu bringen. Ich sage es als ein zurechnungsfähiges, logisch denkendes, intelligentes Individuum: Irgendetwas an dieser Geschichte passt nicht. Anfang dieses Jahres hatte ich den ›Discovery Channel‹ gewählt. Sie zeigten in einem offenen Kanal PBS (public broadcasting system) eine

Sendung mit dem Titel ›Rebuilding America‹ (Der Wiederaufbau Amerikas). Diese Folge handelte vom WTC-Gebäude sieben. Sie haben Larry Silverstein (den Besitzer) interviewt bezüglich Gebäude sieben. Er hat im landesweiten Fernsehen Folgendes gesagt, was hier als Zitat abgerufen werden kann: http://www.wtc7.net/pullit.html:

›Ich erinnere mich an einen Anruf des Feuerwehrkommandanten, in dem er mir erzählte, dass sie nicht sicher seien, ob sie das Feuer unter Kontrolle bringen könnten. Und ich sagte, wir haben heute solche fürchterlichen Verluste an Menschenleben hinnehmen müssen, vielleicht wäre es das Beste, das Gebäude einzureißen (»pull it«). Und sie haben exakt diese Entscheidung getroffen, und wir sahen zu, als Gebäude sieben zusammenfiel.‹

Ich habe die Sendung sogar aufgenommen, und Sie sind herzlich eingeladen, bei mir zu Hause vorbeizukommen und sie sich anzusehen. Er hat dies tatsächlich im landesweiten Fernsehen gesagt. Ich war so überrascht, dass ich mir fast in die Hosen gemacht hätte. Ich konnte nicht glauben, dass er dies im landesweiten Fernsehen gesagt hatte. Sie können irgendeine Person fragen, die mit kontrollierten Sprengungen zu tun hat, bitte befragen Sie jemanden, und er wird Ihnen sagen, es dauert Wochen der Vorbereitung, um so etwas zu machen. Wir sollen glauben, dass dies beim WTC-Gebäude sieben in ein paar Stunden geplant und ausgeführt wurde, während das verdammte Teil in Flammen stand... Sie wollen mich doch veralbern. Wenn dies allein nicht genug ist, um jemanden zu überzeugen, dass hier etwas nicht stimmt, dann wird das nie gelingen.

Seitdem hat es zahlreiche Wissenschaftler gegeben, manche wurden sogar öffentlich auf C-SPAN gebracht. Die letzte Sendung hieß *Theories about 9/11 – American Perspectives* (Theorien über 9/11, amerikanische Perspektiven). Sie können sich das unter http://www.c-span.org ansehen. Im Video-/Audiobereich der Website finden Sie diesen Titel. Es ist ein hervorragender Film; er gibt viele Gedanken der Amerikaner wieder, auch die von Dr. Steven Jones, einem Physikprofessor der Brigham-Young-Universität, der tatsächlich ein Trümmerstück vom WTC bekam. Er glaubt nicht nur, dass WTC sieben eine kontrollierte Spren-

gung war, er kann es sogar beweisen. Nachdem er das Trümmerstück analysiert hatte, fand er deutliche Spuren von Schwefel und Thermit. Thermit ist eine Komponente, die auch in C4-Sprengstoff vorhanden ist, den ich oft in der Armee verwendet habe. Es hinterlässt einen ganz bestimmten Geruch und identifizierbare Rückstände nach einer Explosion. Dr. Jones fand in den Trümmern reichlich Rückstände davon.
Sir, es gibt viele Dinge, die ich eigentlich nie wissen wollte; zum Beispiel dass die Regierung, die sich eigentlich um das amerikanische Volk kümmern soll, korrupt ist. Das ist das Letzte, was ich je begreifen wollte. Aber es ist Zeit, aufzuwachen und den bullshit zu riechen, denn er durchdringt die ganze amerikanische Bevölkerung, und wir fangen an zu realisieren, was wirklich los ist. Wenn Ihr Nachrichtensender eine Umfrage ähnlich wie Zogby hier in Cincinnati durchführen würde, dann, so denke ich, würden Sie herausfinden, dass weit mehr als ein Drittel der Menschen dies glauben. Ich kenne unzählige Leute allein in meiner Umgebung.
Ich könnte Ihnen buchstäblich hundert Seiten Wahrheiten nennen, die alle beweisen würden, dass 9/11 selbst inszeniert war. Aber ich würde wahrscheinlich nur abgetan werden als ein verrückter Verschwörungstheoretiker. Stattdessen möchte ich Ihnen die Werkzeuge geben, damit Sie selbst suchen können, denn diese ›Suche nach Weisheit‹ ist eine Reise, zu der jeder von uns allein antreten muss. Darum nenne ich Ihnen die folgenden Links, und wenn Sie nur einen kleinen Teil ihres Tages dazu benutzen, die Informationen auf diesen Seiten zu lesen und sich einige dieser Videodokumentationen anzusehen... wer weiß, vielleicht wachen Sie auf und stehen dann erstaunt auf unserer Seite.

Hochachtungsvoll,

SGT Lauro Chavez
United States Central Command«

Literatur

Aust, Stefan: Der Baader Meinhof Komplex (BMK), München 1989
Aust, Stefan: Der Baader Meinhof Komplex (BMKII), erweiterte und aktualisierte Ausgabe, München 1998
Aust, Stefan: Der Lockvogel (LV), Hamburg 2003
Bakker Schut, Pieter u. a. (Hg.): Todesschüsse, Isolationshaft, Eingriffe ins Verteidigungsrecht, 4. Auflage, Berlin 1995
von Bülow, Andreas: Im Namen des Staates. CIA, BND und die kriminellen Machenschaften der Geheimdienste, München 2000
Burns, Margie: Secrecy sourrounds a Bush brother's role in 9/11 security; The American Reporter, Vol. 9, No. 2021, January 20, 2003
Eggert, Wolfgang: London: Die Lizenz zum Töten. Die Verstrickung der Geheimdienste in den Terrorismus, München 2005
Falkner, Thomas: Terrorismus-Report. Rom, Stockholm, Beirut und andere Schauplätze, Leipzig u. a. 1990
Hannover, Heinrich: Die Republik vor Gericht 1954–1995. Erinnerungen eines unbequemen Rechtsanwalts, Berlin 2005
Hauser, Dorothea: Baader und Herold. Beschreibung eines Kampfes, Berlin 1997
Huntington, Samuel P.: Kampf der Kulturen, München 2002
Igel, Regine: Terrorjahre – Die dunkle Seite der CIA in Italien, München 2006
Imbusch, Peter; Zoll, Ralf: Friedens- und Konfliktforschung. Eine Einführung mit Quellen, Wiesbaden 2006
Landgraeber, Wolfgang; Sieker, Ekkehard; Wisnewski, Gerhard: Operation RAF, München 1994
Mecklenburg, Jens (Hg.): Gladio – Die geheime Terrororganisation der NATO, Berlin 1997
Mergen, Armand: Die BKA-Story, München 1987
Müller, Leo A.: Gladio – das Erbe des Kalten Krieges, Hamburg 1991
Nordbruch, Claus: Der Verfassungs*schutz*, »Geistig-politische Auseinandersetzung« in der Bundesrepublik Deutschland, pdf-Dokument
Orwell, George: 1984, Berlin 1996
Proll, Thorwald; Dubbe, Daniel: Wir kamen vom anderen Stern, Hamburg 2003
Reinders Ralf; Fritzsch, Ronald: Die Bewegung 2. Juni. Gespräche über Haschrebellen, Lorenzentführung, Knast, Berlin 1995
Ruppert, Michael: Crossing the Rubicon, Gabriola Island 2004
Schenk, Dieter: Der Chef – Horst Herold und das BKA, Hamburg 1998
Schenk, Dieter: Auf dem rechten Auge blind – Die braunen Wurzeln des BKA, Köln 2001
Schmidtke, Michael: Der Aufbruch der jungen Intelligenz. Die 68er Jahre in der Bundesrepublik und den USA, Campus Verlag 2003
Schröder, Dieter (Hg.): Terrorismus – Gewalt mit politischem Motiv, München 1986
Uetz, Harald: »Schwein oder Mensch«. Die Männer der RAF aus Sicht einer »Kritischen Männerforschung«, Marburg 1999
Veiel, Andres: BLACK BOX BRD. Alfred Herrhausen, die Deutsche Bank, die RAF und Wolfgang Grams, Stuttgart, München 2002
Wisnewski, Gerhard; Langraeber, Wolfgang; Sieker, Ekkehard: Das RAF-Phantom, München 1992/1997 (erweitert)

Wisnewski, Gerhard: Operation 9/11. Angriff auf den Globus, München 2003
Wisnewski, Gerhard; Brunner, Willy: Mythos 9/11. Der Wahrheit auf der Spur, München 2004
Wisnewski, Gerhard: Lügen im Weltraum. Von der Mondlandung zur Weltherrschaft, München 2005
Wöhler-Khalfallah, Khadija Katja: Der islamische Fundamentalismus, der Islam und die Demokratie, Wiesbaden 2004

Anmerkungen

Vorwort

1 Fernsehauftritt eines »Attentäters«, arbeiterfotografie.com, 20.11.2005

Einleitung

1 Die schwersten Terroranschläge, *Spiegel Online*, 12.7.2005
2 Israelisches Außenministerium laut: *Israel heute*: Palästinensischer Terror geht weiter, 1.9.2003
3 Bundeskriminalamt: Allgemeines Aufgabenverständnis, http://www.bka.de/profil/profil1.html, Stand: 29.5.2006
4 Bundesinnenministerium: Themen A-Z, Terrorismus, http://www.bmi.bund.de, Stand: 29.5.2006
5 Pipes, Daniel: Was wollen die Terroristen?, *New York Sun*, 26.7.2005

Teil I: Verschlußsache Terror
Spanien: Bambi und der Bösewicht

1 *forum-innenpolitik.de*: Protokoll des Schweigens, 18.3.2004, http://www.forum-innenpolitik.de/archives/000100.html
2 Neuber, Harald: »Das ETA-Dementi paßt Madrid nicht in den Kram«, *telepolis*, 14.3.2004
3 *forum-innenpolitik.de*, ebenda
4 Zeitangaben nach: Gebauer, Matthias: Protokoll des Schweigens, *Spiegel Online*, 17.3.2004
5 *Spiegel Online*, 14.3.2004
6 E-Mail von Muslim-Markt an Gerhard Wisnewski vom 7.3.2006
7 *Süddeutsche Zeitung*, 12.3.2004
8 *Wiesbadener Kurier*: Blutiges Ende für Terrorzelle, 5.4.2004
9 *telepolis*, 15.6.2004
10 *3sat online*: Feuerteufel, 1.3.2005
11 Streck, Ralf: Noch ein Insider-Job? *Junge Welt*, 23.5.2005
12 Streck, Ralf: Zwei Jahre ohne Aufklärung der Madrider Anschläge, *telepolis*, 11.3.2006
13 Streck, Ralf: Spanische Geheimdienste, Polizeispitzel und Terroristen, *telepolis*, 18.4.2005
14 Konrad-Adenauer-Stiftung: newsletter aus Madrid, Ausgabe 9, 4.4.2005
15 Wieland, Leo: Zwei Jahre nach den Anschlägen. Die große spanische Konfusion. *Frankfurter Allgemeine Sonntagszeitung*, 12. 3. 2006, Nr. 10, Seite 10

Großbritannien: Phantome in der U-Bahn

1 *BBC News*: Liverpool Street Blast, last updated 8th July 2005
2 *Der Standard*, 7.7.2005
3 The White House: President discusses War on Terror at FBI academy, 11.7.2005
4 The Home Office: Report of the Official Account of the Bombings in London on 7th July 2005, ID 187601 05/06, S. 14
5 Hassans Postcards from Tavistock Square, 12.1.2006, http://rachelnorthlondon.blogspot.com/2006/01/hassans-postcards-from-tavistock.html

6 The Home Office: Report of the Official Account of the Bombings in London on 7th July 2005, ID 187601 05/06
7 The Home Office: a. a. O., S. 14
8 ebenda
9 *BBC News*: Widow of bomber ›abhors‹ attack, last updated Friday, 23.9.2005
10 UTV: Bombers: Their Backgrounds, 14.7.2005
11 Yorkshire Post Today, 31.10.2005
12 Robinson, Andrew: I don't know what made my son become suicide bomber, *Yorkshire Post Today*, 31.10.2005
13 The Home Office, a. a. O., S. 10 u. 26
14 Alvarez, Lisette: New Muslim at 15, a bombing suspect at 19, *New York Times*, 19.7.2005
15 »Der Anschlag von London – Psychologie eines Selbstmordattentates«, BBC-Dokumentation, *Vox*, 9.2.2006
16 *Los Angeles Times*, 13.9.2001
17 The Home Office, a. a. O., S. 3
18 The Home Office, a. a. O., S. 2
19 The Home Office, a. a. O., S. 4
20 BBC: Statement claiming London attacks, Last Updated: Thursday, 7.7.2005
21 www.wsws.org/de/2005/jul2005/lond-j14.shtml
22 www.tagesschau.de/aktuell/meldungen/0,1185,OID4696218_ REF1,00.html, 2.9.2005
23 www.galerie-arbeiterfotografie.de: Fernsehauftritt eines Attentäters, 20.11.2005
24 ebenda
25 www.memri.org, MEMRI: The Middle East Media Research Institute, 3.9.2005
26 The Home Office, a. a. O., S. 4
27 *BBC News*: Liverpool Street, http://news.bbc.co.uk/1/shared/spl/hi/uk/05/london_blasts/html/aldgate.stm
28 *Cambridge News*: I was in tube bomb carriage – and survived, 11.7.2005
29 *Stern*, Nr. 28, 6.7.2006, S. 48ff.
30 *Stern*, a. a. O.
31 *Sky News*: Bomb Bus »Ripped In Two« By Terror Blast, 7.7.2005
32 Elsässer, Jürgen: MI 6 und Doktor No, Der Freitag, 23.12.2005
33 www.cnn.com/2005/WORLD/europe/07/07/london.tube/
34 nach: Faulk, Mark; siehe unten
35 Faulk, Mark: London »Suicide Bomber«: Cross-Examining the Witness, 27.7.2005
36 Little, Robert: British police try to trace bus suspect's last 81 minutes, baltimoresun.com, 15.7.2005
37 Watson, Paul Joseph: London Stagecoach Employee Says Bus Bombing Suspicious, 15.7.2005
38 Campbell Duncan; Laville, Sandra: British suicide bombers carried out London attacks, say police. Guardian Unlimited, 13.7.2005
39 siehe Operation 9/11, S. 250f. und Mythos 9/11, S. 146
40 Freeman, Simon: First victims named as grim task of indentification goes on, timesonline, 11.7.2005
41 7th July 2005: 7/7 Timeline, http://www.julyseventh.co.uk/timeline.html
42 *Sunday Morning Herald*: Nation rocked by young »cleanskin« killers, 13.7.2005

43 *BBC News*: Bomb hunt focuses on masterminds, Last Updated: Wednesday, 13.7.2005
44 The Home Office, a. a. O., S. 11
45 BBC Radio 5, Interview mit Peter Power am 7.7.2005, 17.06 Uhr, nach: http://www.prisonplanet.com/articles/july2005/090705bombing-exercises.htm)
46 The Home Office, a. a. O., S. 7
47 Rappaport, Jon: London Underground Exercises: Peter Power Responds, Prison Planet.com, 13.7.2005
48 CNN: UK police: Latest bombers failed, 21.7.2005
49 ebenda
50 ebenda
51 nzherald: London bombings 2: Map and timeline, 22.7.2005
52 *BBC News*: Tube alerts: Eyewitness reports, 21.7.2005
53 *Daily Telegraph*, 26.8.2005
54 Watson, Paul Joseph: How the Government Staged the London Bombings in Ten Easy Steps, Prison Planet.com, 13.7.2005
55 Terroranschläge auf London, Erklärung der G8, der Staats- und Regierungschefs Brasiliens, Chinas, Indiens, Mexikos und Südafrikas sowie der Leiter der hier vertretenen internationalen Organisationen, 7.7.2005

USA: Übung macht den Meister
1 www.neilyoung.com
2 www.scholarsfor911truth.org
3 Jones, Steven E.: Why indeed did the WTC Buildings Collapse? http://www.physics.byu.edu/research/energy/htm7.html
4 Charlie Sheen Questions Official 9/11 Explanations; »Young and Restless« Star Weighs in on Political Topics, March 22, 2006, http://transcripts.cnn.com/TRANSCRIPTS/sbt.html und fortfolgende
5 www.wicz.com/news2005/viewarticle.asp?a=282
6 http://www.renewamerica.us/columns/spingola/050826
7 siehe Operation 9/11 und Mythos 9/11
8 Scholars for 9/11 Truth: PENTAGON VIDEOS A FIASCO, SCHOLARS CONCLUDE http://www.scholarsfor911truth.org/PressRelease22May2006.html
9 Twomey, Steve: At Least 19 Are Hurt as Small Jet Skids Off New Jersey Runway, *New York Times*, 2.2.2005
10 Serrano, Richard A.: Moussaoui jury hears Flight 93 cockpit tape, *Los Angeles Times*, 13.4.2006
11 Dreher, Chrstopher: Conspiracy Theory? Who brought down Flight 93? How? And why are so many people still asking questions? pittsburghpulp.com, 28.11.2002
12 http://www.ntsb.gov/events/2001/AA587/default.htm
13 Mehr dazu finden Sie auf meiner Website und im Anhang.
14 http://www.wcpo.com/specials/2001/americaattacked/ news_local/story14.html
15 siehe Wisnewski: Mythos 9/11, S. 196f.
16 Burns, Margie: Secrecy sourrounds a Bush brother's role in 9/11 security; *The American Reporter*, Vol. 9, No. 2021, 20.1.2003
17 Political Friendster: Wirt D. Walker III, http://www.politicalfriendster.com/ showPerson.php?id=1940&name=Wirt-D-Walker-III
18 Zur Verbindung von Stratesec und Marvin Bush siehe: Burns, Margie: ebenda

19 Yeadon, Glen: A Trinity of Evil: George Bush, Big Oil, 9–11, 20.9.2004, http://www.spiritone.com/~gdy52150/evil.html
20 Seely, Hart: Amid Crisis Simulation, »We Were Suddenly No-Kidding Under Attack«, Newhouse News Service, 28.1.2002, http://www.newhousenews.com/archive/story1a012802.html
21 nach: *Aviation Week & Space Technology*: 3.6.2002
22 *ABC News* 11.9.2002
23 *Aviation Week & Space Technology*, ebenda
24 Newhouse News Service, ebenda
25 *Toronto Star*, 9.12.2001
26 Ruppert, S. 412ff.

Deutschland: Ein Labor für Terroristen

1 Wisnewski u. a.: Das RAF-Phantom S. 331–334
2 Hauser, S. 53f.
3 Hauser, S. 79ff.
4 Aust, BMK, S. 97
5 ebenda, S. 40
6 Hauser, S. 111ff.
7 Aust, BMK, S. 40
8 Landgraeber u. a., S. 61f., nach: *Spiegel* vom 26.7.1993
9 Aust, BMK, S. 55ff.
10 Wieland, Karin: Das Verbrechen als revolutionäre Praxis: Wie es Andreas Baader gelang, seine kriminelle Hochstaplerexistenz in eine politische Mission umzuwidmen, *taz*, 22.1.2005)
11 von Bülow, S. 453
12 »Bombenanschlag auf Vizepräsidenten – Elf Verschwörer gefaßt«, Schmidtke, S. 175
13 von Bülow, ebenda
14 *Jungle World*, 7.7.1999
15 zitiert nach: Nordbruch, Claus: »Verfassungsschutz« als politisches Machtinstrument«, DS, Nr. 9/2005
16 *Jungle World*, a. a. O.
17 Die RAF entsteht: Von der Baader-Meinhof-Gruppe zur Roten Armee Fraktion, www.raf-info.de
18 Aust, BMK, S. 156 bzw. LV S. 58
19 ebenda, S. 60
20 Hauser, S. 148 ff
21 Proll, S. 48
22 von Bülow, ebenda
23 Proll, S. 37
24 Ausgewählte Dokumente der Zeitgeschichte: Bundesrepublik Deutschland (BRD) – Rote Armee Fraktion (RAF), GNN Verlagsgesellschaft Politische Berichte, 1. Auflage Köln Oktober 1987, www.nadir.org
25 Uetz, S. 25
26 Wieland, Karin, a.a. O.
27 Proll, S. 10
28 ebenda, S. 84
29 Falkner, S. 61

30 ebenda, S. 34f.
31 Mecklenburg, S. 46
32 Falkner, S. 61 ff.
33 Müller, S. 39
34 Igel, S. 25
35 Falkner, S. 61
36 Aust, BMK, S. 20
37 ebenda, S. 95
38 von Bülow, S. 454
39 Leuschner, Udo: Die Geschichte der FDP, Münster 2005
40 Leuschner, Udo: »Die Geschichte der FDP«, Internetausgabe, http://www.udo-leuschner.de/liberalismus/fdp14.htm
41 Groß, Andreas: Der Begriff »Panne« ist Teil der Desinformation, in: Dokumentation der »Informationsveranstaltung Bad Kleinen« im Volksbildungsheim Frankfurt/Main vom 24.3.1994, Herausgeber: »Dritte-Welt-Haus« e.V. Frankfurt
42 Hannover, S. 357ff.
43 Gössner, Rolf: Tödliche »Terroristenfahndung«, http://www.nadir.org/nadir/archiv/Repression/bad_kleinen/33todesschuesse.html
44 Aust, BMK, S. 226f.
45 Bakker Schut u. a., S. 10
46 nach: Nowak, Peter: Wir glauben nicht an Selbstmord, http://www.nadir.org/nadir/periodika/jungle_world/42/06a.htm
47 Mayer, Steffen: Minister für Arroganz und Ignoranz – Otto Schily unter Beschuss der Grünen, *kontraste*, 7.10.2004
48 Bakker Schut u. a., S. 7
49 ebenda, S. 10
50 Schenk, Der Chef, S. 124
51 ebenda, S. 130
52 ebenda, S. 95
53 Aden, Hartmut: Das Bundeskriminalamt – Intelligence-Zentrale oder Schaltstelle des bundesdeutschen Polizeisystems? Bürgerrechte & Polizei/CILIP 62; 1/1999
54 Schenk, Auf dem rechten Auge blind, S. 15
55 ebenda, S. 21
56 ebenda, S. 282
57 Mergen, S. 123
58 ebenda S. 90
59 Laske, S. 86 u. 101
60 ebenda, S. 241
61 ebenda, S. 223
62 Boock in *Spiegel TV* vom 9.11.2002 laut perlentaucher.de
63 Aust, BMK II, S. 454
64 ebenda, S. 413
65 Laske, S. 225f.
66 ebenda, S. 232
67 Laske, S. 242
68 Gerhard Piper in: *ami*, 12/01, S. 47–52
69 ebenda

70 Aust, BMK II, S. 559ff.
71 ebenda
72 Schenk, Der Chef, S. 136
73 ebenda, S. 341
74 Aust, BMK II, S. 121ff.
75 nach: *taz* vom 16.2.1992
76 *taz*, 28. 4.1986
77 Wisnewski u. a., Das RAF-Phantom, S. 338
78 *Jungle World*, 7.7.1999
79 Nordbruch, S. 82
80 Veiel, S. 31–41
81 Hogefeld, Birgit: Portrait Wolfgang Grams, http://badkleinen.sooderso.net/archiv/buch/07portrait.html
82 Landesamt für Verfassungsschutz Baden-Württemberg: Hilfsorganisation für nationale politische Gefangene und deren Angehörige e.V., Organisation, http://www.verfassungsschutz-bw.de/rechts/rechts_neon_bw-akt.html
83 http://www.spiegel.de/sptv/magazin/0,1518,386076,00.html
84 Zentralorgan, 4/98
85 ebenda, S. 33
86 Nordbruch, S. 84
87 Veiel, S. 138
88 Nordbruch, S. 93
89 *Die Welt*, 10.3.2003
90 Bendler, Wolfgang: Plädoyer Monika Haas, 29.10.1998
91 Erklärung von Andrea Klump am ersten Prozeßtag, 28.11.2000
92 nach: *Berliner Zeitung*, 30.7.1998

Teil II: Wer die Welt mit Angst regiert
1 zitiert nach: Igel, S. 14
2 Möderler, Catrin: 28.7.1794: Robespierre hingerichtet, DW-World.de
3 Migge, Torsten: Chronik aller Attentatsversuche auf Hitler, http://www.geschichtsthemen.de/attentate_chronik.htm
4 www.uni-protokolle.de: Josef Stalin, http://www.uni-protokolle.de/Lexikon/Stalin.html
5 Kroeschell, K.: Deutsche Rechtsgeschichte Band 3 (seit 1650), Opladen 1989, S. 268, 276–279

Die Dialektik des Terrors
1 Schenk, Der Chef, S. 57
2 ebenda, S. 78
3 ebenda, S. 155
4 ebenda, S. 318
5 ebenda, S. 157
6 ebenda, S. 105
7 *Neue Solidarität*, Nr. 38/1999
8 Damier, Vadim: Krieg in Tschetschenien, Beitrag des Referenten Vadim Damier (Rußland) im Rahmen der Rundreise »Gegen den Krieg in Tschetschenien«, 20.3.–16.4.2000

9 Hackensberger, Alfred: Undercover und schwer bewaffnet unterwegs in Basra, *telepolis*, 30.9.2005
10 Ibn Fahdlan, Ahmed: »Unbekannte Amerikaner« bomben im Irak, Hagheghat-e Eslam, 20.5.2006
11 beide Zitate: Schröder, a. a. O., S. 9f.
12 derStandard.at, 3.8.2006
13 Joshi, Manoj: India helped FBI trace ISI-terrorist links, *Times of India*, 12.10.2001
14 BBC: The Power of Nightmares: Baby It's Cold Outside, 14.1.2005
15 The Power of Nightmares – The Rise of the Politics of Fear, Transcript by vaara of Episode 1, »Baby It's Cold Outside«. Originally aired on BBC 2, 20.10.2004. Written and Produced by Adam Curtis
16 Rentrop, Christian: Orwell lebt: Apple patentiert den Televisor, netzwelt.de, 21.1.2006
17 The Power of Nightmares, a. a. O.
18 Strauss, Leo: Natural Right and History, University of Chicago Press, Chicago 1953, S. 6
19 The Power of Nightmares, a. a. O.
20 ebenda
21 ebenda
22 Lobe, Jim: Leo Strauss' Philosophy of Deception, AlterNet, 19. Mai 2003

Die Top-Ten-Gang des Jahrtausends

1 *taz*, 17.3.2003
2 PNAC: Statement of Principles, 3.6.1997
3 Scholz, Leander: Schauplatz der Ideologie, *Der Freitag*, 8.10.2004
4 Czaschke, Werner: Düsseldorfer Jurist attackiert George Bush, wdr.de Politik, 16.4.2004
5 Vann, Bill: Der Holocaust und das Vermögen der Familie Bush, World Socialist Web Site, 5.6.2003
6 yahoo Nachrichten: Interpol: London soll weitere Details der Terrorpläne mitteilen, Donnerstag, 10.8.2006
7 Deutsche Bahn AG: Bahnhöfe bieten attraktive Geschäftsmöglichkeiten, Presseinformation 12/2005
8 Wolfe, Alan: A Fascist Philosopher Helps Us Understand Contemporary Politics, *The Chronicle Review*, 2.4.2004
9 Xenos, Nicholas: Leo Strauss and the Rhetoric of the War on Terror, http://www.logosjournal.com/xenos.htm
10 zitiert nach: Die braune Rechtsphilosophie von Carl Schmitt, *Neue Solidarität*, 7.4.2003
11 Huntington, a. a. O., S. 18
12 ebenda, S. 19
13 Steinberg, Jeffrey: Profile: Leo Strauss, Fascist Godfather of the Neo-Cons, *Executive Intelligence Review*, 21.3.2003
14 Huntington, a. a. O., S. 2
15 Wöhler-Khalfallah, a. a. O., S. 35
16 Huntington, a. a. O., S. 29
17 Imbusch/Zoll, a. a. O., S. 284
18 Montejano, David: Who Is Samuel P. Huntington? *Texas Observer*, 13.8.2004

19 Anmerkung: nach dem Watergate-Skandal von Präsident Nixon ist »Gate« in den USA ein Synonym für einen verheerenden Skandal
20 The Power of Nightmares – The Rise of the Politics of Fear, Transcript by vaara of Episode 2, »The Phantom Victory«, Originally aired on BBC 2, 27.10.2004. Written and produced by Adam Curtis
21 PNAC – Statement of Principles, 3.6.1997 und Letter to President Clinton on Iraq, 26.1.1998
22 Griffin, Doug: Permanent Vacation, 22.4.2004, counterbias.com

Die Wargames des Dick C.
1 a. a. O., S. 591 f.
2 Jones, Alex; Watson, Paul Joseph: Former Head Of Star Wars Program Says Cheney Main 9/11 Suspect, 4.4.2006
3 Klare, Michael: zitiert nach http://www.thirdworldtraveler.com/Book_Excerpts/DesertStorm_RSNO.html

Bildnachweis

Fotos: ABC News S. 90; action press/Ferrari Press agency S. 92; ap associated press/Scott Spangler S. 127/128 o.; BBC S. 55; Berlinische Galerie, Photographische Sammlung, aus der Sammlung Pali Meller Markovicz, © Herbert Tobias S. 153 o.; Corbis/Sygma/Régis Bossu S. 203; Getty Images/Anthony Correia S. 128 u.; Keystone Pressedienst S. 153 u.; PAN AM S. 125 o.; picture-alliance/dpa/dpa web/epa, kf S. 270/epa London Metropolitan Police S. 59/epa, Peter Macdiarmid/Pool S. 57 o./epa, PA, Rousseau S. 49/epa, efe, Jose Huesca S. 21/Rodriguez S. 22/epa, Keystone S. 184 o. r./UPI S. 184 o. li.; Ullstein-dpa S. 184 u.; TZ München, 1. Dezember 1989 S. 209 u.; US Department of Defense S. 122, 123, 124.

Trotz gewissenhafter Recherche konnten nicht alle Urheber ermittelt werden. Wir empfehlen Rechteinhabern, die hier nicht aufgeführt sind, sich an den Verlag zu wenden.

Register

Gerhard Wisnewski

Mythos 9/11

Der Wahrheit auf der Spur. Neue Enthüllungen

Mit *Mythos 9/11* legt Gerhard Wisnewski neue Erkenntnisse und Beweise darüber vor, was am 11. September 2001 wirklich geschah. Seine Recherchen werfen Licht auf heftig umstrittene Fragen wie: Stürzte Flug 93 wirklich in Pennsylvania ab? Gibt es überlebende Flugzeugentführer? Handelte es sich bei den Boeings, die ins World Trade Center krachten, tatsächlich um reguläre Linienmaschinen? Wieso sind Prozesse gegen angeklagte Terroristen in den USA und in Deutschland geplatzt? Eine packende, detailreiche Analyse der Hintergründe des 11. September.

Knaur Taschenbuch Verlag

Spannend wie ein Krimi!

Gerhard Wisnewski

Operation 9/11

Angriff auf den Globus

Warum fielen die Türme des World Trade Center fein säuberlich in sich zusammen, als wären sie fachgerecht gesprengt worden? Warum wurden alle vier entführten Flugzeuge zeitweilig vom Radar der Flugüberwachung nicht erfasst und tauchten dann als unbekannte Maschinen wieder auf?

Das sind nur einige Fragen aus Gerhard Wisnewskis atemberaubender Untersuchung über die Anschläge. Der Autor deckt zahllose weitere Ungereimtheiten in der offiziellen Darstellung auf und entwickelt das erste schlüssige Gegenszenario, was sich am 11. September 2001 wirklich zugetragen hat.

Knaur Taschenbuch Verlag

Gerhard Wisnewski

Lügen im Weltraum

Von der Mondlandung zur Weltherrschaft

Wollen Weltraummächte wie die USA wirklich ferne Planeten erobern – und zwar friedlich? Oder nicht doch ziemlich bekannte Planeten – und zwar unfriedlich? Zum Beispiel die Erde?

Vom ersten Flug in den Orbit über den ersten Weltraumspaziergang bis zur Mondlandung – von Anfang an gab es Ungereimtheiten bei der Eroberung des Weltalls. Sie führen auf die Spur eines gewaltigen Täuschungsmanövers: Unter dem Deckmantel der zivilen Raumfahrt werden Militärapparate gemästet und heimlich Waffen stationiert. Ziel der Mobilmachung im All: die Weltherrschaft. Im Fadenkreuz: die Erde und jeder Einzelne von uns.

Bestsellerautor Gerhard Wisnewski spürt den wahren Absichten der Mächte und Siegermächte im All nach und entwirft ein beängstigend realistisches Szenario über den Terror aus dem Orbit.

Knaur Taschenbuch Verlag

Eva Schweitzer

Amerika und der Holocaust

Die verschwiegene Geschichte

Amerika galt lange als Hort der Freiheit und der Demokratie. Tatsächlich aber haben die Vereinigten Staaten bis in die 40er Jahre hinein mit dem Dritten Reich paktiert. Ein paar Beispiele: Die restriktive Einwanderungspolitik der US-Regierung kostete Zehntausende jüdischer Flüchtlinge das Leben. Die Union Banking Corporation von George W. Bushs Großvater finanzierte die Aufrüstung der Wehrmacht, zudem war er Mitinhaber einer Fabrik, die in Auschwitz Stahl produzierte. Ford, General Motors und die Standard Oil der Rockefellers verkauften Fahrzeuge und Flugbenzin an die Wehrmacht. Ein erschütternder Report aus der dunklen Vergangenheit der USA.

»In ihrem ebenso mutigen wie beklemmenden Buch hat die Amerikanistin und Journalistin Eva Schweitzer eine Fülle von Fakten zusammengetragen.«

SZ online

Knaur Taschenbuch Verlag